내 아이
교육의
모든 것

**지문으로
리딩하라**

내 아이 교육의 모든 것,
지문으로 리딩하라

지문 유형을 바탕으로 한
선목원의 행복한 독서 영재 만들기

초판 1쇄 발행 2021년 3월 5일

지은이 한선희
펴낸이 장길수
펴낸곳 지식과감성#
출판등록 제2012-000081호

교정 정은지
디자인 박예은
편집 박예은
검수 양수진, 최지희
마케팅 고은빛, 정연우

주소 서울시 금천구 벚꽃로298 대륭포스트타워6차 1212호
전화 070-4651-3730~4
팩스 070-4325-7006
이메일 ksbookup@naver.com
홈페이지 www.knsbookup.com

ISBN 979-11-6552-740-2(03370)
값 16,800원

- 이 책의 판권은 지은이와 지식과감성#에 있습니다.
- 이 책 내용의 전부 또는 일부를 재사용하려면 반드시 양측의 서면 동의를 받아야 합니다.
- 잘못된 책은 구입하신 곳에서 바꾸어 드립니다.

지식과감성#
홈페이지 바로가기

내 아이 교육의 모든 것

지문으로 리딩하라

한선희 지음

지문 유형을 바탕으로 한
선목원의 행복한
독서 영재 만들기

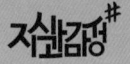

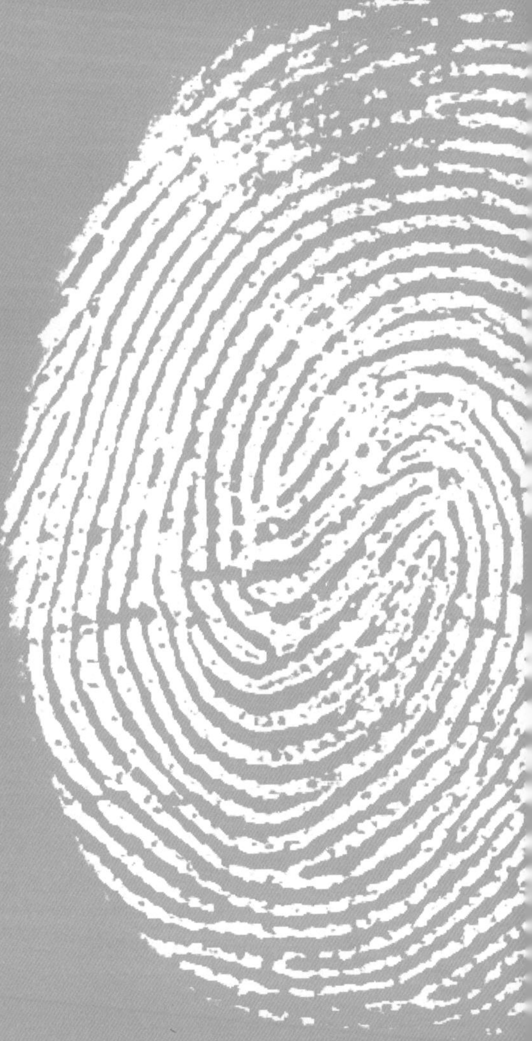

지식과감성#

추천사

　사람의 능력은 태어날 때 가지고 나온 것이 아니라 출생 후에 만들어지는 것이다. 물론 이것도 스스로 만드는 것은 아니다. 교육이라는 과정을 통해 사람은 무한히 발전할 수 있는 것이다. 교육이라는 것은 인생에 있어서 절대로 빠질 수 없는 과정으로서 이는 이미 세상에 알려진 내용이다.

　교육은 바로 인간인 것이다. 교육을 받지 못한 사람은 사회에 뒤떨어지고 인생의 행복을 구현할 수가 없다. 그런데 교육이란 것은 누구에게나 똑같은 내용일 수는 없고, 사람마다 소질에 따라 그 내용을 차별해야 할 것이다. 그리고 아주 중요한 사항 중 하나는 교육은 제때에 이루어져야 하는 것이다.

　문제는 사람의 소질을 어떻게 파악할 수 있느냐이다. 이 문제에 있어서 저자 한선희 선생은 아주 특이한 방식을 우리에게 제시해주었다. 그것은 사람의 몸을 살피는 것인데 손가락의 지문을 통해 그 사람의 성격이나 소질을 파악할 수 있다는 것이다. 참으로 편리한 방법이 아닐 수 없다.

교육의 방법을 선택하기에 앞서 지문을 통해 그 사람의 소질과 성격 등을 알 수 있다면 교육은 더욱더 정교할 수 있을 것이다. 먼저 그 사람의 성격을 알고 조기에 교육할 수만 있다면 교육은 더욱 효과적이지 않겠는가!

한 선생은 오랜 세월 손가락 지문을 통한 인간성을 연구한 결과 그 내용을 한 권의 책으로 내놓게 된 것이다. 나는 그 책을 정성스럽게 읽고 그 내용이 심오하다는 것을 파악했다. 해당 분야의 전문가인 나는 크게 감동했고 그 때문에 추천의 글을 쓰게 되었다.

독자 여러분은 이 책을 읽고 사람의 성격을 먼저 파악한 후에 교육을 계획해야 할 것이다. 이는 매우 유용하다, 라는 것을 나는 경험했다. 이러한 나의 경험을 함께 나누고자 독자 여러분께 자신 있게 추천한다.

초운 김승호

목차

추천사 ———————————————————————— 4
들어가는 글 진정으로 아이가 원하는 사랑 ——————— 10

1장 아이의 기질과 독서교육　　　　　　　　　　23

01 유전인가 환경인가 ——————————————— 24
02 유전자 지문적성검사 - 신이 남긴 표식 ——————— 26
03 지문적성검사의 필요성 ————————————— 28
04 지문적성검사의 활용 —————————————— 31
05 지문검사와 독서지도의 만남 ——————————— 33
06 지문검사의 적절한 시기와 참된 목적 ———————— 36
07 5분 만에 알아보는 지문유형 ——————————— 40
08 지문유형 분류 ————————————————— 42
09 해석하기 ——————————————————— 47
코칭 에세이 엄마는 여기 없잖아! ————————— 53

2장 현명한 엄마와 교사의 지문 유형별 독서지도와 학습진로 코칭　57

- 01 호형문 - 언제나 그 자리에 ──── 58
- 02 기형문 - 자유가 아니면 죽음을 달라 ──── 73
- 03 두형문 - 나를 따르라 ──── 94
- 04 쌍기문 - 이런들 어떠하며 저런들 어떠하리 ──── 111
- 05 어머! 선생님 손금 볼 줄 아세요?
  - 장문과 단장: 손바닥 속에 숨은 보물 ──── 121
- 06 부모의 지문 유형 - 부모와 교사, 아이의 궁합 ──── 132
- 07 행복한 삶을 위한 도움말 ──── 136
- **코칭 에세이** 엄마 사랑이 사탕이야? ──── 143

3장 지문유형과 다중지능에 따른 독후활동　145

- 01 지문유형과 다중지능 - 누구나 자신만의 달란트가 있다 ──── 146
- 02 지문유형을 활용한 대인관계지능 계발과 독후활동 ──── 150
- 03 지문유형을 활용한 자기이해지능 계발과 독후활동 ──── 155
- 04 지문유형을 활용한 공간지능의 계발과 독후활동 ──── 168
- 05 지문유형을 활용한 논리수리지능의 계발과 독후활동 ──── 173
- 06 지문유형을 활용한 지체운동지능의 계발과 독후활동 ──── 179
- 07 지문유형을 활용한 음악지능의 계발과 독후활동 ──── 188
- 08 지문유형을 활용한 언어지능의 계발과 독후활동 ──── 193
- 09 지문유형을 활용한 자연친화지능 계발과 독후활동 ──── 197
- **코칭 에세이** 오늘도 아이를 혼냈어요 ──── 202

4장 지문유형을 활용한 선목원의 행복한 영재 만들기
- 연령별 독서지도   205

01 독서의 중요성 —————————————————— 206
02 0~3세 - 책보다는 행복한 엄마 얼굴 ——————————— 215
03 4~5세 - 책보다 중요한 일상에서의 자신감 ——————— 219
04 6~7세 - 책보다 사회생활, 프로젝트 수업 ——————— 224
05 육아에 관한 확인되지 않은 이야기들 ——————————— 229
06 초등학교 저학년
   - 직접 경험할 수 있는 것을 책으로 배우지 않게 하라 —— 234
07 초등 중학년
   - 공든 탑은 잘 무너진다. 독서, 계속할 것이냐 말 것이냐 —— 238
08 초등 고학년~중학생
   - 어부가 그물을 당기듯이 넓고 깊게 읽기 ———————— 245
09 고전 읽기 - 할까 말까 ————————————————— 249
10 인생에서 단 한 권 만나야 할 고전이 있다면 —————— 256
11 연령별 독서지도의 실제 - 선목원 이야기 ———————— 258
코칭 에세이 책 좋아하세요? ——————————————— 264

5장 선생님, 이럴 땐 어떡하죠?
- Q&A 14　　　　　　　　　　　　　　　　　　267

질문 1　아이가 책을 읽어주면 돌아다녀요. / 글밥이 많은 책은 안 봐요. ── 268
질문 2　7세 남자아이 자연관찰 책, 뭐가 좋을까요? ─────────── 273
질문 3　큰애가 보던 책을 작은애는 안 봐요. ──────────── 275
질문 4　엄마가 책에 낙서하지 말랬어요. ───────────── 278
질문 5　갑자기 책을 안 봐요. 읽기독립은 언제가 좋을까요? ──────── 280
질문 6　독후활동 해야 하나요? / 만화책만 보려고 해요. ────────── 284
질문 7　정독과 다독 중에 뭐가 중요할까요? ──────────── 289
질문 8　우리 애는 화를 내야 말을 들어요. ─────────── 293
질문 9　토론이 꼭 필요한가요? ──────────────── 296
질문 10　아이가 글 쓰는 것을 싫어해요. ──────────── 303
질문 11　마인드맵, 따로 배워야 할까요? ───────────── 306
질문 12　역사책 언제부터 봐야 할까요? ────────────── 309
질문 13　박물관을 지루해해요. ──────────────── 311
질문 14　아이가 소설만 봐요. 비문학 읽기는 어떻게 하죠? ───────── 314

수업 실례 사진 ─────────────────────── 316

나가는 글　아이에게 주는 유언장 ─────────────── 321
추천 책 목록 ────────────────────── 324
참고문헌 ──────────────────────── 334

들어가는 글

진정으로 아이가 원하는 사랑

> "'겐샤이'는 고대 힌디어로, 누군가를 대할 때
> 그가 스스로를 작고 하찮은 존재로 느끼도록 대해서는 안 된다는 뜻이다.
> 자기 자신을 포함해 어느 누구도 작은 존재로 대해선 안 된다.
> 나 자신을 대하는 방식은 내가 세상을 바라보는 방식에 그대로 반영된다."
> – 케빈 홀, 《겐샤이》 –

1) 선사시대인들의 비법 그림책

오늘은 지문검사 결과 상담이 있어서 아침부터 설레었어요. 어떤 아이를 만나게 될까? 어떤 우주를 만나게 될까? 기다리는 동안 커피 물을 올리고 책을 펴니 선사시대 동굴벽화가 보입니다.

저는 가끔 동굴에 벽화를 남긴 이들의 마음을 생각해보곤 해요. '이들은 무엇을 남기고 싶었을까? 어느 날 사냥이 잘 된 기쁨의 표현이기도 했겠지만 아마 자기에게 좋은 것을 남겨 전하고 싶은 마음이 크지 않았을까? 어떻게 하면 사냥을 더 쉽게 할 수 있는지, 시행착오를 겪으며 알게 된 중요한 것들을 전하고 싶은 그런 선한 인간의 본성이 있었을 거야. 그렇다면 이 벽화는 선사시대 사람들이 남긴 비법 그림책이구나!' 동굴 전체가 그림책으로 보이고 하나하나 새겨 넣었을 그 모습이 떠올라 괜스레 숙연해집니다.

2) 나로 말할 것 같으면

저는 올해로 아이들과 함께하는 일을 시작한 지 24년이 된 독서논술 선생님입니다. 우리 아이들은 여러 가지 애칭으로 저를 부르지만 저는 그냥 '책선생'이라고 해요.

결혼 전에는 입시학원에서 10여 년간 역사와 논술 강사를 했어요. 결혼 후에는 아이 키우는 재미에 흠뻑 빠져서 현재는 '선목원'이라는 터전에서 아이들과 책으로 만나 함께 커가고 있습니다.

몇 년 전 학교에서 학부모 교육을 하면서 강사 등록을 하느라 이력서를 썼어요. 오랜만에 써보는 이력서를 앞에 두고 한참 망설였어요. 뭘 쓰지? 무엇이 내 인생에 가장 큰 경력일까? 그래. 엄마가 된 거지. 정윤, 윤아. 도무지 어디서 듣지도 보지도 못한 특별한 두 아이를 키우는 엄마. 당당하게 첫 번째 경력에 정윤, 윤아 엄마라고 힘주어 쓰면서 혼자 웃었어요.

아이를 키우는 동안 엄마는 아이를 통해 나도 모르는 나를 만나 함께 울고 웃고 성장합니다. 아이 키우는 일은 제가 이제껏 경험한 일 중에서 가장 힘들고 가장 아프고 가장 행복하며 가장 아름다운 일이에요.

3) 욕심과 불안 사이
 – 잘 키우고 싶다는 욕심, 내가 잘 할 수 있을까 하는 불안

결혼 전 10년 학원강사 생활을 하면서 아이들이 자라는 동안 부모라는 환경이 얼마나 중요한지를 미리 알고 엄마가 되었어요. 감히 준비된 엄마라고 자부했지요. 아이는 부모가 제공하는 환경대로 만들어지고 커가는 존재라고 생각했으니 지금 생각하면 어리석음이 불러온 자만심이었습니다.

제가 큰아이를 키울 때 양육의 목표가 아이의 욕구에 3초 안에 반응하기였습니다. 지금 생각하면 피식 웃음이 나지만 엄마 자격증이 있는 것도 아니고 그저 잘 키우고 싶다는 열망 하나로 엄마가 되었으니 이 철없는 엄마가 엄마 티가 나기까지 얼마나 많은 시간이 필요했는지 모르겠습니다.

단단한 확신을 기반으로 아이를 잘 키우고 싶다는 욕심, 잘못 키우면 어쩌지? 내가 잘 할 수 있을까? 하는 불안으로 뒤섞인 제 인생에서 가장 치열했던 시간. 내 안에 없는 것까지 완벽하게 주고 싶어 애썼던 시간이었습니다.

강사 생활을 하면서 독서의 중요성을 너무나 잘 알고 있었기 때문에 아이들을 키우는 동안 독서에 정말 많은 노력을 기울였습니다. 엄마가 되기 위해 태어난 사람처럼 아이가 잠들면 육아 책을 뒤적였어요. 아이가 깨면 함께 볼 책을 골라놓고, 아이가 좋아하는 한글 책은 모두 영문으로 번역하고 스캔해서 쌍둥이 책을 만들어놓을 만큼

아이의 지적 성장과 안정된 정서를 위해 할 수 있는 모든 힘을 기울였습니다. 밤새워 책을 읽어준 날이 다반사이고 목이 쉬는 것이 일상이었어요. 지성과 교양을 겸비한 상처받지 않는 영혼. 그렇게 키우고 싶었어요.

4) 풀 수 없는 문제
  - 눈에 띄게 우수한 아이, 언어 부분 영재성을 인정받다

그러나 아이가 유치원에 가면서부터 저로서는 알 수 없는 문제가 시작되었고 아이와 저는 세상에서 가장 가깝고도 먼 사이가 되어버렸어요. 갑작스러운 아이의 변화에 내가 무엇을 잘못했을까. 괴로운 날들이 1년 가까이 지속되었고 그동안 잘 이어오던 책 읽기 역시 삐걱대기 시작했어요.

아이들의 책 읽기는 정서와 밀접하기 때문이라는 것을 지금은 잘 알지만, 그때는 가정 내에서 문제의 이유나 변화를 찾을 수 없어 막막했어요. 내 아이한테 무슨 문제가 있나? 내가 뭘 잘못한 거지? 아이의 행동들이 이해되지 않아 여러 가지 노력을 하던 중에 유전자 지문적성검사를 알게 되었어요. 가족검사를 하고 상담을 받으면서 문제해결의 실마리를 찾게 되었습니다. 하지만 궁금한 게 있을 때마다 상담을 할 수는 없었습니다. 정말 속 시원히 알고 싶어 지문과 관련된 모든 연구 논문과 출간된 책들을 보고 공부하기 시작했습니다. 공부를 해나가다가 마음에 드는 책을 만났고 작가를 수소문했습니다.

5) 유전자 지문적성검사와의 만남

작가는 한국요성의 대표님이었고 몇 달간의 조율 끝에 만나 교육을 받고 한국요성 광주 지점을 운영하게 되었어요. 교육을 받으면서 저는 가족검사를 했습니다. 아이는 부모가 만든다고 생각했던 저로서는 충격이 아닐 수 없었습니다. 다소 반감이 들었던 것도 사실입니다. 이렇게 세세한 것까지 유전적으로 결정되어 있다면 도대체 나는 지금까지 무엇을 한 걸까. 어쩌면 잘 키운다는 것 자체가 모순이구나. 잘 키운답시고 아이를 망치지만 않아도 다행이네.

아이의 타고난 기질을 존중하면서 있는 그대로 받아들이고 제 빛을 드러나게 하는 것이 사랑이구나. 아이 나름의 삶의 목적을 이룰 수 있도록 필요한 성품들을 사랑과 존중으로 함께 키우는 것. 그게 최선이야.

가족검사를 통해 남편에 대한 이해도 깊어졌습니다. 지금도 저는 중요한 일을 결정할 때 안정형인 남편의 일상이 깨지지 않도록 신중을 기합니다. 딸이 아들과는 전혀 다른 기질의 존재라는 것을 알게 되면서 내가 옳다고 믿는 내 중심의 사랑법이 아닌, 아이를 중심에 둔 사랑법을 알게 되었어요. 진정으로 아이가 원하는 사랑. 아이의 가슴에 닿는 사랑의 방법을.

제품으로 말하자면 사용설명서를 받게 되었다고 할까요? 한 배에서 나와 같은 부모가 키웠는데 두 아이가 서로 얼마나 다른지요. **서로의 차이점을 장점과 단점이 아닌 그저 다름으로 인정하게 된 첫**

걸음이었습니다.

이후 많은 변화가 있었어요. 아들의 강한 기질을 인정하면서 아들과 편안한 관계가 된 것은 물론이구요. 아이를 키우면서 겪었던 일련의 모든 것들이 확연히 이해되었어요. 아이를 대하는 태도에서 말투까지 모든 것이 변했습니다.

여전히 크고 작은 일상의 문제들은 있어요. 또 앞으로 성장하면서 새로운 문제들이 생길 테지요. 하지만 두렵지 않습니다. 이제 그 '문제'들은 제게 '성장의 기회'와 같은 이름입니다. **내 기준, 내 인식의 틀을 내려놓고 상대를 알고 판단 없이 인정한다는 것. 그리고 그 상대를 보는 나 자신을 알고, 있는 그대로 받아들인다는 것.** 모든 변화의 시작이며 도착점입니다.

6) 독서지도에의 적용

변화는 가르치는 아이들에게도 그대로 적용했습니다. 먼저 지문검사를 통해 아이의 기질과 다중지능의 우선순위를 파악했어요. 반을 구성하고 프로그램을 만들 때부터 책을 선정하고 함께 읽고, 활동하면서 지문유형과 다중지능을 염두에 두었습니다. 지문검사 결과를 수업의 전반에 기본으로 적용하자 수업은 눈에 띄게 달라졌습니다. 무엇보다 아이들이 활기에 차서 주도적으로 수업에 참여하니 수업의 효과가 높았습니다. 그리고 의도한 바 없이 아이들의 마음이 치유되고 자신의 빛깔을 찾아갔습니다.

어린 아이들의 기질을 존중하면서 잠재력이 발휘될 수 있는 프로그램을 만들어 수업하는 것은 인내와 사랑이 필요하지만 그만큼 행복을 가져다주는 일이었습니다. 그리고 그동안 나름 인정받던 족집게식 강의 방식을 버려야 했습니다. 일방적인 강의식 수업이 효과 없다는 것. 더구나 아이들의 자연스러운 발달을 방해한다는 것을 철저하게 몸으로 느꼈으니까요.

아이들은 먼저 자신의 무늬대로 인정받는 경험이 필요합니다. 그 타고난 무늬와 결을 검사하는 도구가 지문적성검사이구요. 자신을 그대로 인정받은 경험이 있는 아이들은 타인에게도 같은 마음을 냅니다. '저 아이는 왜 저러지?', '네가 틀렸어' 하는 시비하는 마음이 아니라 '저 애 마음은 어떤 걸까?' 궁금해하고 알고자 하는 마음. '아! 나랑 다르구나. 저 아이는 저것을 중요하게 생각하는구나' 인정하는 마음. 고학년이 될수록 그런 마음은 학습에도 시너지 효과를 낼 수밖에 없어요.

'나'에 대한 이해. '너'에 대한 인정. 그런 나와 네가 만난 '우리'라는 행복한 공간. 이것이야말로 우리가 지향하는 교육의 목표이자 원하는 삶의 모습이 아닐까요?

7) 이 책에는

이 책에는 그동안 아이를 키우면서 또 아이들을 지도하면서 배우고 경험한 모든 것들이 담겨 있습니다.

지문검사가 일회적으로 끝난 것이 아니라 그 아이들이 어떻게 자신의 기질대로 성장하고 배워 가는지를 9~10년 동안 지켜보았습니다. 아이들의 부모님과 형제들의 가족검사를 통해 지문유형별로 어떤 관계 맺음과 조합을 이루는지, 지문이 보여주는 개인의 기질과 잠재적인 가능성이 다양한 환경 속에서 어떻게 개성화되어 나타나는지, 그 과정 속에서 어떤 정서적인 문제점들이 나타날 수 있고 문제해결을 위한 적절한 방법은 무엇인지 함께 알아가고 검증하는 시간이었습니다. 지문검사가 아이들을 이해하고 아이가 원하는 사랑을 줄 수 있는 지도 역할을 한다는 것. 효과적으로 독서를 이끌어줄 수 있으며 학습진로 코칭에 유용한 도구라는 확신을 갖게 하는 시간이었어요.

지난 시간의 경험들을 통해 알게 된 것들을 여러분과 공유하고 싶은 마음이 들었어요. 지문 유형을 통한 방대한 양의 상담코칭 내용 중에서 이 책에서는 부모님과 교사들에게 유용한 정보들만 담았습니다.

책의 1장에서는 지문검사의 필요성과 검사방법, 활용에 대해 설명했습니다. 2장에서는 각 지문 유형별로 전반적인 아이의 기질과 대인관계를 맺는 방식, 진로 학습 코칭, 독서 코칭에 대해 다루었습니다

다. 도움란에는 부모님과 교사를 위한 도움말을 두었습니다. 성인을 위한 더 자세한 코칭은 다음 책에서 다룰 예정입니다. 3장에서는 지문유형을 바탕으로 각 다중지능의 영역을 계발하는 방법과 독서 후 활동에 대해 자세하게 설명했습니다. 4장에서는 지문이라는 특수한 도구가 연령별 독서지도라는 큰 틀에서 활용될 수 있도록 연령별로 독서지도의 목표 및 방법에 대해 설명했습니다. 5장에서는 교육 현장에서 가장 많이 받는 질문과 독서지도에 대한 질문에 답하는 형식으로 각 장들에서 다루지 못한 내용을 설명했습니다.

각 장 마지막에는 코칭 에세이란이 있습니다. 아이들을 양육하고 지도하면서 순간순간 멈추었던 때 써둔 에세이들을 모아보았습니다. 좋아하는 커피나 차 한 잔 앞에 두고 읽어보시길 권합니다.

지문은 질병, 범죄, 심리 등 다양한 분야에서 연구되어 왔습니다. 그리고 이제 과학이라는 인식이 자리 잡게 되었어요. 학자들은 하나의 이론을 정립하기 위해 가설을 세우고 사례를 수집하고 실험하고 분석합니다. 하지만 하나의 결과를 도출하고 나면 그것으로 끝날 때가 많습니다. 그것이 실제적인 삶에서 긴 시간 동안 어떻게 작용하는지에 대해서는 지속적인 연구가 이루어지기 어렵습니다. 이 이론이 개인이 갖는 특수한 환경 속에서 어떻게 개성화 과정을 거치는지 지속적으로 관찰하고 연구하고 수정하고 보완하는 것은 실제 현장에서 가능합니다.

저는 지문에 대한 학자들의 연구결과를 공부하고, 개별의 지식으로 놓인 이론이 이론에 머무는 것이 아니라 실제적으로 어떻게 우리 삶에 의미 있는 자료로 쓰일 수 있는지를 실행하고 검증했습니다.

리처드 웅거는 "지문은 단지 당신 내면의 보이지 않는 영혼심리가 외부로 나타난 지도에 불과하다"고 얘기했습니다. 저는 지문이라는 영혼의 심리 지도를 효과적으로 활용할 수 있도록 돕는 지문 상담 전문가입니다. 또한 지문유형을 기반으로 한 독서를 통해 개인의 의식 성장을 돕는 지문유형별 독서지도 전문가입니다. 지문이라는 유일하고 불변하는 표식이 어떤 의미이며 한 사람의 성장기 내내 어떤 영향을 미치는지, 어떻게 하면 지문을 토대로 삶의 목적에 맞게 살 수 있는지, 그 목적에 가까워지기 위해 어떤 삶의 교훈들을 연마해 나가야 할지, 오늘도 연구해 가는 지문활용 연구자입니다.

이 책에는 수많은 지문연구 결과 중에서 우리가 유의미하게 지속적으로 활용할 수 있는 이론들을 활용하는 방법들이 담겨 있습니다. 아이를 양육하는 부모님. 선생님. 그리고 실제 현장에서 지문 상담을 하는 상담사분들에게도 좋은 지침서가 되리라 생각합니다. 이론에만 그치고 삶에 변화를 가져오지 못하는 지식은 죽은 지식에 불과합니다. 여러분의 삶에서 즉각적으로 활용될 수 있기를 바라봅니다.

8) 길 위에서 만난 스승들

삶의 막다른 길에서 혹은 갈림길에서 수많은 스승을 만났습니다. 함께 울고 웃고 질문하고 답을 구하고 답을 하면서 다 갚지 못할 만큼 많은 빚을 졌습니다. 제가 지금 쓰는 이 글이 과거의 저처럼 삶의 막다른 길에 서있는 누군가에게, 또 갈림길에서 선택에 대한 불안으로 잠 못 이루는 누군가에게 도움으로 다가갈 수 있다면 더 바랄 것이 없겠습니다.

누구나 어두운 터널을 통과할 때는 빛이 보이지 않는 그 상황이 영원할 것만 같습니다. 그러나 빛은 언제나 나와 함께 있으며 그 길은 내가 만들어가는 것임을. 그러기 위해 지나온 길도 돌아보지 말고 앞으로의 길도 미리 내지 말며 다만 오늘 한 발 또 한 발, 없는 길을 그저 만들어갈 뿐임을 가슴에서 가슴으로 전해줄 수 있다면. 선사시대인들이 동굴에 벽화를 그리는 마음으로 전하고 싶습니다.

늘 제가 하는 일을 아낌없이 지원해주고 스스로 배경이 되어 저를 주인공으로 세워준 남편. 내게 스승으로 온 아들 정윤. 선물 같은 딸 윤아. 연고 없는 낯선 광주에서 선목원이 자리 잡고 성장할 수 있도록 믿고 지지해주신 선목원의 모든 학부모님. 보다 좋은 부모와 선생님이 되기 위해 열정적으로 교육에 참여해주신 많은 분들.

긴 시간 큰 가르침을 준 사랑하는 나의 제자들. 그리고 생명을 주신 양가의 부모님. 함께 성장하는 도반인 형제들. 힘들 때마다 손잡아준 형제 같은 친구들. 함께해준 선생님들. 삶의 마디마디 여러 인연으로 만나 관계 맺은 모든 분. 삶의 길 위에서 만난 수많은 스승들. 특히 스승은 제자의 인생을 위대하게 비추는 사람이라는 것을 깨우쳐 주신 김승호 선생님.

바람. 햇살. 그리고 나를 성숙케 해준 삶의 모든 일들.

감사합니다. 덕분입니다. 사랑합니다. 제가 지금 알고 있는 모든 것은 그분들에게서 왔습니다.

이 책은 그분들의 사랑이 제 안에 살아 있음에 대한 작은 증명입니다. 글을 미리 읽어주시고 아낌없는 조언을 해주신 오정옥, 김윤현, 김달님, 이현정, 박선희, 김연화, 안소진, 김진경 님께 깊은 감사드립니다.

2021년 새봄을 기다리며 선목원에서
책선생 **이련** 드림

1장

아이의 기질과 독서교육

"인간의 손은 영혼의 도구이자 상징이다.
모든 인간의 손에는 지문이라고 하는 세상에서 유일무이한 무늬가 새겨져 있으며,
그 모양은 심리학적으로 독특하고 유의미한 방식으로 해석될 수 있다."
- 리처드 웅거, 《지문은 알고 있다》 -

01

유전인가 환경인가

"아이가 참 마음대로 안 되죠? 우리 아이 기질과 공부머리는 유전일까요? 환경일까요?"

학부모 교육이나 교사교육에 가면 가장 먼저 던지는 질문입니다. 이 책을 읽고 계시는 분들은 어떻게 생각하세요? 사람의 성장과 발달에 유전과 환경적인 요인이 어느 정도 비율로 영향을 끼친다고 생각하세요? 사람은 그렇게 태어나는 걸까요? 아니면 그렇게 키워지는 걸까요?

지문을 만나기 전에 저는 100% 환경이 좌우한다고 생각했어요. 그렇게 믿었기 때문에 제 성장과정에서 느꼈던 결핍들에 대한 보상심리까지 더해져 아이들을 키우면서 그렇게 애를 썼는지도 모르겠습니다. '내가 잘하면 우리 아이를 아무 상처 없이 키울 수 있을 거야. 내가 좋은 환경을 제공하면 우리 아이를 똑똑하고 행복한 아이로 키울 수 있을 거야'라고 생각했어요.

사실 철없던 시절에 입시 학원에서 아이들을 가르치면서 문제가 있다고 여겨지는 아이들이 있으면 얼굴도 모르는 그 아이 부모님을 얼마나 욕했는지 모릅니다. '도대체 애를 어떻게 키웠길래' 하면서 말이지요. 정작 아이를 키우면서 가장 많이 한 생각은 '이상하다. 저 모습은 내가 주지 않았는데', '왜 가르친 대로 안 되지?'였어요.

저는 아들딸 남매를 키우고 있어요. 아롱이, 다롱이라고 같은 부모가 만들어서 같은 배 속에서 나와 같은 부모가 키웠는데 달라도 너무 달랐습니다. 첫째와 둘째의 차이인가 싶어서 쌍둥이를 둔 부모님께 여쭤도 보고 수업을 하며 관찰해보아도 참 다르다는 것을 알 수 있었어요. 도대체 유전인가 환경인가. 한동안 이 질문은 제 머릿속을 가득 채웠습니다. 유전적인 요인이 중요하다 해도 환경이 중요하다는 반대의 증거들도 많았기 때문이지요.

그러다 어느 날 이런 생각이 들었어요. 그 환경조차 유전이 지배하는 것이 아닐까? 유전적인 요인을 본성으로, 환경적인 요인을 양육이라고 볼 때 유전적인 요인도 부모로부터, 환경적인 요인도 부모로부터 많은 부분 제공되기 때문이죠. 특히 인간의 무의식이 형성되는 5세 이전의 시기는 가족이라는 환경이 거의 절대적인 영향을 끼친다고 볼 수 있으니까요.

02

유전자 지문적성검사

- 신이 남긴 표식 -

 개천에서 용 나는 것이 어려운 시대라고 합니다. 그만큼 부모가 제공하는 환경에 따라서 아이들의 인생의 출발점도 결과도 다르다는 뜻이겠지요? 하지만 교육현장에서 아이들을 관찰해보면 이 말은 맞기도 하고 틀리기도 합니다.

 공부머리야 그렇다 치더라도 정서적인 부분에서 더욱 그래요. 많은 부모님들이 아이를 키우면서 우리 아이가 똑똑하기를, 또한 어떤 위기와 실패에도 굴하지 않는 회복탄력성을 갖기를 원합니다. 한마디로 머리는 스마트하고 가슴은 따끈하기를 원해요. 하지만 같은 환경에서 자라고 교육을 받아도 아이들이 받아들이고 나타내는 결과는 천차만별이에요. 옆집 아이는 어려운 환경에서 부모님이 신경을 못 써줘도 알아서 척척 자기 일 하면서 늘 밝고 행복해 보이는데, 정성을 다해 키운 우리 집 아이는 어째서 양말짝 하나 빨래통에 넣을 줄을 모르며 매사 감사를 모르는 불평쟁이냐는 겁니다. 이 부분에 공감하시는 분들의 웃음소리가 들리네요.

부모가 부부싸움을 하면 시끄러워서 자기 방으로 들어가는 아이도 있고, 가운데서 말리는 아이도 있습니다. 그냥 그런가 보다 하는 아이도 있지만 평생 가슴에 상처가 되는 아이도 있어요. 속상한 일이 있을 때 친구들과 수다 떨면서 푸는 아이도 있지만 아예 표현하지 않는 아이도 있습니다. 힘들 때 위로가 필요한 아이도 있고, 다른 이의 위로나 도움이 나약함이라고 생각하는 아이도 있어요. 옆에서 챙겨줘야 하는 아이도 있고 놔줘야 하는 아이도 있지요. 똑같이 학원을 다녀도 어떤 아이는 틈틈이 놀고 책도 보고 숙제도 별 스트레스 없이 해나갑니다. 하지만 어떤 아이는 같은 상황에서 무리한 학업 스트레스로 극단적인 선택을 하기도 해요.

이런 차이들은 어디에서 시작되는 걸까요? 식물을 키우면서 보니 씨앗마다 다 발아 조건이 다르더군요. 식물이 싹터서 자라는데 적당한 온도와 습도가 달라요. 벼는 물을 대서 키워야 하고 선인장은 물을 자주 주면 썩습니다.

모든 생물의 시작은 그것이 어떤 씨앗이냐 하는 것에서 출발합니다. 어떤 씨앗인지 알았다면 그 씨앗이 싹트고 자라는 데 무엇이 얼마만큼 필요한지도 알아야겠지요. 사과나무는 사과나무에게 맞는 조건을, 귤나무는 귤나무에게 맞는 조건을 제공해주어야 꽃을 피우고 열매를 맺습니다. 사람도 그와 같아요. **옆집 아이, 책에 나온 아이가 아니라 지금 당장 내 눈앞에 있는 아이가 어떤 씨앗인가 알아야 합니다.**

03

지문적성검사의 필요성

이제 무엇을 먼저 해야 할까요? 우리 아이가 어떤 씨앗인지 알아야겠지요. 그래야 아이가 어떤 환경에서 잘 자랄 수 있는지도 알 수 있을 거예요. 그렇다면 아이의 씨앗에 해당하는 기질과 적성, 잠재력을 아는 것이 중요하겠네요. 아무리 좋은 환경도 유전적인 요인 자체를 바꿀 수는 없으니까요. 콩을 심어놓고 아무리 노력해도 팥을 거둘 수는 없는 것과 같은 이치입니다.

아이의 타고난 기질과 잠재능력을 아는 것은 아이에게 어떤 환경을 제공해야 할지 고민하는 부모나 교사에게 꼭 필요한 정보예요. 아이에게 맞는 환경과 교육이 제공되어야 아이도 아이답게 자랄 수 있고 부모나 교사도 불필요한 감정싸움과 시행착오를 줄일 수 있습니다. 아무리 좋은 씨앗도 척박한 환경에서 싹을 틔우고 좋은 열매를 맺기는 힘든 법입니다.

도토리 씨앗에는 참나무의 모든 정보가 새겨져 있습니다. 하지만 같은 씨앗이라도 환경에 따라서 성장하는 정도가 다르지요. 이런 관점에서 저는 유전적인 요인들을 알레르기에 비유하는 것을 좋아합니다. 유전적인 요인들은 비염이나 알레르기처럼 잠재해 있지만 어떤 환경에 놓이느냐에 따라서 발현되는 정도가 다릅니다. 환경이 적합하게 주어진다면 비염이나 알레르기 증세가 완화되거나 드러나지 않지만 완전히 사라지지 않고 잠재해 있습니다. 그러다 환경이 나빠지면 심해져서 주인을 힘들게 하기도 하지요.

우리가 지문적성검사를 통해 알게 되는 정보들은 중립적입니다. 좋은 것도 아니고 나쁜 것도 아니에요. 어떤 환경에 놓이느냐에 따라 자기다움이 되기도 하고 단점으로 작용하기도 하며 그 정도도 달라집니다.

시중에는 많은 기질검사와 적성검사 도구가 있어요. 그중에서도 유전자 지문적성검사는 기존 검사들의 한계성을 극복한 효율적인 검사 도구입니다. 기존 검사의 한계점은 환경의 영향을 받는다는 것입니다. 검사하는 당일의 몸 상태나 기분, 의도, 검사하는 장소, 검사를 진행하는 상담자, 그날의 날씨, 후천적으로 받은 교육 등 모든 것이 결과에 영향을 주는 환경입니다. 누가 언제 어디서 어떤 곳에서 어떤 상태로 누구와 검사하느냐에 따라 변수가 많습니다. 또한 검사 방식이 읽고 답하는 형식이기 때문에 아이가 어릴수록 질문문항에 대한 이해가 부족하여 검사 자체가 불가능하기도 합니다. 부모가 대신 응답하는 경우 객관적인 결과를 기대하기 어렵기도 하구요.

지문적성검사는 손가락 지문을 통해서 타고난 유전적인 기질과 다중지능의 우월순위를 알 수 있는 검사예요. 지문은 한번 형성되면 변하지 않기 때문에 검사하는 시점까지 아이에게 제공된 환경, 심리적인 상태, 후천적으로 받은 교육이 결과에 영향을 주지 않습니다.

검사하는 방법도 간단해요. 지문판독 스캐너에 손가락을 대기만 하면 됩니다. 물론 손바닥은 좀 다르지만요. 글을 모르는 아이들도 쉽게 검사할 수 있고 인생의 어느 시점에 검사해도 결과가 같기 때문에 객관적이고 안정적입니다. 일부러 훼손해도 유전자의 영향으로 동일하게 형성되기 때문에 평생 동안 한 번 검사해서 내내 지도처럼 활용하는 검사입니다.

언젠가 선생님들과 교육을 하는 자리에서 어떤 분이 들려주신 이야기를 오랫동안 기억하고 있는데요. 우리가 어떤 제품을 만들면 그 제품에 관한 사용설명서를 만들듯이 인간을 창조한 신이 있다면 그에게 맞는 사용설명서를 만들지 않았겠냐구요. 그 표식이 지문이라는 겁니다.

04
지문적성검사의 활용

지문은 엄마 배 속에서 13~19주경에 태내의 환경과 염색체의 영향을 받아서 형성됩니다. 태아의 뇌가 형성되는 시기와 일치하지요? 지문의 총수는 DNA에 의해서 결정되고 후천적으로 변화하지 않습니다. 그래서 가족검사를 해보면 부모와 아이의 결과가 비슷하다는 것을 발견할 수 있습니다.

그렇다면 지문적성검사를 통해서 무엇을 알 수 있을까요? 아이의 기질과 대인관계를 맺는 방식, 다중지능의 우월순위, 학습의 빠르기, 효율적인 학습의 방식, 아이에게 스트레스가 되는 환경, 좋은 관계를 위한 대화방법, 고유한 인격적인 특징을 알 수 있습니다. 이 결과를 통해 학습상담과 코칭, 진로상담과 부부 혹은 가족상담을 할 수 있어요.
최근에는 결혼하기 전에 배우자에 대해 더 잘 알고 이해하기 위해 궁합처럼 보시는 분들도 많이 늘었습니다. 취업박람회는 물론이고 유치원이나 학교에서 진로적성 상담의 도구로 단체검사가 시행되는 추세이며 다양한 분야에서 활용 영역을 넓혀 가고 있어요.

아이들마다 스트레스 받는 상황이나 그 상황에서 보이는 반응이

다릅니다. 심리적인 문제를 해결하는 효과적인 방법도 다르구요. 같은 상황에서도 아이들은 자신의 기질에 따라 반응하기 때문에 아이의 정서 심리상담에도 유용하게 쓰입니다. 특히 가족상담을 하다 보면 똑같은 아이의 행동도 부모 자신의 기질에 따라 전혀 다르게 받아들인다는 것을 알 수 있어요. 부모도 자신의 기질이 있기 때문에 그 기준으로 아이를 바라보기 때문이죠.

우리의 옛 어른들은 손을 움직이면 머리가 똑똑해진다고 해서 어린아이 때부터 곤지곤지, 잼잼 등 손과 손가락과 끝을 이용한 놀이를 해왔습니다. 우리가 중요한 문서에 서명을 하거나 자신을 증명할 때도 엄지손가락의 지문을 이용하는 것을 보면 개인의 고유한 정보로서 이미 널리 활용되고 있음을 알 수 있습니다.

지문에 대한 최초의 역사적인 유래는 확실하지 않지만 리처드 웅거의 《지문은 알고 있다》에 의하면 고대 유물과 동굴 벽화에서도 손바닥 문형이 발견된 적이 있으며, 2000년 전 중국에서 손도장으로 지문을 이용한 것으로 추정됩니다. 고대의 도자기류에서도 비슷한 표식들이 발견됩니다.

범죄 현장에서는 범인을 확인하는 증거로 쓰입니다. 범죄자 체포를 위한 지문 대조는 1890년 인도 경찰의 영국인 총경인 에드워드 헨리가 개발한 것으로 전해지고 있습니다. 주민등록증을 발급받을 때, 해외여행을 할 때 '내가 나라는 것'을 증명하기 위한 수단으로도 지문이 쓰이지요. 이것만 보아도 지문이 '고유한 나'를 나타내는 유일한 표식임은 분명합니다.

05
지문검사와 독서지도의 만남

한 사람의 인생을 지속적으로 발전시키고 영향을 주는 것이 무엇이냐고 묻는다면 저는 주저 없이 경험과 책이라고 대답하겠습니다. 그런 의미에서 기질별로 아이의 독서에 접근하는 것은 꼭 필요한 일입니다.

선목원에서는 수업을 하기 전에 아이들의 지문을 확인하고 반을 구성해요. 이후 수업계획에서 활동까지 독서와 관련된 모든 활동에 지문검사의 정보를 활용합니다.

아이들은 지문의 유형 분석으로 알게 된 기질에 따라 좋아하는 유형의 책이 다릅니다. 다중지능의 우월순위와 기질에 따라 효과적인 독후활동이 달라집니다. 다중지능의 우월순위가 같다고 해도 기질에 따라 활동을 혼자 할 것인지, 함께 할 것인지가 달라집니다. 학습의 빠르기가 달라짐에 따라 수업의 횟수, 사용되는 책과 활동 도구들의 종류와 다양성이 달라집니다.

아이들의 지문 유형과 다중지능의 우월순위를 안다는 것은 교사에게 큰 도움이 됩니다. 같은 상황에서도 아이들은 자신의 기질에 따라 전혀 다르게 반응해요. 아무리 숙련된 교사라 해도 아이와 공감대와 신뢰를 형성하는 데는 상당한 시간이 필요합니다. 아이를 모르면 교사는 교사 자신의 기질이나 옳다고 여기는 신념에 따라 아이를 판단하게 되고 결국 서로 오해하고 소통할 수 없는 악순환이 반복됩니다.

수업 중에 어떤 문제 상황을 만났을 때에도 아이의 지문유형을 알고 있으면 아이를 오해 없이 있는 그대로 바라볼 수 있습니다. 지문유형에 대한 정보는 문제를 해결할 수 있는 훌륭한 조언자가 되어주지요. 선생님에게 전적으로 받아들여진다는 믿음이 생기면 아이들의 학습은 저절로 일어납니다. 아이들은 누구나 발전하고 싶어 해요. 자신의 발전을 돕는 조력자, 돕는 이로 선생님이나 부모를 신뢰할 때 자발적인 배움이 가능합니다.

더구나 **독서는 사람의 정서·심리상태와 아주 밀접하기 때문에 아이의 기질을 아는 것은 아주 중요합니다. 똑같은 '싫어요' 한마디도 아이들의 지문의 유형에 따라 전혀 다른 뜻을 담고 있기 때문이에요.**

과거에는 경력이라는 것이 생기면서, 부끄럽지만 아이들을 제가 옳다고 여기는 상태로 끌어오기 위해 많은 에너지를 쏟았습니다. 지금은 그런 의미 없는 힘겨루기에 에너지를 쏟지 않습니다. 그 이전에 저를 만나서 혹여라도 선생님이라는 이름으로 상처를 준 학생이 있다면 진심으로 사과하고 싶어요. 부디 선생님의 무지를 용서해주기를….

저는 6살 아이들부터 중고등학생까지 만나서 수업을 해요. 나이는 달라도 영혼은 동급. 6살 평생과 43의 평생이 만나서 서로 받아들여짐의 에너지를 형성하고 나면 끈끈한 우정이 생깁니다. 그런 공간에 반항이나 억압은 존재하지 않아요.

같은 책을 보아도 아이들은 자신의 기질이나 환경을 통해 만들어진 인식의 틀에 따라 다르게 읽고 활동합니다. 아이들은 주저 없이 자신을 표현하고 저 역시도 아이들과 힘겨루기를 할 필요가 없기 때문에 수업에 더욱 집중할 수 있어요.

저와 만나서 수업하는 아이들은 참으로 다양하지만 편안하게 자신을 표현하고 자율적이라는 공통점이 있습니다. 수업시간은 그야말로 한판 놀이터지요.

06

지문검사의 적절한 시기와 참된 목적

지문검사는 검사 시기가 이를수록 좋습니다. 검사하실 때는 지문검사와 후천적인 검사를 병행하는 방식을 추천드려요. 먼저 지문검사를 통해서 아이의 선천적인 기질과 다중지능을 확인합니다. 이후 성장하면서 후천적인 검사를 주기적으로 병행하면 아이의 강점과 약점이 어떻게 발달되고 보완되는지 확인할 수 있습니다.

아이에 대해 아는 것도 중요하지만 아이를 양육하는 부모님이나 선생님이 본인에 대해서 아는 것은 굉장히 중요합니다. 부모나 교사도 자기 안에 없는 것은 줄 수 없습니다.

부모나 교사도 고유한 자신만의 특성이 있고 그에 따라 아이와의 관계를 어떻게 맺어야 할지가 결정됩니다. 자신을 알고 남을 알면 백전백승이라고 했던가요? 부모나 선생님이 지문 검사를 통해서 자기 자신을 이해하게 되는 것은 축복입니다. 엄마도 선생님도 사람이기에 타고난 기질이 있어요. 자신이 줄 수 있는 것, 잘 할 수 있는 역할이 다를 수밖에 없습니다. **자신을 충분히 알고 사랑하는 엄마가 되는 것이 아이를 사랑하는 첫걸음이에요.** 나를 온전히 받아들인 다음에 좋은 관계가 있는 것이지요. 내가 나를 수없이 못마땅해하고 분별하면서 아이는 조건 없이 사랑한다는 것은 모순입니다. 그야말로 해줄 수 없는 일이에요.

상담을 하다 보면 부모가 자기 자신을 생각하는 방식이 아이를 바라보는 방식과 같다는 것을 알 수 있습니다. 아이에 대해서 이런저런 불만이 많고 다른 아이들과 비교하며 불안해하는 어머님들은 자기 자신도 다른 부모들과 비교하고 자신감 없어 하는 것을 알 수 있어요. 자기 자신에 대한 불안이 많으니 아이에게 자신과 닮은 면을 보게 되면 덜컥 불안해집니다. 이리저리 맘카페와 옆집 언니를 찾기도 합니다. 겉으로는 화를 내지만 깊이 들여다보면 불안입니다.

아이가 이랬으면 좋겠다, 저랬으면 좋겠다는 자신만의 기준을 만들어놓고 아이를 끌어보지만 잘될 리 없습니다. 내 눈앞의 아이를 바라보는 것이 아니라 내 환상 속에 가상의 아이를 만들어놓고 있으니 현실은 늘 불만이고, 아이는 늘 부족합니다. 언젠가, 오지 않은 그 언젠가를 기다리느라 행복은 멀어만 보이고 아이 키우는 일은 힘들기만 합니다. 우리는 언제 진짜 내 아이를 만난 적이 있기는 할까요?

모든 부모와 선생님이 지문을 공부할 수는 없겠지요. 그렇다면 '내가 안다'는 것만 내려놓아도 좋겠습니다. 살아온 세월이 많고 가르친 경력이 있어도 오늘을 처음 산다는 점에서는 우리 모두 공평합니다. 부모라는 위치, 선생님이라는 자리에서 내려와 잘 모를 때는 아이의 눈을 보는 겁니다. 처음 사는 오늘을 대하듯이.

"말해줄 수 있니? 지금 너의 마음, 네 몸짓의 의미를. 네 마음을 아는 것이 나에게 중요하거든. 알고 싶어. 할 수 있다면 돕고 싶어.

그리고 그것은 나를 위하는 일이기도 해."

저는 날마다 새로운 우주를 만납니다. 아는 것보다 더 중요한 것이 알고자 하는 것이라는 마음으로요. **대상을 향한 사랑과 호기심. 그것이 빠진 모든 검사는 기술에 불과합니다.** 아이들은 다 압니다. 아무리 감춰도 어른의 의도를 읽어요.

이제는 가정에서도 간단하게 아이의 지문을 확인할 수 있는 방법을 안내하고 아이의 인격적인 특성을 통해 아이를 이해하고 관계를 맺는 방법, 잠재력을 키울 수 있는 방법, 학습 코칭, 특히 독서에 있어서 지문을 활용하는 방법에 대해 살펴보겠습니다. 상담을 위한 전문적인 내용보다는 현장에서 실용적으로 활용하실 수 있는 정보들을 담으려고 합니다.

본격적으로 지문을 알아보는 방법을 배우기 전에, 마음속으로 한 번도 관심 가져준 일 없는 나 자신을 먼저 만날 준비를 해보세요. 아이 말고 '나' 말이에요. 많은 부모님들이 아이의 지문유형을 궁금해 하세요. 하지만 그 아이를 이해하고 사랑할 사람이 누구인가요? 모든 것은 나로부터 시작해서 나에게 돌아온다는 사실을 기억하세요. 지금 이 책 보고 계시는 엄마 먼저, 선생님 먼저, '나' 먼저 해보세요.

> "그러려면 나는 먼저 나 자신을 용서해야만 했다.
> 자신을 비난하지 말고, 지나간 일들로부터 배워야만 했다.
> 내가 남을 받아들이고 남한테 진실해지고 남을 사랑할 수 있으려면,
> 먼저 나 자신을 받아들이고 나한테 진실해지고 나 자신을 사랑해야 한다."
> − 말로 모건, 《무탄트 메시지》 −

지난날의 실수와 아픔을 딛고 지금 이 책을 보는 인연으로 만난 여러분에게 지문이 나를 사랑하고 내 아이를 인정하는 첫걸음이 되기를….

모든 관계의 첫걸음은 나 자신과 맺는 관계에서 출발합니다.

저는 아이의 지문적성검사를 하러 오신 부모님께 가족검사를 권하는 것을 주저하지 않습니다. 자, 지문의 세계로 들어가봅시다.

07

5분 만에 알아보는 지문유형

	왼손	오른손
엄지손가락		
지문 유형 이름		
검지손가락		
지문 유형 이름		

[표 1] 지문 검사지

우선 아이의 지문을 쉽게 식별할 수 있는 방법을 알아보겠습니다.

준비물 불투명 테이프, 검정색 파스넷(혹은 인주), 종이

① 먼저 왼손 엄지손가락의 끝 한마디에 파스넷이나 인주를 골고루 묻힙니다. (지문은 양각이기 때문에 튀어나와 있어요. 튀어나온 선 부분에 살살 묻힌다는 생각으로, 너무 진하게 칠하지 않도록 하세요.)

※ 종이에 바로 찍거나, 테이프를 이용해서 찍어내는 방법이 있습니다.

② 골고루 묻힌 후에 모든 면이 다 나오도록 손가락 마디의 왼쪽 끝부터 오른쪽 끝까지 둥글리듯이 표 1 '지문 검사지'에 찍습니다.

③ 테이프를 이용할 경우에는 파스넷을 손가락 끝 한마디에 칠하고 테이프를 이용해 찍어내어 그대로 표 1 '지문 검사지'에 붙이면 됩니다. 손에 땀이 많다면 테이프를 살짝만 붙였다 바로 떼는 것이 좋습니다. 종이에 직접 찍었을 때는 좌우가 바뀌게 되니 결과를 보실 때 유념하세요. 다른 유형은 상관없지만 기형문의 경우 선들이 흐르는 방향에 따라서 정기문과 반기문으로 나뉘기 때문에 방향이 중요합니다.

④ 삼각점의 개수를 확인합니다.

⑤ 중심의 모양을 잘 관찰해서 표에 어느 유형에 해당하는지 살펴봅니다.

⑥ 표 1의 지문유형 란에 확인한 지문 유형의 이름을 적고 해당하는 유형의 설명을 읽어보세요.

08

지문유형 분류

지문은 크게 세 가지 유형으로 나뉘고 각 유형 안에서 다시 세부적으로 나뉩니다. 여기서는 지문을 여섯 가지로 나누어 간단히 설명하겠습니다.

호형문 (안정형)	사무집행자 (간단호)		전체적으로 완만한 언덕 모양을 하고 있으며 삼각점[1]이 없다.
	개척적사고자 (텐트호)		중앙이 텐트 모양으로 위로 솟아 있다. 중심 문형에 따라서 중심에 삼각점이 있는 경우도 있지만 크게 보았을 때 중심이 텐트 모양으로 솟았는지, 좌우 양방향으로 융선의 흐름이 고르게 흐르는지 확인한다. 텐트호는 중앙의 문형이 다양하기 때문에 전문적인 분석이 필요하다.
기형문 (감성형)	감성주의자 (정기문)		중앙이 ∩ 모양으로 휘어져 그 곡선들이 새끼손가락 방향으로 흐른다. 삼각점이 1개다.

---

1 삼각점: 서로 다른 방향으로 흐르는 3개의 선이 만나는 지점. (●으로 표시)

	역방향 창의자 (반기문)		중앙이 ∩ 모양으로 휘어져 휘어진 곡선들이 엄지손가락 방향으로 흐른다. 삼각점이 1개다.
두형문 (리더형)	엄격한 실행자 (나선형문)		가운데 부분이 나선형 모양(달팽이, 소라껍질)으로 말려서 시작되며 양쪽에 하나씩 삼각점이 2개다.
	이상주의자 (공작눈문)		가운데모양이 새 부리 모양으로 삼각점 2개 중에 하나가 중심과 더 가깝다.
쌍기문 (조정형)	조정자 (쌍기문)		가운데 휘어진 곡선이 S 모양으로 흐른다.

두형문은 7가지로 나뉘지만 실제 상담과 수업에서 경험한 결과를 토대로 가장 두드러지게 차이를 보이는 두 유형(나선형문과 공작눈문형)과 쌍기문에 대해서만 다루도록 하겠습니다. 쌍기문도 두형문에서 파생되었습니다.

자신을 포함한 가족들의 기질을 파악해보시고 전문적인 검사를 통해 자세한 상담을 받아 보시는 것도 좋겠습니다. 사용된 지문의 분류법이나 명칭은 기존의 연구 결과와 한국요성의 교육 내용을 따랐음을 밝혀둡니다.

[지문 유형별 실례와 판독 시 유의사항]

호형문 **(안정형)**	사무집행자 (간단호)	
	개척적사고자 (텐트호)	
	삼각점이 없다면 호형문이라고 생각하고 간단호와 텐트호로 다시 구분합니다. 간단호는 완만한 언덕이나 물결의 형태이고, 텐트호는 볼록 솟은 중심의 문형으로 판독하세요.	
기형문 **(감성형)**	감성주의자 (정기문)	
	역방향 창의자 (반기문)	
	삼각점이 하나라면 기형문이라고 생각하고 ∩ 곡선의 흐름의 방향에 따라 엄지손가락 방향으로 흐르면 반기문, 새끼손가락 방향으로 흐르면 정기문으로 판독합니다.	

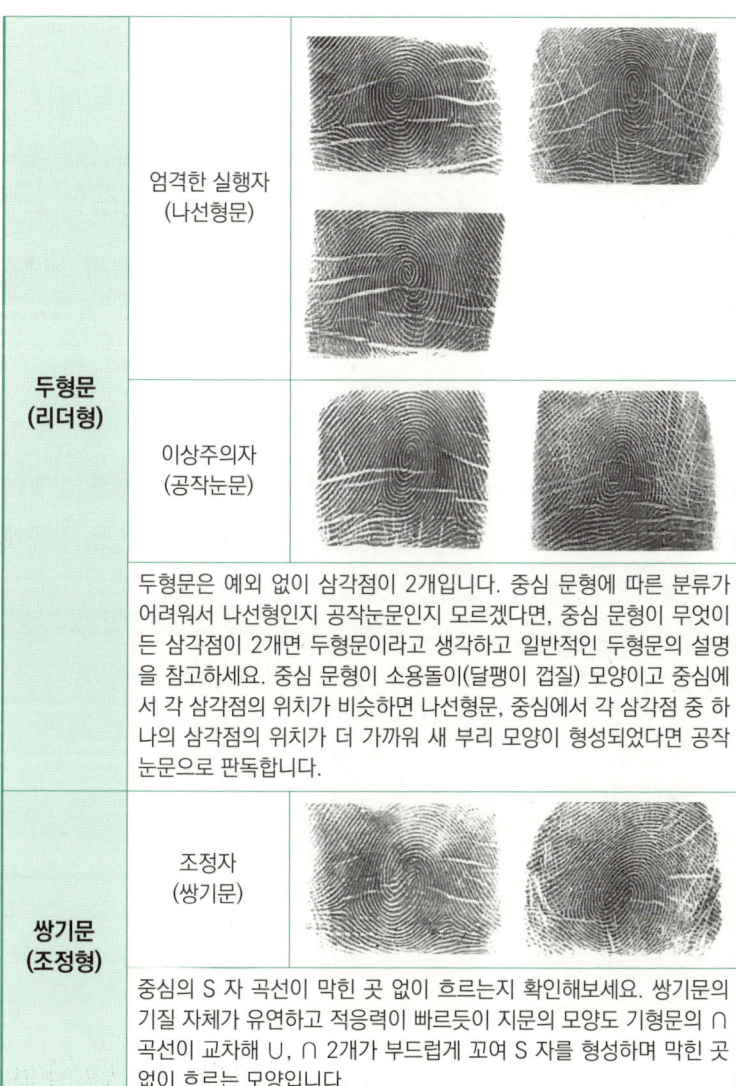

두형문 (리더형)	엄격한 실행자 (나선형문)	
	이상주의자 (공작눈문)	
	두형문은 예외 없이 삼각점이 2개입니다. 중심 문형에 따른 분류가 어려워서 나선형인지 공작눈문인지 모르겠다면, 중심 문형이 무엇이든 삼각점이 2개면 두형문이라고 생각하고 일반적인 두형문의 설명을 참고하세요. 중심 문형이 소용돌이(달팽이 껍질) 모양이고 중심에서 각 삼각점의 위치가 비슷하면 나선형문, 중심에서 각 삼각점 중 하나의 삼각점의 위치가 더 가까워 새 부리 모양이 형성되었다면 공작눈문으로 판독합니다.	
쌍기문 (조정형)	조정자 (쌍기문)	
	중심의 S 자 곡선이 막힌 곳 없이 흐르는지 확인해보세요. 쌍기문의 기질 자체가 유연하고 적응력이 빠르듯이 지문의 모양도 기형문의 ∩ 곡선이 교차해 U, ∩ 2개가 부드럽게 꼬여 S 자를 형성하며 막힌 곳 없이 흐르는 모양입니다.	

우리 손가락에는 여러 가지 방향의 선들이 있습니다. 이렇게 서로 다른 방향으로 흐르는 3선이 만나는 곳이 삼각점입니다.

지문검사에서 분류하는 지문의 형태는 일반적으로 11가지입니다. 그러나 이 책에서는 일반인도 분류하기 쉽고 분명한 차이가 있는 7가지 지문의 유형으로 분류했습니다. 나머지 4가지 문형은 두형문에 속하는 유형으로 유형들 간의 차이를 보이지만 내향성의 리더십인지, 외향성의 리더십인지를 기준으로 나선형문과 공작눈문형으로만 분류했음을 밝힙니다.

여기에서 제시하지 않은 두형문의 어떤 유형에 속하더라도 두형문은 두형문 특유의 공통적인 특성을 기반으로 하기 때문에 두형문의 일반적인 설명을 참고하시면 되겠습니다. 쌍기문은 지문 분류에서 두형문에 속하지만 따로 설명했습니다. 유연한 쌍기문이지만 그 기반은 두형문이라는 점도 잊지 마세요.

해석하기

 오른손잡이의 경우 왼손 엄지손가락의 지문 유형이 대표 기질이 됩니다. 왼손잡이의 경우는 오른손 엄지가 대표 기질이 됩니다. 양손 엄지손가락은 표면적인 인격, 검지손가락은 내면의 특질을 표현합니다. 네 손가락의 지문 유형이 모두 같을 수도 있고 다를 수도 있습니다. 모두 같을 경우 그 기질이 두드러지게 나타나며, 다를 경우 환경이나 상황에 따라서 기질들이 복합적으로 드러납니다. 전혀 다른 기질들이 서로 충돌하기도 하고 보완하기도 합니다. 각 손가락은 표와 같이 뇌의 각 부위와 연결되어 있습니다. (왼손을 쓰는 경우 반대로 해석합니다.)

정신구	전전두엽	왼손 엄지	대인관계 지능
		오른손 엄지	자기이해 지능
사고구	후전두엽	왼손 검지	공간지능
		오른손 검지	논리수리 지능
체감구	두정엽	왼손 중지	지체율동 지능
		오른손 중지	지체조작 지능
청각구	측두엽	왼손 무명지	음악 지능
		오른손 무명지	언어 지능
시각구	후두엽	왼손 약지	자연관찰 지능
		오른손 약지	자연 변식

예를 들어서 길동이의 검사결과가 다음과 같다고 할 때

왼손 엄지 - 나선형문
오른손 엄지 - 나선형문
왼손 검지 - 공작눈문형
오른손 검지 - 정기문

길동이(오른손잡이)의 대표 기질은 왼손엄지의 나선형문입니다. 나선형문에 해당하는 설명을 보면서 기질, 독서, 진로, 학습 코칭을 살펴보세요. 나머지 왼손과 오른손의 검지에 해당하는 공작눈문형과 정기문이 길동이의 내면적인 특성입니다. 대표 기질이 밖으로 보이는 특성이라면 내면적인 특성은 아이가 어떤 일을 처리하고 받아들이는 내면의 문제처리 방식에 더 많이 관여합니다. 공작눈문형과 정기문을 읽어보면서 길동이의 기질의 특성들을 복합적으로 파악해보세요. 그리고 길동이의 기질을 통해서 스트레스 상황과 문제해결 방식, 대인관계를 맺는 방식을 알아보세요.

  길동이가 아이라면 이 결과를 활용하는 사람은 부모나 교사일 거예요. 길동이의 선천적인 기질을 이해하고 아이의 발달과 성장을 돕는 방식을 공부하세요. 길동이가 성인이라면 자신을 아는 도구로 활용할 수 있습니다. 돕는 말을 읽어보면서 어떤 점들을 삶의 교훈으로 삼아 길러나가야 하는지를 파악해보세요.

언젠가 65세 여성분을 검사한 적이 있습니다. 제가 만난 내담자들 중에서는 가장 고령이셨어요. 지문검사를 하고 결과 상담을 하는 내내 "아! 내가 그렇군요. 아! 그래요. 내가 그래요. 아! 나는 그래요. 맞아요. 아! 선생님. 선생님은 내 마음을 아시는군요. 그래요. 그건 내 잘못이 아니었어요. 나는 나쁜 사람이 아니에요. 나는 그냥 두려웠어요. 이제는 내가 나를 이해할 수 있을 것 같아요. 미워하지 않고 안아줄 거예요. 죽기 전에 이 검사를 해서 너무 감사해요" 하셨습니다. 상담 내내 나눈 이야기들을 다 옮길 수는 없지만 쉽지 않은 인생을 살아오시면서 남들의 평가 속에 수없이 놓였던 자신을 자책해 온 시간에 마침표를 찍기에는 충분했습니다.

내담자는 삶 속에서 자신의 고유한 기질을 인정받지 못했습니다. 어떤 지문의 유형을 갖는다는 것은 그와 같은 삶의 목표와 선호하는 상태를 갖는다는 말로도 해석할 수 있습니다. 예를 들어 안정형이라면 안정은 이 사람이 삶에서 목표로 하는 상태이며 선호하고 추구하는 방식입니다. 하지만 안정형이 안정을 유지하려면 기존의 생활방식과 자신을 고집해서는 안 됩니다. 변화하는 상황에서 유연성을 발휘하고 적응하면서 자신의 틀을 조금씩 수정하고 넓혀갈 필요가 있습니다.

진정으로 안정된 상태란 변화의 수용이라는 뜻을 내포하고 있어요. 이 사람이 안정이라는 삶의 목표를 이루기 위해서는 변화를 수용해야만 하는 상황이 삶에서 반드시 연출됩니다. 이것을 이해하지 못하면 안정형은 점점 더 보수적이 되고 퇴보하여 배움의 상황은 스트레스의 원인이 되고 자신이 원하는 삶으로부터 멀어지게 됩니다.

어떤 지문 유형을 갖는다는 것은 도달해야 할 삶의 목표를 의미하기도 합니다. 삶의 목표에 이르기 위해서는 거기에 필요한 내 안의 미덕, 즉 성품들을 계발시켜야 합니다. 이것이 역량으로 발휘될 수 있도록 연습하는 것이 필요해요. 어쩌면 우리의 삶은 목표에 이르기 위해 필요한 성품들을 계발하는 과정인지도 모르겠습니다. 그래야 그 성품들이 빛을 발해 역량으로 발휘될 수 있기 때문이지요. 리처드 웅거의 말처럼 지구는 거대한 학교이고 지문은 각자가 소속될 반을 보여주는 지도인지도 모르겠습니다. 각자가 배워야 할 영혼의 목표와 지도를 손가락에 새기고 온다니 탁월한 해석이 아닐 수 없습니다.

내담자의 경우 안정형의 기질로 삶에서 자신이 무언가를 만들어 가기보다는 안정되어 있는 틀 속으로 편입되는 것을 선택하는 삶을 살았습니다. 변화할 수 있는 기회를 위험한 상황으로 인식했기 때문에 더 견고하게 자신의 껍질 안으로 들어갔고 그럴 때마다 가까운 이들과 관계가 단절되는 아픔을 겪어야 했습니다.

적지 않은 검사 비용을 지불하던 모습은 지금도 잊히지 않습니다. 만 원짜리 한 장씩을 돌돌 말아서 랩으로 감아서 오셨더라구요. 고단한 삶 고비 하나씩 회향하듯이 하나씩 풀어서 곱게 정돈해서 제게 주시던 모습. 어떻게 제가 지문검사라는 도구를 귀하게 쓰지 않을 수 있겠습니까.

다중지능을 살펴보면서 길동이의 강점은 더욱 강하게 약점은 보완할 수 있는 학습과 독서의 방법들을 알아보세요. 다중지능은 대개 아이가 자라면서 자연스럽게 보여주는 것을 관찰하여 알 수도 있고 검사를 통해서 확인할 수도 있습니다.

아이의 손바닥 안에 장문과 ATD 각도를 통해서 학습의 속도와 효과적인 방법, 인격적인 특징을 알아보세요. 단장을 통해 길동이의 내면의 에너지 정도를 알아보고 어떻게 해야 길동이를 조화롭게 키울 수 있을지 알아보세요. 지문적성검사는 이처럼 다양한 정보를 복합적으로 해석합니다.

아이의 기질을 통해 일어날 수 있는 정서적인 문제들도 생각해볼 수 있습니다. 스트레스 상황에서 우울을 느끼는 사람도 있고 강박적인 행동을 하는 사람도 있어요. 물론 스트레스 상황이라고 처음부터 느끼지 못하는 사람도 있습니다.

저를 찾아오는 많은 분들이 제게 가장 많이 하는 질문이 "근데 이게 잘 맞아요?"예요. 처음에는 참 난감했지만 지금은 "아직까지 이 상담이 도움되지 않았다는 말씀을 듣지 못했습니다"라고 답합니다. 건장해 보이는 성인 남성이라도 지문을 채취하는 과정에서는 자신의 속내를 들킬지도 모른다는 긴장감에 손바닥이 축축해지기도 합니다.

상담을 마치고 나면 또 가장 많이 하시는 말씀이 "선생님! 사주 손금 보세요? 어쩜 이렇게 비슷하죠?"예요. 저는 "아니요. 저는 사주나 손금은 볼 줄 모릅니다. 그렇게 비슷한가요? '성격이 운명이다', '습관이 운명이다'라는 말이 있으니 그럴 수 있겠어요. 누가 그것을 사용하느냐, 사용하는 사람의 마음에 따라서 칼은 사람을 죽이는 흉기도 되고 훌륭한 도구가 되기도 해요. 지문적성검사도 마찬가지예요. 같은 사주를 갖고도 전혀 다른 인생을 사는 사람이 있듯이 검사결과를 통해 아이를 단정 짓지 마시고 아이의 조화롭고 행복한 성장을 위해 현명하게 사용해주세요"라고 당부합니다.

 지문적성검사는 현장에서 부부상담, 가족상담, 학생들의 기질·진로·심리정서 상담, 기업이나 단체의 부서배치, 대인관계 코칭 등 여러 가지로 활용됩니다. 이 책은 지문적성검사를 통해 알게 된 선천적인 정보를 기반으로 아이들의 기질, 대인관계, 학습, 진로, 독서 코칭에 대해 다루며 특히 독서에 맞추어져 있습니다. 이는 제가 검사와 상담을 통해 배우고 연구하고 검증한 결과입니다. 그러나 우리는 모두 다양한 환경과 개성을 지닌 사람이기 때문에 모든 것을 절대화시켜서는 안 됩니다. 이 책의 내용을 이해하고 적용하려고 할 때 중심을 아이 혹은 도우려는 사람에게 두는 겸손함도 잃지 않아야겠습니다.

코칭 에세이

엄마는 여기 없잖아!

코로나 바이러스로 인해 아이들이 집에 있는 시간이 길어졌습니다. 그래서 작은 말티즈 한 마리를 분양받아 키우기 시작했어요. 학교생활과 친구가 빠진 자리에 엄마가 채울 수 없는 부분을 이 생명이 채워주길 바라면서요. 아기 키우는 것과 비슷하네요. 챙겨야 할 게 많아요. 가끔 후회가 되기도 합니다. 오늘은 동물병원에서 예방접종 날이라는 연락이 왔어요. 일정을 점검해보지만 시간이 빠듯하네요. 미루자고 말하니 딸아이가 울상을 짓습니다. "그러다 퐁퐁이가 아프면 어떡해?"로 시작해서 졸졸 따라다니며 걱정을 늘어놓네요. 어쩔 수 없이 시간을 쪼개어 퐁퐁이를 챙겨 딸 손을 잡고 예방접종을 하러 나섭니다.

마음이 불편합니다. 예방접종을 하고 발걸음을 재촉하는데 딸아이가 자꾸 뒤로 처집니다. 좀 빨리 걸을 수 없는지 얘기하려고 돌아보니 고 작은 발로 땀을 흘려가며 이미 최선을 다해 걷고 있습니다. 그 모습을 보자니 문득 미안해집니다.

"천천히 가자고 말을 하지이~!"

"엄마 여기 없잖아. 엄마 마음은 수업하는 데 있잖아."

마음이 덜컥 합니다. 그래…. 나는 지금 어디에 있지? 내 몸은 지금 여기 딸과 있는데 내 마음은 오늘 하루 종일 내 몸을 떠나 오후에 할 일들에, 점심밥은 뭐 해 먹일까 하는 걱정에, 왜 개를 키웠을까 하는 후회에, 다시 살지 못할 과거와 오지 않은 미래를 헤매느라 한순간도 온전히 살지 못했구나. 몸은 같이 있었는데 단 한순간도 아이랑 있지 못했어. 지금 내가 아무리 걱정해도 오늘 오후로 갈 수 없어. 지금 내가 아무리 후회해도 개를 키우기 이전으로 갈 수 없어. 지금 내가 할 수 있는 것은 바로 지금 이 순간을 사는 것. 뒤처진 딸의 손을 잡고 눈을 바라보는 것. 갑자기 모든 것이 정지해버리고 주변이 낯설게 느껴집니다.

걸음을 멈추고 무릎을 굽혀 아이를 바라보았습니다.

"미안해. 엄마 마음이 여기 없었나 봐. 우리 딸이 외로웠겠다."

아이 손을 잡고 시계를 봅니다. 내 마음과는 상관없이 시간은 자기 속도대로 흘러갈 뿐입니다. 잰걸음으로 엄마 눈치 보면서 힘들었을 딸에게 미안함이 와락 밀려들고 하루 종일 허깨비로 사는구나. 얼마나 많은 순간 이 마음이 몸을 떠나 있었는지 가만히 생각해봅니다.

"덥지? 우리 아이스크림 먹으면서 갈까?"

"응. 근데 엄마 바쁘잖아."

"아니야. 엄마 이제 지금 여기 있어. 마음만 바빴네."

아이 얼굴에 함빡 웃음이 번집니다. 꽃보다 곱습니다.

아이 손을 잡고 아이스크림을 할짝이며 한 발 한 발 걸으며 온 길. 집에 와서 시계를 보니 시간도 충분합니다. 아이 손을 잡아끌고 바쁘게 왔다면 얼마나 시간을 절약할 수 있었을까요?

오늘 하루 어떠셨어요? 하루 종일 정신없지는 않으셨어요? 도대체 무엇을 위해서 그렇게 서둘렀을까요? 하루 종일 바쁘게 일과를 마치고 가슴이 텅

비어버린 것 같은 공허함 느껴본 적 있으세요? 많은 순간 현재에 있지 못하고 과거와 미래를 떠돌지 않았나요? 멈추어 보세요. 우리의 생각만 멈춘다면…. 현실에서는 아무 일 없습니다. 우리는 매 순간을 살 뿐입니다. 지금 눈앞에 한 걸음만 떼세요. 지나온 길을 바라보지도, 미래의 길을 미리 만들지도 마세요. 지금 내 눈앞에 아이를 따뜻하게 포옹하고 안아주세요. 지금 이 순간을 사세요. 실제로 할 수 있는 일은 그것뿐입니다.

걸음이 빨라지지는 않나요? 설거지하는 손길이 거칠어지지는 않나요? 놀아달라는 아이의 목소리에 해야 할 일들이 떠올라 짜증이 몰려오지는 않나요?

나는 지금 어디에 있나요? 우리는 정말 어느 시간대를 살고 있는 걸까요? 자주 멈추세요. 그리고 조용히 눈을 감고 내 마음이 어디 있는지 확인해 보세요. 마음은 늘 어디론가 가는 것을 좋아합니다. 그러나 내 마음이 몸을 떠나 다른 대상이나 지금 여기가 아닌 다른 곳에 있을 때 우리는 후회, 근심, 걱정, 두려움으로 괴롭습니다. 확인되지 않은 과거와 미래의 이야기들이 머릿속에서 시작됩니다. 우리에게 몸이 있는 것은 어쩌면 마음의 위치를 확인하기 위해서가 아닐까요?

지금 눈앞의 아이를 보세요. 귀여웠던 아이 시절. 1년 전의 아이도 아니고 근사하게 성장한 미래의 아이도 아닌 지금 이 순간의 아이와 매 순간을 사세요. 우리가 할 수 있는 것은 그것이 전부입니다.

"일상이 우리가 가진 인생의 전부"라는 프란츠 카프카의 말을 가만가만 따라 해봅니다.

2장

현명한 엄마와 교사의
지문 유형별 독서지도와 학습진로 코칭

"어디로 배를 저어야 하는지 모르는 사람에게는
어떤 바람도 순풍이 아니다."
- 몽테뉴 -

01

호형문

- 언제나 그 자리에 -

1) 간단호(사무집행자)의 독서지도와 학습진로 코칭
   - 귀찮아~, 안정형의 리더십

(1) 인격의 특징 & 대인관계

첫 번째 소개할 지문의 유형은 호형문입니다. 호형문은 사무집행자와 개척적 사고자 두 가지로 나뉩니다. 이 두 지문 유형 아이들의 공통점은 **보수적**이고 **안정**을 추구한다는 거예요. 이 아이들은 인간관계에서도 안정을 추구하는 경향이 있어서 다양한 친구를 폭넓게 사귀는 것보다는 소수의 친구들을 깊이 사귑니다. 혼자 있는 것을 좋아하고 사색을 좋아하는 경향이 있어요. 깊고 복잡하게 생각하는 것을 싫어한다고 표현할 수도 있겠어요.

새로운 것보다는 익숙한 것을 좋아하고 자신의 생활방식이나 삶의 패턴이 깨지는 것을 싫어합니다. 복잡한 것을 싫어하고 계획이 갑자기 바뀌거나 돌발 상황이 생기는 것을 힘들어하기 때문에 무언가 변화가 필요할 때는 충분한 시간을 주는 것이 필요합니다.

이 유형의 아이들은 현실적이고 과장됨이 없습니다. 다소 차갑게 보일 만치 말에 겉치레가 없고 지루해 보일 만큼 변화가 없어요. 머리스타일과 옷차림도 크게 변화가 없는 경우가 많습니다.

그룹으로 수업을 구성할 때 호형문 친구가 속해 있으면 그 그룹은 다른 구성원의 기질과 상관없이 굉장히 안정적입니다. 중성적인 매력이 있어서 이성 친구들과도 편하게 지내는 경우가 많아요.

(2) 학습 코칭

저는 학습이 습관이라고 말하는 것을 좋아하지 않습니다. 하지만 이 유형의 아이들은 무엇이든 형성되고 나면 중간에 수정하는 데 오랜 시간이 걸려요. 수정이나 변화 자체를 스트레스 받아 하기 때문에 어린 시절의 습관이 중요합니다.

한번 형성된 것이 쉽게 변하지 않고 쌓여가기 때문에 어린 시절부터 다양한 자극이 꼭 필요해요. 어릴 때부터 다양하고 적절한 자극이 주어졌을 때 영재의 가능성이 가장 높은 유형입니다. 학자, 연구자 스타일이에요.

학습의 방법을 알려주거나 과제를 내줄 때도 차근차근 자세히 단계적으로 설명해주어야 효율적이고, 그것을 지속적으로 반복할 때 효과가 눈에 띄게 나타납니다. 처음에는 발전하는 것이 더디어 보이지만 일단 그 임계점을 통과하고 나면 퇴보하지 않고 발전해 나갑니다.

부모나 교사의 입장에서는 아이가 어떤 변화 앞에서 머뭇거리는 모습이 다소 융통성 없고 고집으로 보일 수도 있습니다. 이런 상황에서는 아이의 기질에 대한 이해가 정말 필요해요. 아이를 훈육할 순간인지, 도움과 기다림이 필요한 순간인지, 아이를 중심에 놓고 생각해볼 수 있으니까요.

호형문 아이들에게는 안정된 환경, 실용적이고 단순한 생활, 정확한 방법의 제시, 세세한 설명이 가장 중요합니다. 또한 호형문 아이들의 '싫다'라는 표현은 그것이 싫다는 거부의 표현이라기보다는 변화에 대한 거부감이 아닌지 살펴볼 필요가 있습니다. 안정이 중요한 기질이라고 해도 변화가 필요한 순간에는 과감하게 시도할 수 있도록 이끌어주는 것이 필요해요. 학원이나 학습 프로그램을 선택할 때에도 지속적으로 할 수 있는지 시작하기 전에 충분히 고민하고 결정할 필요가 있습니다.

(3) 독서 코칭

이 아이들은 지시를 잘 따르고 습관이 형성되면 벗어나는 것을 싫어하기 때문에 독서도 습관이 되도록 하면 좋습니다. 연령별로 단계를 차곡차곡 밟아 나가도 무난합니다.

매일 가족들과 독서하는 시간을 습관으로 만들기, 책을 보고 나면 제목을 적어 두기 등 엄마가 만들어내고 싶은 결과를 위해 필요한 과정들을 세분화해서 반복하고 습관화할 것을 기억하세요. 이 유형의 아이들은 어떤 책도 강한 재미를 느끼거나 재미없음을 표현하지 않습니다. 말 그대로 독서나 그 수업이 습관이 되면 그냥 주어진 것을 열심히 하는 경우가 많아요. 열정적인 면은 다소 없지만 안정적이라는 장점이 있어요. 또 하나의 특징은 이 아이들은 경쟁하는 상황을 별로 좋아하지 않는다는 것인데요. 독서 골든벨처럼 보상을 걸어놓고 경쟁 상황을 만들면 호형문 아이들은 별로 좋아하지 않습니다. 상품 안 받고 책 안 보는 게 좋거든요. 딱! 귀찮아합니다.

이 아이들에게 가장 중요한 두 가지 키워드를 뽑으라면 **안정과 습관**입니다. 아이의 기질을 어떻게 바라보느냐에 따라 안정적이다, 혹은 답답해 죽겠다, 라는 극단적인 평가로 엇갈릴 수 있겠죠? **아이가 못마땅해 보인다면 지금 어떤 관점에서 아이를 바라보고 있는지 내 시각을 점검해봐야 합니다.**

우리가 살다 보면 좋은 습관 하나 들이기가 얼마나 어려운지 그리고 나쁜 습관 하나를 바꾸기가 얼마나 어려운지 아실 거예요. 습관이 될 때까지의 과정에서 아이가 불평을 한다거나 하기 싫어하면 부모님 입장에서 금방 지쳐서 포기하는 경우가 있어요. 아무리 아이에게 필요하고 중요한 것이라고 해도 부모가 시킬 때 생긋 웃는 얼굴로 "네" 하는 아이는 없다는 것을 기억하시면 좋겠습니다. "이게 다 널 위해서야"라고 하지만 그건 아이가 원하는 답도 듣고 싶은 말도 아니에요. "아, 날 위한 것이었구나"라고 느낄 때까지 힘든 감정을 받아주고 불평해도 다독여 가면서 꾸준히 하는 것이 중요합니다.

(4) 진로 코칭

체계적이고 단순하게 잡힌 틀 안에서 학습하고 일하는 데 안정감을 느끼기 때문에 직업적으로도 공무원, 교사, 기술직, 사무직, 실무 관리직 등이 유리합니다. 실제 상담에서 만난 분들 중에도 공무원이나 교사 기술직에 종사하는 분이 가장 많았습니다. 돌발 상황에 대처해야 하는 일이 많은 직업이나 부서, 예측 불가능한 불특정 다수에게 서비스를 제공해야 하는 일은 스트레스가 많을 수 있습니다.

2) 텐트호(개척적 사고자)의 독서지도와 학습진로 코칭
- 그분이 오셨어, 짧고 굵은 열정의 리더십

(1) 인격의 특징 & 대인관계

 같은 호형문에 속하지만 개척적 사고자는 조금 다른 모습을 보이는데요. 안정적인 것을 추구한다는 점에서는 기본적인 호형문의 특징을 갖지만 개척적 사고자는 다소 도전적이고 열정적인 모습을 보입니다. 철저하게 사무적이고 실무적이면서도 때때로 열정적이고 창의적이에요.
 교사라는 보수적이고 안정적인 직업 안에서 아주 독특한 패션을 추구해서 이목을 끈다거나, 창의적인 수업의 방식을 추구하는 선생님, 공무원이지만 늘 같은 업무보다는 새로운 프로젝트를 짜는 일, 행사를 주관하는 등 단기간에 열정을 쏟을 만한 일을 맡는 경우에서 텐트호의 특성을 볼 수 있습니다. 기본적으로 안정을 추구하지만 어떤 특정한 기간이나 일에 열정과 창의력을 발휘합니다. 그래서 저는 텐트호의 성향을 가진 아이들이 갑자기 반짝거리면 "그분이 오셨어" 하고 웃으며 말해요.

대인관계에 있어서는 아이들과 같이 잘 놀다가도 어떤 지점에서 혼자만의 세계로 쏙 들어가 나오지 않는 경우가 있어요. 성인의 경우 배우자가 이러한 기질이면 저는 남편 혹은 아내의 경계를 침범하지 말라고 합니다. 평상시에는 유순하지만 간혹 자신의 경계를 상대가 침범할 경우 평소에 만나지 못한 '그분'이 오실 수 있어요. 그 경계를 잘 알고 아무리 가까운 사이라도 사생활을 침범하지 않는 것이 중요합니다.

이 유형의 아이들은 때때로 감정의 기복이 커서 부모님이나 교사에게 반항적이고 까다롭다는 인상을 줄 수도 있습니다. 실제로 이 유형의 아이가 수업 중에 아이들과의 교류를 갑자기 멈추거나 혼자만의 세계로 들어갔을 때 주변 사람들은 그 감정선을 따라잡을 수 없는 경우가 대부분입니다. 그러나 대체로는 자기를 표현하고 발표하는 것을 좋아합니다.

호형문에 속하는 두 기질은 모두 안정을 추구하고 실무적 사무적이라는 점에서는 같지만 개척적 사고자는 순간순간 도전적이고 열정적인 특징이 있다고 정리할 수 있겠습니다.

(2) 학습 코칭

이 아이들이 잘 하고 있던 수업을 별 이유 없이 중단하고 싶어 하면 원인을 잘 알아보세요. 특정한 문제가 있어서 해결해야 하는 상황이 아니라면 아이의 감정을 교사나 부모가 편하게 받아들이면서 학습을 지속하는 것이 좋습니다. 독서나 논술 수업도 예외는 아닙니다. 제가 만난 호형문 아이들이 잘 하고 있던 수업을 그만두고 싶어 하는 이유는 집에서 편하게 있다가 옷 입고 나오기가 귀찮아서가 많았어요.

개척적 사고자의 경우 검지에서 발견되는 경우가 많지만 내면에 있더라도 주성향처럼 밖으로 많이 표현되는 강한 기질입니다.
아이가 호형문이라면 부모는 안정적인 환경을 제공하고 좋은 습관을 갖도록 돕는 것이 무엇보다 필요하겠지요? 교사라면 호형문 아이의 이전 학습 경험을 체크하는 것이 필요합니다. 미리 학습된 경험이 있다면 바꾸는 것이 쉽지 않기 때문에 변화하는 데 충분한 시간과 반복적인 지도가 필요합니다. 간단호와 텐트호 모두 안정형을 기반으로 합니다. 학습하는 데 시간을 길게 두고 처음부터 단기간에 결과를 보려고 하지 마세요. 이 아이들은 기간을 길게 두고 차곡차곡 쌓아가는 것이 필요합니다. 반대로 이야기하면 '공부는 다 때가 있다' 하고 아이에게만 맡겨 놓지 말라는 뜻도 됩니다.

(3) 독서 코칭

이 기질의 아이들은 어릴 때부터 책을 접하고 보는 것이 습관이 되도록 하는 것이 중요합니다. 습관이 되는 동안은 부모님의 관심과 노력이 필요합니다.

안정형의 아이들은 독서도 안정적으로 합니다. **초기의 습관과 환경이 중요해요.** 어릴 때부터 부모가 어떤 독서 환경을 제공했느냐에 따라 형성된 습관을 바꾸는 것이 쉽지 않아요. 책을 보던 아이를 안 보게 하기도 어렵지만 안 보던 아이를 보게 하기도 어려워요. 매일매일 독서습관을 만들어간다면 기복 없이 좋은 결과를 얻을 수 있어요.

글쓰기 면에 있어서 본다면 사무 집행자 유형의 아이는 소설보다는 글의 체계가 정확하게 있는 논술을 더 쉽게 합니다. 글쓰기를 지도할 때도 한번 죽 설명해주고 "자, 이제 해 봐" 하면 막막해하는 아이 얼굴을 마주하게 될 거예요. 어느 정도 습관이 될 때까지 반복적으로 아주 자세하게 안내할 필요가 있습니다. 글쓰기에서도 안정적으로 개요를 짜기 때문에 매력 있는 글이 아니라 누구나 편하게 읽기 좋은 글을 씁니다. 반면에 개척적 사고자 아이는 그 틀 안에서도 독특하고 창의적인 방식을 추구하기 때문에 시나 소설도 어렵지 않게 접근합니다. 자신만의 속도로 개성 있는 글을 완성할 수 있도록 이끌어주세요.

경험적으로 이 아이들은 사춘기가 빠르게 찾아오고 이 무렵 이성에 대한 호기심을 다룬 책을 좋아하는 모습이 관찰됩니다. 책이라는 도구가 이성에 대한 호기심을 안전하게 채워주는 데 도움이 되기도 해요. 이 아이들이 성에 대해 물어올 때는 담백하고 솔직하게 대답해주는 것이 좋습니다. 사랑의 감정을 다룬 책들을 볼 때는 혼자 보게 하지 말고, 아이가 보는 책을 함께 볼 것을 권합니다. 눈치가 빠른 이 아이들이 간혹 애 어른처럼 보이더라도 아직 어린아이라는 것 잊지 마세요.

(4) 진로 코칭

이 유형은 성인과 아이 공통적으로 자신만의 개성이 뛰어나고 감각적입니다. 직업적으로는 인테리어나 패션 등 새롭고 변화하는 직업, 자신만의 열정을 표현할 수 있는 전문직, 창의적인 사업, 초기 사업의 컨설팅 등에 경쟁력이 있습니다. 이 유형은 성인의 경우 사업적인 혜안이 뛰어나서 전망이 좋은 일의 초기 사업을 구상하여 함께 하는 경우가 많습니다. 사업적인 안목이 탁월해요. 아이들의 경우 독특한 아이디어가 많아서 주변의 아이들에게 활기를 주고 창의적인 활동에도 영향을 줍니다.

만약 검사를 통해 부모님이나 교사가 이 유형에 속할 때는 어떨까요? 호형문의 부모나 교사는 멘토의 역할보다는 함께 계획을 수립하고 체크하면서 안정형의 리더십을 발휘할 수 있습니다. 아이를 아는 것도 중요하지만 모든 것은 나로부터 시작한다는 것을 잊지 마시고, 나에 대한 이해를 통해 경쟁력을 가지시길 바라요.

3) 상담 사례
 - 학원 안 다니고 서울 의대 가는 거 보여줄게요

중학생이던 S는 모든 면에서 뛰어나서 당시 지역에서 유명한 사립 중학교를 다니고 있었어요. 주변에서 기대가 아주 컸습니다. S는 어린 시절을 호주에서 보냈어요. 진로에 대한 조언을 얻고자 검사를 의뢰하셨는데요. 당시 아이와 부모님은 소통에 문제를 겪고 있었습니다. 그 무섭다는 중2 질풍노도의 시기를 지나고 있는 것도 그랬지만 잘 다니고 있던 학원에서 선생님과의 문제 때문에 아이가 학원을 거부하는 상황이었어요.

검사 결과 아이는 굉장히 드물게도 열 손가락 중 일곱 손가락이 모두 호형문이었습니다. 조기의 자극이 필요했던 시기에 다행히도 아이는 호주에서 언어적으로 풍부한 자극을 받아 이중언어에 능숙했어요. 논리수리와 공간지능의 조기교육이 필요했는데 놀이식 수학을 통해서 스트레스 없이 특수지능이 잘 개발된 상태였어요. 특수지능은 조기에 주어진 자극에 따라서 개발의 정도가 달라지는 지능인데요. 지문적성검사 결과 아이가 특수지능이 있다면 그 부분에서는 어려서부터 지속적인 자극을 주어야 해요.

아이는 기질적으로 말수가 별로 없고 외동이라 혼자 조용히 있는 시간을 필요로 했어요. 반면 아이의 어머니는 감성형이셨어요. 감성형은 늘 누군가와 연결되어 있기를 원합니다. 감성형들의 다소 과장되고 드라마틱한 감정선이 호형문 아들에게는 좀 변덕스러운 잔소리로 들렸어요. 아이에게 도움이 된다고 엄마가 제시하는 학습의 스타일이나 방법들이 변화를 싫어하는 아이에게는 무척 귀찮고 힘든 일이었습니다. 학원 선생님에 대해서도 과장되고 다소 밀어붙이는 식의 학습 방법이 마음에 들지 않는다고 말했습니다.

자연스럽게 학원을 자꾸 빠지게 되고, 집에 오면 엄마의 잔소리를 듣기 싫어했지만 실제로 성적이 크게 하락하지는 않았습니다. 질풍

노도의 시기임에도 기본은 유지하며 중심을 잡고 있었던 것이죠. 아이가 했던 일탈은 학원을 빼먹고 《해리포터》와 같은 판타지 소설에 빠지는 정도였어요.

저는 어머니께 아이에게 안정감을 주고 아이와 부모의 일을 구분해서 불필요한 잔소리를 줄이도록 조언했습니다. 감성형 엄마의 입장에서는 아들의 변화가 반항으로 보이고 저러다가 성적이 확 떨어져서 원하던 의대를 못 가면 어떡하나, 이 변화가 계속되면 어쩌지 싶어 굉장히 불안하셨을 거예요. 그러니 잔소리가 계속되고 두려움을 이기려고 교회에 나가 보지만 기도를 하면 할수록 눈물만 난다고 했습니다.

엄마 입장에서 보는 아들은 조금만 더 하면 더 잘할 수 있는데 죽기 살기로 하지 않는 것이 마음에 들지 않았던 것이죠. 사실 객관적으로 보면 이 아이는 모두의 부러움을 사는 엄친아였지만 엄마에게는 불안하기만 한 아들이었어요.

어떤 유형의 아이들에게도 사춘기는 찾아옵니다. 정도의 차이는 있지만요. 그럴 때 아이의 행동이나 상황을 어떻게 받아들이느냐는 아이의 문제라기보다는 부모의 기질에 원인이 있을 때가 많습니다.

'우리 아이가 좀 힘들구나. 저 나이 때는 다 그렇지' 하고 담담히 받아들이는 부모가 있는가 하면 아이의 괴로움을 자신의 괴로움으로 삼아 증폭시켜서 더 큰 문제로 받아들이는 부모도 있습니다. 물론 반대의 경우도 있습니다. 분명히 부모의 개입과 도움이 필요한 때임에도 '애들이 다 그렇지. 크면 괜찮아. 시간이 지나면 괜찮겠지' 하고 방치해 문제를 키우는 경우도 있어요. 이것은 부모의 역량의 문제가 아니라 기질에서 오는 차이예요. 이런 차이를 명확하게 알아야 해결해야 할 문제인지, 기다려야 할 문제인지도 분명해집니다. 두려움이라는 구름에 가려져 있으면 문제의 본질이 보이지 않아요.

부모도 자신의 기질에 따라 반응하기 때문에 자신을 아는 것의 중요성에 대해 다시 한번 강조하고 싶습니다. 아이는 엄마가 왜 저렇게 걱정하는지 모르겠다며 피곤해했어요. 의대에 가고 싶다는 마음이 변함없으니 엄마가 좀 덜 불안해했으면 좋겠다고 했습니다. 상담을 하면서, 아이에게 의대에 가면 어떤 과의 전문의가 되고 싶은지 물었습니다. 아이는 막연히 의사라는 직업을 하고 싶을 뿐 구체적인 진료과목에 대해서는 고민하지 않았다고 했습니다. 안정형의 아이는 변화를 요구하거나 불특정 다수에게 서비스하는 예측 불가의 상황에 스트레스를 받기 때문에 변화가 많은 응급실이나 수술실은 피하는 것이 좋겠다고 조언했습니다.

현재 고등학생인 S는 짧은 방황을 끝내고 공부에 열심이라고 합니다. 엄마는 고등학생이니 새로운 학원에 등록하고 싶어 했지만 아이는 학원 조금 다녀도 의대에 갈 수 있는 것을 보여주겠다며 나름의 방식을 고수하고 있다 합니다. 역시 하며 슬며시 웃음이 났습니다. 고3 때 전력을 쏟아부어 좋은 대학 가는 일. 내내 성적이 바닥이다가 갑자기 마음을 바꿔 먹어 전교 1등을 하는 일은 호형문과는 거리가 먼 이야기예요.

든든한 아들이 될 겁니다. 아들의 문제는 그대로 두고 어머님은 어머님의 일에 집중하며 행복하세요, 라는 말도 잊지 않았습니다.

책이 출판되는 과정에서 S가 의대에 합격했다는 기쁜 소식을 전해 들었습니다.

4) 수업 사례
- 귀찮아요, 시크한 아이

    Y는 처음에 제게 무척 어려운 학생이었습니다. 처음 만난 것이 6살이었어요. Y는 흔히 얘기하는 아이다운 면이 없었어요. 아이는 이후 저와 수업을 마무리한 6학년까지 8년 동안 정말 한결같았습니다.

    처음에는 감정을 잘 표현하지 않아서 수업 중에도 Y를 유심히 관찰해야 했어요. 아이의 마음 상태를 알 수가 없었기 때문이죠. Y는 아무리 좋아도 입꼬리가 살짝 올라가는 정도의 미소였고 아무리 싫어도 책장을 좀 세게 넘기거나 입술을 굳게 다문 정도였어요. Y에 대해 잘 알게 된 후에도 저는 자주 "Y야, 괜찮니?"라는 귓속말을 했어요. 간혹 뭔가에 열중할 때는 입술을 앙다물고 순간 집중하는 모습을 보였고, 아이들과 대체로 잘 지내지만 완전히 혼자 있기를 원하기도 했어요. 남자아이들이 장난을 치다가도 Y의 눈빛 한 방에 눌려서 저절로 목소리를 조절하고는 했어요. 중성적인 면이 많고 친구 사이에 있어도 튀기보다는 가만히 중심을 잡고 있는 모습이었어요. 친구가 있어도 OK, 없어도 OK!

    Y는 평상시 집에서도 혼자 음악을 듣거나 휴대폰을 보거나 책을 보는 것을 좋아해요. 친구도 새로운 친구보다는 오래된 친구를 지속적으로 만나 관계를 유지했습니다. 유행에 민감하면서도 스타일의

변화가 거의 없었어요. 앞머리를 한번 자를 때면 1mm의 변화도 어색해서 수업 내내 앞머리를 만지작거리던 모습이 떠올라 웃음이 납니다. 간혹 감정의 변화가 있을 때는 강하게 표현하기도 했지만 대체로는 엄마나 교사의 말을 잘 듣고 따라주는 아이였습니다. 전형적인 텐트호의 모습이에요.

학습에 있어서도 저를 만났을 당시 이전에 책을 통해 수업을 했던 경험이 있었는데, 마인드맵 하는 방법을 수정하는 데 오랜 시간이 걸렸습니다. 수업을 하는 동안 늘 미리 설명해주고 단계적으로 반복적으로 접근해서 안정감을 주도록 노력했습니다.

2년 정도가 흘렀을 때 Y는 제게 일상의 작은 것까지도 상의해주고 또래의 비밀도 잘 풀어 설명해주는 든든한 친구이자 지원자가 되었어요. 무엇을 하든 극렬한 감정을 표현하지 않았던 Y가 제게 가장 자주 하는 말은 "귀찮아요", "그냥 그래요"였습니다. 수업 중에 그분이 오시면 친구들에게 가장 많이 했던 말은 "엔간히 좀 해라~", "그만 나대라"였습니다. 나머지는 눈빛으로 해결! 시크한 미소가 그리워지네요.

기형문

― 자유가 아니면 죽음을 달라 ―

1) 감성주의자(정기문)의 독서지도와 학습진로 코칭
― 관계밖엔 난 몰라, 자유로운 포용력의 리더십

(1) 인격의 특징 & 대인관계

 기형문은 정기문(감성주의자)과 반기문(역방향사고자)으로 나뉩니다. 감성주의자 아이는 감정이 풍부하고 **창의적**이며 **열정적**입니다. 다소 충동적이고 감정의 폭이 큰 모습을 보이기도 합니다. 타인과 교류하고 가르치고 돕는 것을 좋아합니다.
 자신의 감정이 얼굴에 그대로 드러나고 관계가 깨지거나 단절되

면 외로움을 잘 느껴요. 싫으면 얼굴에 팍 티 나는 사람 있죠? 손 들어 보세요. 네, 그 사람이 감성주의자예요.

어른들 중에도 싫은 사람하고 밥 먹으면 체하는 분들 있죠? 제가 아는 어떤 감성주의자 여성분은 평상시에 변비가 심한데요. 불편한 사람하고 밥을 먹으면 배탈이 나서 변비약이 따로 필요가 없다며 감성주의자의 특성을 얘기해주었어요.

감성주의자가 타인에게 Yes 하는 것은 자신에게도 Yes일 확률이 높습니다. 또한 감성주의자 아이들은 환경에 영향을 많이 받아요. 가정환경, 선생님, 친구 등 관계의 영향을 많이 받습니다. 우리의 학창 시절을 떠올려보면 어떤 과목의 선생님이 좋으면 그 과목을 열심히 공부해서 성적이 오르는 친구들 있지요? 그런 유형을 떠올리시면 되겠습니다.

아이가 감성주의자라면 아이의 친구관계도 잘 알고 있을 필요가 있어요. 말씀드린 것처럼 인적 환경에도 영향을 많이 받기 때문에 친구 따라 강남 가는 대표적인 유형이기도 합니다.

바로 이 부분이 감성주의자 아이의 부모님들이 가장 못마땅해하는 부분이에요. 도대체 우리 아이는 남들 하는 건 다 따라 하고 나쁜 것도 기가 막히게 금방 배워 오고, 조금 세 보이는 친구가 있으면 이인자를 자청하니 도대체 줏대가 있느냐 없느냐 하는 거죠. 아이가 주변에 흔들리지 않고 뚝심 있게 남들 Yes 할 때 No 할 수 있기를 바라는 것은 모든 부모의 바람일 거예요. 하지만 이 아이들은 바로 이 부분을 반대로 생각하면 장점이 될 수 있어요. 환경에 민감하고 모방을 통해 배우기 때문에 좋은 것도 금방 배우거든요.

인간관계 자체가 아이에게 동기가 될 수 있기 때문에 수업을 시작할 때 선생님과 그룹 구성원에 대해 알아보는 것이 필요해요. 선생님이 아이에게 모범이 될 만한지, 부모가 바라는 점, 우리 아이가 배웠으면 하는 면이 있는 친구들인지 확인할 필요가 있습니다.

(2) 학습 코칭

이 유형의 아이들은 혼자서 심심한 것보다는 학원 가서 공부하는 것을 덜 힘들어해요. 자기에게 재미있는 요소만 있다면 무리한 사교육 일정도 거뜬히 소화해내지요. 혼자 심심하고 외로운 것보다는 함께 공부하는 게 낫다는 겁니다. 부담 없이 학업을 하는 것은 긍정적인 일이지만 학원 다니는 목표가 선생님이 좋고 친구들과 노는 것이 좋아서인지 확인할 필요가 있어요. 혼자서 정 외롭고 대화 상대가 없을 때는 책 속의 인물들과 대화하거나 눈앞의 학용품이라도 의인화해서 대화할 만큼 관계지향적입니다. 엄마가 바쁘다고 놀아주지 않으면 냄비 뚜껑이라도 사람으로 만들어놓고 혼잣말을 하는 아이 저희 집에도 있습니다. 잠시라도 혼자 있으면 금세 심심하다고 하는 아이, 여러분 집에 있나요? 몇 시간을 같이 놀았는데 커피 한 잔 타러 간 사이에 심심해하는 아이! 여기저기서 한숨소리가 들리는 것 같네요. 관계지향적인 감성주의자들은 거절 받을까 봐 두려워하는 마음을 갖고 있어요. 부탁을 거절해야 할 때는 이유를 친절하게 설명해 주세요. "네가 싫어서가 아니라 엄마가 지금 ~하기 때문이야"

하고 말이죠.

　부모님과 아이 모두가 감성주의자라면 티격태격 꽁냥꽁냥 친구처럼 지낼 수 있어요. 누군가를 돕는 것, 가르치는 것, 들어주고 조언하는 것을 좋아하는 감성주의자 아이들은 칭찬과 격려가 약입니다. 감성주의자 아이들은 틀에 박힌 것을 싫어하는 자유로운 영혼입니다. 아이를 자유롭게 허용하면서 키우세요. 실패하는 것을 별로 두려워하지 않고 무엇이든 즐기면서 하는 성향이 있습니다. 부모님이 감성주의자라면 감성주의자 부모님이 가장 잘할 수 있는 역할은 친구 같은 부모예요. 학습적인 것은 선생님과 상의하시고 부모님은 아이의 정서적인 부분을 중심으로 챙겨주시면 좋은 관계를 유지할 수 있습니다. 아이 주변에 모방하고 싶은 모델이 있다면 더없이 좋습니다.

　감성주의자 아이들을 지도할 때는 아이가 감정의 기복 때문에 도중에 과제를 포기하지 않도록 인내심을 키우는 데 중점을 두시면 좋습니다. 충분히 감정적으로 지원하고 격려하면서 끝까지 해낼 수 있도록 말이죠. 오랫동안 궁둥이를 토닥여줘야 한다고 마음 편히 생각하세요.
　이 아이들은 학습 계획을 세울 때도 장기적인 목표를 수립하는 것을 어려워하기 때문에 명확하고 장기적인 목표를 함께 세우고 그 안에서 단기적인 목표를 성취할 수 있도록 해주시면 좋습니다.
　주의할 것이 하나 있다면 감성주의자 아이들은 관계하는 것을 좋아하기 때문에 옆 친구에게 먼저 다가가고 마음을 끊임없이 표현하는데요. 이것이 호형문이나 두형문처럼 에너지의 중심이 내면에 있는 아이들에게는 굉장히 귀찮을 수 있고, 가만히 있는데 건드린다고 느껴질 수 있어요. 공동작업을 하기보다는 서로를 바라보는 정도가 효율적입니다. 기형문은 공동작업을 좋아하기 때문에 친구가 필요해요. 저학년 때 학기 초에 가장 선생님께 많이 오해받고 주의를 받는 유형이기도 합니다. 공교육에서는 어쩔 수 없지만 사교육에서는 선택이 가능할 경우 그룹을 짤 때 참고하시면 좋겠습니다.

(3) 독서 코칭

학년이 높아져서 학습량이 많아져도 틈틈이 책을 놓지 않는 아이들에 감성주의자가 많습니다. 창의적이고 자유로운 이 아이들은 글쓰기에서도 자유로운 것을 좋아해요. 논술보다는 소설 쓰기에 더 재능을 보이는데요. 3학년까지만이라도 아이의 글에 첨삭을 하지 말고 글쓰기를 놀이처럼 자신을 표현하는 수단으로 즐길 수 있도록 해주세요. 논술은 뇌가 준비되는 4학년부터 해도 늦지 않습니다.

이 아이들은 부모가 책을 오랫동안 읽어주기를 원합니다. 책을 통해 관계하기를 원하기 때문인데요. 읽기 능력에 상관없이 정서적인 부분에서 아이가 원할 때까지, 고학년이 되어도 읽어주세요. 언제까지 읽어주어야 할지 아이가 가장 정확히 알고 있으니까요. 감성형의 아이들은 다양한 분야의 책을 읽는 경향이 있어요. 재미라는 요소만 있다면요. 이 아이들을 움직이는 키워드는 **관계와 재미**예요.

　기형문의 아이들에게 책은 친구요 선생님은 파트너예요. 한 장면을 보고 하루 종일 말하고 연극까지 할 수 있죠. 때문에 기형문 아이들의 다중지능을 아는 것이 중요합니다.
　"말 좀 그만하고 일단 끝까지 읽고 나서 말하자." 감성형 자녀를 둔 부모라면 한 번쯤 해봤을 법한 그러나 절대 하면 안 되는 말. 감성형 아이들은 책 한 페이지를 보며 살아온 평생을 다 얘기하며 날을 새도 정상. 그림에 나온 토끼 하나를 보고 동물원을 만들다 책을 다 못 읽어도 정상. 책에 있는 좋아하는 등장인물에 자기 사진을 오려 붙이고 낄낄대도 정상. 읽어가는 동안 아이의 수다스러움과 감정을 받아줄 수 있는 에너지를 준비하는 것이 좋겠지요? 책에 대한 좋은 경험만 있다면 책을 가장 즐기면서 보는 기질입니다.

　노파심에 한 가지 덧붙입니다. 감성형의 아이들은 **모방의 천재**예요. 간혹 아이들의 생활습관을 잡거나 교육한다는 목적으로 나쁜 행동이나 상황을 먼저 제시하고 하면 안 된다고 하는 내용의 책들이 있어요. 예를 들어서 '동생을 때리면 동생이 아파요'라는 내용과 그림이 있다고 가정해보겠습니다. 평소에 동생을 때려서 훈육이 필요한 상황이라면 모르겠지만, 이 책은 평상시에 동생을 때리지 않는 아이에게 동생을 때리라고 알려주는 지침서가 됩니다. 친구를 놀리는 표현이 많이 들어간 책을 보았다면 내일 당장 친구를 능숙하게 놀리는 감성형 아이를 볼 수 있습니다. 특히 어린 아이들에게 책을 보여줄 때에는 책을 통해 오히려 안 좋은 것을 배우지 않도록 주의하세요. 아이에게 바람직한 행동을 가르치고 싶다면 부정적인 내용이 들어가지 않은 책을 선택하는 지혜가 필요합니다.

감성주의자 아이는 재미있는 것, 함께하는 것을 좋아합니다. 책을 고를 때도 수업을 계획할 때도 무조건 재미있어야 한다는 것을 염두에 두시면 됩니다. 그리고 단체생활을 좋아하기 때문에 단체생활의 기회나 발표하는 기회를 제공해주는 것이 좋습니다.

(4) 진로 코칭

직업적으로는 혼자 하는 일보다는 서비스업, 교육, 고객관리, 연예인, 예술, 간호사, 특수교육, 상담, 유행에 민감한 미용, 피부 관리, 의류에 관한 직업 등이 좋습니다. 감정이 풍부하기 때문에 연기도 좋고 사람을 만나서 직접 교류하는 영업직도 잘 맞습니다.

아이의 다중지능의 우월순위에 따라 자세한 진로를 계획하되, 대중 속에서 함께 하는 일을 하는 것이 좋다는 것을 기억하시면 됩니다.

감성형의 키워드 **자유로운 영혼** 잊지 마세요. 그러나 아이의 자유로운 영혼이 틀에 박힌 부모의 영혼을 바싹 타들어가게 할 수도 있다는 것! 감성형 자녀를 둔 부모님. 보약 드세요!

2) 상담 사례, 수업 사례
- 자유로운 로맨티스트 J

J를 만난 것은 아이가 5살 때였습니다. 외동이었던 J는 가족들의 사랑을 듬뿍 받으며 자란 사랑스러운 아이였어요. 부모님 모두 아이의 학습과 정서에 관심이 많으셔서 학습적으로 이미 다양한 자극을 받아왔습니다.

당시 J의 어머님은 J가 무엇이든 재미있어해서 영어 유치원을 보냈는데, 숙제 때문에 아이와 실랑이를 하는 일이 반복되었어요. J의 부모님은 자신의 욕심으로 무리하게 아이를 밀어붙이는 것은 아닌지 걱정하고 계셨어요.

검사 결과 아이는 전형적인 감성주의자였습니다. 다중지능은 언어지능과 음악지능에 가장 경쟁력이 있었어요. 저는 J 어머님께 영어 유치원이라는 자유로운 환경 자체는 오히려 아이에게 좋을 수 있고, 아이의 다중지능의 우월순위에서 음률이 있는 언어에 경쟁력이 있다는 결과가 나왔기 때문에 이 능력을 개발시키는 것이 아주 좋다고 말씀드렸습니다.

어머님의 지문을 검사해보니 개척적 사고자와 감성주의자를 내면에 품은 엄격한 실행자였습니다. 결혼 전에는 주로 초기 사업을 구상하고 사업이 안정화될 때까지 함께 하는 일(예를 들어 새로 오픈 하는 미용실의 초기 사업 아이템을 함께 구상하고, 사업이 안정화될 때까지 함께 관리하는 일)을 하셨다고 했습니다. 전망이 있는 일을 알아보는 혜안이 있고 열정적이기 때문에 초기에 어떤 사업을 선택해서 안정적으로 만들어놓고, 다음 일을 계획하는 식으로 일하셨다는 이야기를 듣고 개척적 사고자의 특징에 대해 다시 한번 공부하고 확신하는 계기가 되었습니다.

J를 양육하면서도 전망이 있는 학원이나 선생님을 알아보는 혜안을 발휘해서 J 어머님이 움직이면 유치원 하나가 움직일 정도였으니 확실히 능력을 발휘하고 계셨지요. 어머님에게는 J의 모든 것이 초기 사업이었을 거예요. 아이가 성장함에 따라 변화를 줄 것이 많으니 참 좋은 직업이라고 웃으며 말씀드렸습니다.

당시 J는 엄마가 감당하기 어려울 만큼 감정의 표현이 극렬하고 다양해서 여러 가지로 고민되고 힘든 상황이었습니다.

마트에서 원하는 물건이나 간식을 사주지 않을 때 드러눕는 아이들은 십중팔구 감성주의자일 겁니다. 그러고 나서 뒤끝 없이 금방 다른 것에 몰두하고 눈물을 그렁그렁 매단 채로 웃는 아이도 십중팔구 꼬마 감성주의자예요. 생일이 아니어도 주변 사람들한테 선물하는 것을 좋아하고, 어버이날, 스승의 날, 감동적인 편지를 주는 아이. 사랑스런 감성주의자예요.

J를 지속적이고 일관된 태도로 훈육하고 가르치되 지나간 아이의 감정이나 행동에 집착하지 말고 바람처럼 흘려버리라고 말씀드렸습니다. 그 후 J는 6세부터 중학교 1학년이 된 지금까지 저의 가장 오래된 제자 중의 한 명인데요. 어느 날 수업 중에 J가 유난히 집중력이 떨어지는 것을 보고 특별한 제안을 했습니다. 조금 전까지도 지루해하던 J는 눈을 반짝거리면서 수업이 끝나고 가라고 해도 못 들

은 척하며 자신이 하던 과제를 완수했어요. 감성주의자 아이를 지도하는 선생님은 자신의 틀을 버리고 과감하고 창의적일 필요가 있습니다. 재미라는 요소를 반드시 기억하세요.

어느 날인가는 J가 마인드맵을 하는데 발가락으로 하고 싶다고 말했습니다. 몇 초 고민하다가 J에게 두 가지 단서를 달고 허락해주었어요. 첫째, 그룹으로 수업하기 때문에 친구들보다 현저히 시간이 오래 걸릴 경우에는 발가락 대신 손가락을 이용할 것. 둘째, 발가락을 책상에 올리는 것을 싫어하는 아이들이 있을 수 있으니 독립된 공간에서 할 것. J는 스케치북을 들고 바닥에 내려와서 발가락 사이에 연필을 끼우고 마인드맵을 하기 시작했어요. 그 흥미진진했던 얼굴을 떠올리면 지금도 가슴이 뜁니다. 얼마간 그렇게 시도해보더니 발가락이 아팠는지 J는 미련 없이 발가락을 포기하고 손가락을 이용하겠다며 책상으로 돌아왔습니다.

지난 8년여의 시간 동안 J는 자신을 믿어주는 선생님과 있는 그대로 보아주는 친구들 사이에서 눈부시게 성장했습니다.
처음 J를 만나서 수업할 때 J는 제게 참 많은 것들을 내려놓고 버려야 한다고 가르쳐준 학생입니다. 교사는 학생 앞에서 기존의 틀을 내려놓고 지금 내 눈앞의 아이를 바라보아야 합니다. 나를 좌절하게 하고 힘들게 하는 그 아이가 나를 성장하게 한다는 사실은 제가 오랫동안 아이들과 함께 하면서 아이들로부터 배운 것입니다. **모든 아이들은 선물로 옵니다.**

"선생님, 어제 마트에서 사탕 안 사준다고 카트에서 막 드러눕는 꼬마를 봤어요."

"그래?"

"제 옛날 생각이 났어요. 그래서 제가 그 엄마한테 가서 조금만 참으라고 했어요." 하며 씩 웃는 제법 청소년 티가 나는 J의 얼굴 위로 처음 만났을 때 5살 J가 겹쳐졌습니다.

J 부모님은 J가 읽기에 좋은 책을 추천해드리면 어김없이 보여주고 그다음 책을 물으셨어요. 일상을 유지하고 계획이 틀어지는 것을 힘들어하는 어머님의 기질 덕이 컸어요.

J는 부모님이 제때 공급해주는 다양한 책들을 통해서 훌륭한 독서가로 성장하고 있습니다. 아직도 잠자리에서는 책을 읽어달라 한다고 해서 그만 읽어달라고 할 때까지 읽어주시라고 조언드렸습니다. 감성형은 논술보다는 자유로운 글쓰기를 좋아하니, 글쓰기도 자유롭게 하도록 첨삭하지 말고 지켜봐달라고 말씀드렸어요. 논술은 아직 때가 아니니 기다려달라고 말씀드렸더니 안심하고 기다려주셨어요. 얼마 지나지 않아 J는 각종 글쓰기 대회에서 실력을 발휘해서 부모님의 자랑이 되었습니다. 발달의 중요한 시기마다 적절한 상담이 이루어져 J의 부모님은 아이의 꽃봉오리를 억지로 벌리지 않을 수 있었습니다.

선목원에서는 봄가을로 꽃이나 나뭇잎을 주워 말려 두었다가 책갈피를 만드는 행사를 하는데요. J는 제가 아주 오래전 지나가면서 했던 말도 다 기억하고 제가 좋아하는 꽃이나 나뭇잎을 주워와 슬쩍 책상에 놓아두기도 합니다. "어머, 이게 뭐지?" 하면 "바람에 꽃잎이 날아왔나 봐요" 하면서 능청스럽게 웃는 J는 자주 저를 행복하게 해요.

올봄에는 선목원 우편함에 들꽃을 가져다놓고는 "선생님, 이건 책 사이에 넣어 말리지 말고 꽃으로 보세요" 하는 문자를 보냈어요. 바로 전주에 그 꽃을 책 사이에 말렸는데 잘못 말려서 서운해했던 저를 기억했을 거예요. 꼬마 로맨티스트 J 덕분에 참 행복했습니다.

처음 만났던 날. 그리고 J를 두고 고민했던 추억들이 떠올라 자주 웃게 됩니다. 그리고 나는 얼마나 J의 가슴을 따뜻하게 하는 선생님이었을까 하는 마음이 들어 늘 돌아보게 됩니다.

선생님의 가슴을 계절마다 꽃피워준 J에게 늘 고맙습니다.

3) 수업 사례
- 친묵은 똥이아, 유쾌 발랄 D

감성주의자 하면 소개하고 싶은 친구가 있어요. D는 6살 겨울에 만나서 지금 6학년이 된 유쾌 발랄한 여자아이예요. D는 수업시간에도 수시로 앞에 서서 발표하고 진행하는 것을 좋아하고 개그에 천부적인 소질이 있어요.

진지한 것보다는 가벼운 것을 좋아하고 새로운 친구에게 적극적으로 관심과 애정을 표현하는 아이죠. D는 그 어떤 상황도 아주 가볍게 만드는 재주가 있습니다. 이런 우리 D가 못 참는 것이 한 가지 있어요. 저로서는 잊을 수 없는 이 일화를 소개하고 싶습니다.

언젠가 세계문화를 주제로 아이들이 조를 나누어 조별로 각 나라를 함께 알아보고 소개하는 시간이었어요. D의 그날 짝꿍은 내성적인 리더십을 대표하는 엄격한 실행자(나선형문)의 남자아이였습니다. D가 아무리 재잘대도 이 남학생은 묵묵부답 자기 일만 열심히 했지요. 혼자서 얘기하다가 진이 빠진 D는 급기야 "선생님, 얘 벙어린가 봐요. 야! 침묵은 똥이야 똥!" 하면서 닭똥 같은 눈물을 뚝뚝 흘렸습니다.

더 당황스러웠던 것은 한 시간 동안 침묵하던 엄격한 실행자 남자아이의 반응이었어요. 제아무리 엄격한 실행자라도 D의 눈물에 난처한 표정이 역력했지만 그런 마음을 드러낼 엄격한 실행자가 아니지요. 좀 난처한 얼굴로 "아이, 시끄러워" 하면서 눈길도 주지 않았습니다.

아! 이 무슨 사랑과 전쟁이란 말입니까? 실제 상담에서도 이렇게 극과 극의 기질을 가진 부부들은 이 아이들과 다르지 않습니다. **감성주의자는 늘 사랑한다고 표현하는 사랑을, 엄격한 실행자는 성과와 존재함으로 사랑을 표현하니까요.** 사랑 참 어렵네요.

감성주의자 아이들이 침묵하는 때는 두 가지입니다. 분위기가 강압적이거나, 아프거나. 사랑스러운 우리 감성주의자 아이를 외롭게 하지 마세요.

4) 역방향 창의자(반기문)
  – 엄마 왜요? 선생님 왜요?

(1) 인격의 특징 & 대인관계

아이를 키우는 부모님이나 선생님이라면 아이들이 유난히 "왜요?"라고 질문하는 시기를 지난다는 것을 알고 계실 거예요. 그 질문이 듣는 사람 입장에서 썩 의미 있고 창의적으로 들린다면 모르겠지만 대부분 아이가 세 번 이상 별것 아니라고 생각되거나 대답하기 애매한 것을 "왜?"라고 물으면 좀 피곤한 기색을 띠게 되지요.

그런데 이 "왜"라는 질문이 특정한 어느 시기가 아니라 늘 가슴에 새겨져 있는 아이라면 어떨까요? 과학자 에디슨이나 예술가 백남준 씨처럼 내면의 의지력이 강하고 호불호가 강하며 관찰력이 뛰어나고 창의적인 유형이 역방향 창의자의 대표적인 예입니다.

역방향 창의자는 독특한 아이디어가 많고, 같은 것을 보아도 보통의 사람들과는 전혀 다른 시각에서 사고하기 때문에 간혹 다른 세계의 사람처럼 보이기도 해요. 이 아이들이 질문할 때 간혹 반항적으로 들리는 경우가 많은데 애초에 보는 관점 자체가 다르기 때문입니다. 서로 자기 의견이나 생각만을 주장하면서 의견을 좁히려고 하면 절대로 닿을 수가 없어요.

(2) 학습 코칭

아이가 역방향 창의자라면 **부모는 자신을 완전히 비우고 아이의 말과 몸짓을 경청**해야 합니다. 부모만이라도 든든한 아이의 편이 되어주고 이해해주어야 아이가 불안감을 극복하고 온전히 인정받으면서 자신의 능력을 마음껏 발휘해 살 수 있어요. 아이가 하는 질문, 표현을 인정하고 존중하면서 아이의 내면의 상태를 진심으로 받아주어야 합니다.

역방향 창의자 아이들은 인정의 욕구가 강하기 때문에 작은 칭찬에도 아주 기뻐합니다. 다수가 함께하는 교육에서 모두 표현하지 못하는 것을 집에서 표현해보고 집중해서 과제에 몰두할 수 있는 환경이 주어질 수 있도록 배려해주세요.

역방향 창의자 아이들을 지도하는 선생님은 아이들이 간혹 이해하지 못할 질문이나 행동을 할 때 '이상하다'가 아니라 아이가 어떤 마음 상태인지 묻는 자세가 필요합니다. 역방향 창의자 아이들은 간혹 그룹원들을 뜻하지 않게 웃게 할 때가 있는데요. 웃음의 포인트가 다르기 때문이에요. 아이 입장에서는 자기가 한 말이나 행동이 왜 웃긴지 전혀 모르는 거죠. 교사는 아이가 그룹원들 사이에서 이해받지 못하지는 않는지 세심하게 관찰하고 아이가 무리 속에서 독특함을 인정받을 수 있도록 여러 가지 방법으로 배려해야 합니다. 아이들은 교사의 관점에 영향을 많이 받기 때문에 역방향 창의자 아이를 보는 교사의 시각이 긍정적이냐 부정적이냐에 따라서 다른 구성원들이 아이를 보는 관점도 영향을 받습니다.

(3) 독서 코칭

이 아이들은 감성주의자처럼 독서지도를 하되 함께하는 부모나 교사의 태도가 중요합니다. 아이의 질문을 존중하고 호기심을 충족시켜주도록 하는 것이 좋습니다. 아이가 책을 보고 궁금해하는 것은 직접 경험하게 해주고, 아이의 질문을 존중하면서 함께 찾아보는 활동이 좋습니다. 공교육에서 다 해소할 수 없는 것을 집에서라도 지속적으로 몰입할 수 있게 해주는 시간과 활동이 필요합니다.

에디슨의 엄마를 기억해주세요. 무엇이든 스스로 실험하고 발견할 수 있도록 해주세요. **아이를 어떤 시각으로 바라보느냐에 따라서 특별한 천재가 될 수도 있고 까다롭고 이해하기 어려운 반항아가 될 수도 있습니다.**

(4) 진로 코칭

직업적으로도 역방향 창의자들은 독특한 기술을 개발한다거나, 남들과는 다른 아이템으로 사업을 한다거나, 자신만의 독특한 세계가 인정되는 작가, 예술가, 영화감독 등의 직업에 경쟁력이 있습니다.

이 아이들이 추구하는 작품의 세계는 누구나 좋아하고 예쁘다고 하는 분야가 아니라 마니아층을 형성할 수 있는 독특하고 개성 있는 것이겠지요? 이 아이들의 다소 비판적인 시각은 자연과학이나 사회과학에서 강점으로 작용합니다. 때문에 과학수사, 범죄연구 등 남들과는 다른 시각을 필요로 하는 직업에서 두각을 나타낼 수 있습니다. 앞에서 설명한 종류의 직업 세계를 다룬 책들을 보는 것도 좋습니다.

이 아이들은 어딘가 매이고 지시받는 것을 좋아하지 않는 자유로운 영혼입니다. 아이가 다소 정적이고 보수적인 집단에 속하는 직업을 갖는다면 활동적이고 자유스러운 취미생활을 하면서 직장생활에서의 답답함을 풀고 삶의 밸런스를 맞출 수 있습니다.

5) 상담 사례, 수업 사례

연년생 형제를 둔 어머님이 상담을 의뢰하셨습니다. 아들 둘을 키우기가 너무 힘들다고 하셔서 어떤 점이 힘든지 여쭈어보니 하나부터 열까지 다 힘들다고 하시더군요. 검사 결과 형은 주성향이 감성주의자, 내면의 성향은 역방향 창의자와 개척적 사고자였습니다. 동생은 주성향이 감성주의자, 내면의 성향은 역방향 창의자였습니다.

역방향 창의자와 개척적 사고자는 내면에 있더라도 주성향보다 더 두드러져 밖으로 표출될 수 있는 강한 기질입니다. 형은 자유롭고 사람과 관계하는 것을 좋아하는 기질이지만 내면에 서로 다른 강한 기질이 함께 있어서 상황에 따라 보이는 아이의 행동이 굉장히 다를 수 있습니다.

사실 이러한 기질상의 충돌로 인해 가장 혼란스러운 것은 아이예요. 아이 자신도 나는 누구일까? 어떤 것이 진짜 내 모습일까. 하는 혼란스러운 지점이 있습니다. 주변에서 보기에 일관성이 없어 보이고 도대체 어떤 것이 아이의 진짜 모습이지? 하고 의아할 수 있는 경우였어요. 어떤 지시를 해도 "네" 혹은 "싫어요"가 아니라 "왜 제가 그걸 해야 하죠?"라고 묻는 아이였습니다. 때때로 내면의 충동이나 변화가 극심해질 때는 아이도 스스로 힘들어했어요.

동생은 내면의 에너지가 더욱 강한 경우(제1단장)였어요. 검사를 하고 나니 엄마가 연년생 두 아이를 키우면서 이 아이들을 있는 그대로 사랑하기 위해 얼마나 힘들었을까 저절로 이해가 되었습니다.

형은 친구를 좋아하면서도 자신만의 경계가 분명하고 때때로 자기 세계로 쏙 들어가버려서 함께 노는 아이들의 부모님들한테 적지 않게 오해를 받았다고 합니다. 저는 어머님께 아이의 경계를 존중해 주라고 말씀드렸습니다. '틀렸다'가 아니라 '다르다'라는 마음으로 아이를 넓게 포용하시라구요.

아이는 논리수리에 특수지능이 있어서 조기 교육이 필요한 상태라 그 부분에 대해서도 무리한 선행보다는 꾸준히 발전할 수 있도록 이끌어줄 것을 조언드렸습니다. 이 두 형제는 6살 때부터 5학년 때 어학연수를 갈 때까지 함께 수업했는데요. 지문적성검사 결과를 잊지 않고 꾸준히 교육하신 결과 5학년 때 이미 수학이 상당한 수준까지 깊어져 영재성을 인정받았습니다.

제가 수업을 하면서 가장 중요하게 생각하는 것은 아이가 어릴수록 자신이 생긴 그대로를 인정받을 수 있게 하는 것입니다. **별 모양으로 태어난 아이를 모서리를 깎아 동그라미를 만드는 것이 아니라 세모는 세모대로 네모는 네모대로 별 모양은 별 모양대로 서로에게 피해 주지 않으면서 있는 그대로를 인정받는 것이지요.** 틀림이 아니라 다름이라는 것을 아이들은 어렵지 않게 받아들이고 내면화시킵니다. 자신을 충분히 인정받은 아이들은 그 경험으로 다른 사람도 존중할 줄 압니다. 배려라는 이름을 붙일 것도 없이 그저 서로 다르고 다르니 좋다, 재미있다, 라는 것을 경험으로 알게 되는 것이지요.

아이들의 학년이 높아지면서 이러한 시각은 학습에도 큰 영향을 미칩니다. 주변 친구들, 주변 환경을 일일이 시비하고 탓하고 저건 왜 저래? 틀렸다, 라는 시각을 가진 아이들은 아무래도 마음에 공간이 좁아 작은 일에도 스트레스 받고 예민해집니다. 학습에서도 길게 보면 마이너스로 작용합니다. 그런데 자신을 충분히 인정받은 아이들은 어떨까요? '아, 그렇구나', '아, 저 아이는 저렇구나' 하면서 학업 이외의 다른 것에 스트레스가 적고 오히려 공부에 전념할 수 있겠지요?

역방향 창의자 아이들은 환경이 어떻느냐, 아이를 이해해주는 사람이 있느냐 없느냐에 따라 부모 뒷목을 잡게 하는 반항아가 될 수도 있고 부모의 가슴을 촉촉이 적셔주는 비타민이 될 수도 있다는 걸 기억하세요.

상담을 하다 보면 같은 기질이라도 부모의 양육방식, 아이의 성별이나 형제간의 순서, 혹은 외동이냐에 따라 다른 모습을 보이는 경우를 자주 보게 됩니다. 동생의 경우 형과 같은 기질을 갖고 있어도 형이 하는 것을 보고 없던 눈치도 생기는 법이거든요. 지문결과를 해석해서 적용할 때 이런 부분들까지 감안하는 유연성이 필요합니다.

동생의 경우는 그룹을 구성할 때 역방향 창의자 아이들과 함께 구성을 했습니다. 이 수업은 정말 저의 한계를 넘어서는 시간이었어요. 한 시간을 하고 나면 그만큼 자라나 있었습니다. 역방향 창의자 아이들은 역방향 창의자끼리 잘 맞습니다. 선생님은 좀 많은 에너지가 필요하겠지만요. 울타리를 넓게 치고 아이들에게 배우려는 마음을 갖는다면 선생님에게도 좋은 성장의 기회가 될 것이라고 생각합니다. 역방향 아이들과의 수업에서 제가 가장 힘든 것은 웃음의 포인트였습니다. 아이들이 다 웃는데 저는 심각해지고 저는 웃겨 죽겠는데 아이들은 진지하고. 물어보고 웃어야 하는 이런 상황 잊지 못할 경험입니다.

다행히 두 형제의 어머니는 아이들과 주성향이 같은 감성주의자에 내면은 조정자였습니다. 아이들을 키우시면서 순간순간 힘들 수 있지만 잘 조율하실 거라고 말씀드렸습니다.

때때로 함께 커피를 마시며 아이들의 성장을 공유하던 때는 이제 추억이 되었습니다. 지문검사 결과를 늘 지표 삼아 아이들을 양육해 주신 어머님께 늘 감사드립니다.

두형문

- 나를 따르라 -

두형문은 완벽주의자 1, 완벽주의자 2, 엄격한 실행자, 조정자, 관찰 협조자, 이상주의자, 특수사고자로 다시 세분됩니다. 이러한 문형들은 전문적으로 교육을 받은 상담사가 아니면 구분하기 어렵습니다. 이 책에서는 두형문의 공통적인 특징을 설명하고, 내향성 리더십의 대표, 엄격한 실행자와 외향성 리더십의 대표, 이상주의자만 다루도록 하겠습니다.

두형문의 다른 유형이라도 두형문의 공통적인 부분은 같으니 참고하세요.

(1) 인격의 특성 & 대인관계

두형문 아이들은 다른 표현으로 리더형이라고 부릅니다. 이 아이들은 엄격하고 고집스러운 면이 있으며, 책임감이 뛰어나고 다소 개방적인 면이 부족합니다. 자기의 주장이 분명하고 선택한 과제에 있어 집중력이 뛰어나며 효율을 중요시합니다.

　욕심이 많아서 잘하고 싶어 하는 마음이 강합니다. 이 때문에 잘하지 못하면 어떡하지? 하는 두려움도 크고 그 때문에 자신이 처음 접하는 것, 새로운 것을 시작하는 데 어려움을 겪기도 합니다. 무엇이든 시행착오를 겪어서 배우기보다는 단번에 잘하기를 원하며 그 과정에서 도움을 청하는 것에 대한 거부감이 있습니다. 또한 호불호가 강하고 무엇이든 자신이 주도하고 싶어 하기 때문에 학습이나 활동에 있어서도 본인이 선택했느냐 아니냐에 따라 결과가 판이하게 달라집니다.

　이 아이들은 부정확한 것을 싫어합니다. 남에게 의지하고 도움을 청하거나 받는 것을 싫어해요. 그것 자체가 자신의 나약함을 보이는 일이라고 생각하기 때문이에요. 어떤 일을 함에 있어서 자신이 익숙하고 잘하는 것은 잘하지만 새로운 시도는 두려워합니다.

　두형문의 아이들은 다른 사람을 리드하고 싶은 마음이 강합니다. 때문에 단체 생활에서 내가 잘 어울리지 못하면 어떡하지? 하는 내면의 두려움이 있습니다. 이 아이들에게는 나약함이나 부족함을 드러내는 것은 부끄러운 것이 아니며, 익숙하지 않고 잘 모르는 것은 성장의 기회라는 것을 알려주어야 합니다.

　자기 자신에게조차도 결과론적으로 비판적이며 냉정하게 판단하는 경우가 많기 때문에 자신의 실수나 실력, 결과에 대해 너그러운 태도를 취하는 것도 두형문 아이들이 내면의 평화를 유지하는 데 있어서 꼭 배워야 할 덕목입니다.

이 아이들에게 꼭 필요한 핵심 단어를 뽑으라면 저는 **유연성**이라고 말하고 싶습니다. 아이가 두형문인데 부모나 선생님이 권위적이고 강압적인 태도를 취하면 아이는 마음을 닫아버리고 자신을 보호하기 위해 무장하게 됩니다. 센 척, 괜찮은 척, 안 아픈 척하는 것이죠. 아이를 아이라고 생각하지 마시고 성인 어른으로 대한다면 이 아이들과 좋은 관계를 맺을 수 있습니다.

이 아이들의 마음에는 저울이 들어 있는 것 같습니다. 정확하고 명확한 것을 좋아하고 자신의 기준이 확고해서 거기서 벗어나는 것을 용납하기 쉽지 않아요. 이 때문에 다른 사람의 이중성도 금방 파악해요. 부모님이나 선생님이 말과 행동이 다르다거나 신뢰를 잃는다면 아이는 진심으로 따르지 않고 교육적 효과도 기대하기 어렵습니다.

우리 집에 나보다 어른이 계신다 생각하시고 아이보다 약해지세요. 이 아이들은 정의감이 강하고 의리 있으며 약자를 보호하려는 본능이 강하기 때문에 같은 것을 시키더라도 부모나 선생님의 권위로 아이에게 강압적인 태도를 취하기보다는 부탁하는 마음으로 접근하면 성공하기 쉽습니다. 예를 들어서 아이에게 쓰레기봉투를 내다 버리게 심부름을 시키고 싶다면 "이거 좀 갖다 버려" 하고 명령하지 마세요. 대신 쓰레기봉투를 들고 아이 앞을 힘겹게 지나가면서 "아이고, 이게 왜 이렇게 무겁지? 아이고 아이고…" 하고 약한 척해 보세요. 못 이긴 척 다가와 쓰레기봉투를 들어주는 늠름한 꼬마 영웅을 보게 되실 겁니다. "네가 도와줘서 시간을 절약할 수 있었어",

"팔이 아파서 힘들었는데 도와줘서 고마워" 하는 구체적인 고마움의 표현도 잊지 마세요.

　이 아이들은 비난에 약합니다. 다른 사람들 앞에서 아이를 지적하거나 혼내는 일은 절대로 해서는 안 되는 행동입니다. 또 이 아이들은 과장된 칭찬도 금방 알아챕니다. 그저 어깨 위에 손 한 번 올리면서 눈을 마주치고 "난 네가 자랑스러워" 하는 눈빛이면 충분합니다.
　어떤 면에서 두형문 아이들은 호형문과 비슷해 보이지만 근본적으로는 좀 다릅니다. 만약 같은 상황에서 호형문 아이들의 싫다는 표현은 **귀찮다**는 의미일 수 있지만 두형문 아이들의 싫다는 표현은 잘 못할까 봐 **두렵다**일 수 있습니다.

(2) 학습 코칭

　학습에 있어서 두형문들은 장기적인 계획 수립에 능합니다. 어떤 과제를 수행할 때는 장기적으로 큰 그림을 그려놓고 세부적인 것을 수행하면서 큰 그림을 늘 염두에 둡니다. 목표로 하는 트로피 사진을 붙여놓고 매일 힘든 연습을 해나가는 모습을 그려보세요.
　다만 이 아이들이 잘하고 싶다는 욕심 때문에 오히려 시도하지 않을 수 있다는 것을 기억해두세요. 완벽주의의 반대는 '적당히'가 아니라 무력함입니다. '잘하지 못하면 어떡하지?' 하는 두려움 때문에 시도조차 하지 않을 수 있어요. 정말 필요할 때는 두려움을 이겨내고 시도할 수 있도록 당근과 채찍을 적절하게 사용하실 것을 권합니다.
새로운 것을 시작할 때는 동기 부여가 필수적이고 가끔 창의적인 아이디어도 필요합니다. 새로운 시작을 두려워하기는 하지만 일단 시작하면 힘들어도 이겨나가기 때문에 오래 지속하는 대기만성형의 아이들이 많습니다.

이 아이들은 하나의 작업에서 다른 작업으로 넘어갈 때 시간이 좀 필요합니다. 학원 일정을 하루에 3개 이상은 잡지 말고(개인에 따라 더 줄여야 할 수도 있습니다) 이 일정들 사이에 아이가 숨 쉬고 쉴 시간을 확보해야 장기적으로 유리합니다.
아이가 고학년이 되더라도 학원이나 학습에 있어서는 되도록 직접 선택하게 하세요. 자기주도형 학습이 잘 맞습니다. 일일이 잔소리하거나 지시하기보다는 그 계획을 수립하고 해나가는 데 있어서 전문적인 코칭을 해주는 사람이 있다면 좋습니다.
대인 관계에 있어서도 두형문의 아이들은 새로운 친구보다 익숙한 친구들을 선호하기 때문에 자기와 잘 맞지 않아도 새로운 친구보다는 익숙한 친구와 교류하기를 원합니다. 상대에 대해 잘 알고 있다는 것은 이 아이들에게 아주 중요하거든요. 아이들이 새로운 관계도 잘 맺어갈 수 있도록 도와주세요.

학습을 할 때도 이 아이들은 1:1 교습이 잘 맞지만 어느 정도 실력이 되었을 때는 경쟁하는 상황을 만들어주는 것이 실력을 향상시키는 데 도움이 됩니다. 만약 두형문 아이를 새로운 그룹에 포함시키고 싶다면, 처음부터 함께 시작하거나 얼마간 개인 수업을 통해 실력을 키운 후에 잘할 수 있을 때 그룹에 들어가는 것이 좋습니다. 자신이 잘할 때 더 잘하기 때문이에요. 부모 입장에서 꼭 포함시키고 싶은 그룹이라도 구성원들이 이미 앞서 있고 두형문 아이만 이제 시작하는 상황이라면 아이에게는 굉장한 스트레스입니다.

이 아이들은 친구나 선생님에 대한 기준도 높습니다. 관계 맺기가 어렵지만 일단 형성되고 나면 굉장히 의리 있는 모습을 보여요. 다만 자신을 표현하는 데 적극적이지 않기 때문에 표현하지 않는 아이의 내면에 어떤 것들이 쌓이고 있지는 않은지 관심이 필요합니다. 곪은 것은 드러내서 터뜨려야 합니다. 이 아이들이 힘들어할 때 언어식의 상담보다는 모래놀이라든가 미술치료처럼 무의식중에 자신을 부담 없이 드러내고 스스로 치유하는 방식이 좋습니다.

이 아이들은 타인의 위로나 괜찮다는 말에 위로받지 못합니다. 자신이 정말로 괜찮을 때 괜찮아요. 에너지의 중심이 내면에 있는 이 꼬마 어른들을 아이로 보지 말라는 당부를 다시 한번 드리게 되네요.

(3) 진로 코칭

직업에 있어서는 지도자, CEO, 정치, 의사, 법률가, 방송 언론, 군인, 경찰 등에서 경쟁력이 있습니다. 내면이 강하고 독립적이며 자의식이 강한 이 아이들은 경쟁이 치열한 상황에서 오히려 자신의 능력과 리더십을 발휘합니다.

1) 나선형문(엄격한 실행자)의 독서지도와 학습진로 코칭
 - 조용한 카리스마, 내가 할게: 내향성의 리더십

두형문의 여러 문형 중에서 엄격한 실행자는 그 이름처럼 자신에게 굉장히 엄격하며 자신을 잘 표현하지 않는 내향성의 리더십입니다. 특히 초등 중학년 정도까지는 거의 눈에 띄지 않기 때문에 가까운 가족들조차도 우리 아이가 리더형이라구요? 하며 깜짝 놀라는 경우가 있어요. 그동안 아이가 보이는 행동을 소심하다, 조심성 있다, 내성적이다, 라고만 생각했는데 아이 안에 그토록 잘하고 싶다는 욕구가 불타오르고 있었다니 하면서요.

엄격한 실행자들은 책임감이 강하기 때문에 말뿐인 약속을 잘 하지 않습니다. 만약 아이가 뭔가를 잘못해서 부모님이나 선생님이 훈육을 하는 상황이라고 가정해볼게요.
"다음부터 다시는 그러지 마. 알았지?"
"…."

"왜 대답이 없어? 또 그러겠다는 거야?"

"…."

"어머. 너 지금 대답 안 하고 시위해? 잘못한 줄은 아는 거야? 응?"

엄격한 실행자 아이들은 선뜻 대답하지 못합니다. 이 아이들은 왜 선뜻 대답을 하지 못하는 걸까요? 자신이 없어서예요. "네"라고 대답하면 반드시 지켜야 하는데 정말로 지킬 수 있을까 생각하거나 지키지 못할까 봐 자신이 없어서예요.

대답 없는 이 아이는 오해를 받습니다. 부모나 교사는 아이에게 형식적으로라도 다음부터 그러지 않겠다는 다짐을 받고 싶어 하지만, 자신이 한 말은 책임져야 한다고 생각하는 아이는 쉽게 대답하지 못해요. 특히 '다시는'이라는 단어는 아이를 망설이게 합니다. "하지만 지키지 못할 수도 있어요", "한 번은 어길 수도 있어요"라고 단서를 달 만큼 말입니다. 아이를 너무 다그치거나 몰아가지 않도록 하세요.

선천적으로 엄격한 이 아이들이 엄격한 부모 밑에서 자란다면 꼬마 재판관이 되기 쉽습니다. 자신의 견고한 틀이나 규칙에서 어긋나는 것에 굉장히 스트레스 받기 때문에 다른 사람을 평가하고 분별하는 데 많은 에너지를 소모할 수 있어요. 일상에서 정말 필요한 규칙들 외에는 아이를 보다 유연하게 키우시길 권합니다.

엄격한 실행자 아이가 지나치게 엄격하거나 스트레스 상황에 처하면 두려움이 커지고 강박적인 행동을 할 수 있습니다. 모든 것을 통제하려는 욕구가 강하기 때문이에요. 또한 이 아이들은 무엇이든 자기들이 주도해서 하는 것을 좋아합니다. 사실 잔소리가 전혀 먹히지 않으니 포기하시라고 말씀드리고 싶어요. 관점을 달리하면 이 아이들의 독립심은 굉장한 자산입니다. 다만 지나치게 고집스럽고 비판적이 되지 않도록 주변에서 유연한 모습을 보여주시면 좋습니다.

엄격한 실행자 아이들은 남의 기준을 인정하는 연습이 필요합니다. 그것이 결국은 자신을 유연하게 하고 내면에 평화를 줄 수 있으니까요. **나 자신을 사랑하자. 틀린 것이 아니라 다른 것이다. 표현하는 것은 나약한 것이 아니다.** 엄격한 실행자 아들에게 자주 하는 말입니다.

2) 공작눈문(이상주의자) 독서지도와 학습진로 코칭
  - 포용력 있는 부드러운 카리스마,
    내가 해줄게: 매력 있는 외향성의 리더십

두형문이지만 감성주의자의 성향을 띠는 이상주의자 아이들은 굉장히 열정적이고 격렬한 감정을 표현할 때가 있습니다. 이 아이들은 무엇이든 완벽하고 이상적인 것을 추구합니다. 때문에 일의 성과는 좋지만 일에 대한 욕심이 많아요. 못하는 친구들 것까지 도맡아 자신을 힘들게 하기도 합니다.

 이상주의자 아이들은 친절하고 사람들과 잘 어울리며 포용력이 좋습니다. 달변가들이 많고 예술적인 감각이 뛰어난 매력적인 지도자 유형이에요. 연설가, 강연가, 정치가 등 연설에 능한 사람들에 이 유형이 많습니다.

 저는 어떤 분야에서든 마무리가 다른 사람, 이상적인 목표를 세우고 주변에 휩쓸리지 않고 자신의 길을 가는 사람들의 지문에서 이상주의자를 발견합니다. 그래서 어떤 사람을 만나 이상주의자 같은 느낌을 받으면 제가 먼저 검사를 의뢰해요.

 언젠가 지역에서 숲 유치원을 오랫동안 운영하신 유치원 원장님을 뵌 적이 있어요. 이상적인 교육을 실천하기 위해 오랜 기간에 걸쳐 산을 매입해서 가꾸고 연못을 파고 아이들과 직접 농사짓고 가축을 키워 먹거리 하나까지 챙기는 모습을 보면서 전형적인 이상주의자를 볼 수 있었습니다.

 이 아이들은 무대에 서는 기회를 마련해주는 것이 좋습니다. 매사 열정적이고 적극적이고 긍정적이며 끊임없이 자신을 개발합니다.

(1) 독서 코칭

 두형문 아이들의 독서지도는 어떻게 해야 효과적일까요? 이 아이들은 읽기 독립의 시기가 빠른 편입니다. 다만 아이가 한글을 떼는 시기에 주변과 비교하여 뒤처진다는 느낌을 받거나 교사로부터 부정적인 피드백을 받았다면 아예 읽는 활동을 멀리하는 경우도 있습니다. 모든 아이들이 그렇지만 두형문 아이들은 어떤 일의 초기에 부정적인 경험이나 피드백을 받지 않도록 하는 것이 중요합니다.

아이들이 책에 몰입하는 시기에는 밤을 새워가며 책을 보는데요. 특히 두형문 중에 올빼미들이 많아요. 낮에는 주로 활동을 하며 호기심을 채우다가 조용한 밤이 되면 책에 몰입이 잘 되기 때문입니다. "우리 아이는 낮에는 실컷 놀다가 잘 시간만 되면 책을 보여달라고 합니다. 밤에 안 자고 늦게까지 책을 보려고 하는데 그것이 아이가 자기 싫어서 일부러 그러는 것 같아서 화가 납니다" 하는 상담을 받습니다. 그러나 일부러 자기 싫어서 책 보는 아이는 없습니다. 자연스럽게 주변이 멈추고 고요해지는 시간에 책에 빠져들기 쉬워요. 아이도 그 시간대에 책 보는 것을 좋아하는 것뿐이지요. 그리고 그 시기가 그렇게 오래 가지는 않습니다. 경험상 이 시기를 통과하면서 자유롭게 책을 본 아이들은 읽기에 깊은 몰입을 경험합니다. 이때 경험한 몰입의 힘이 이후의 다른 과제를 할 때도 그대로 적용되고 확장됩니다.

어떠세요? 우리 아이가 중고등 학생이 되어서 공부에 몰입해야 하는 시기에도 시간표를 딱 지켜서 땡 하고 자기를 바라세요? 아니면 자신이 좋아하거나 해야 할 일에 집중할 때는 밤을 새우며 몰입의 즐거움을 느끼기를 바라세요?

자신이 좋아하는 일에 집중하는 아이의 모습은 경이롭고 아름답습니다. 아이들이 어릴 때 조용해서 돌아보면 책을 만지거나 그림을 들여다보고 있을 때가 많았는데요. 저와 남편은 방해가 되지 않도록 발소리도 조심했습니다. 조금 더 크고 나서 가만히 책을 보는 아이 곁에서 눈동자와 얼굴 근육을 관찰해보니 아이들이 몰입독서를 할 때는 안면의 근육이 달라지더군요. 눈동자를 보면 아이의 읽기 발달 정도를 알 수 있었어요. 지금도 수업 시간에 아이들과 개별 독서를 할 때는 제 책을 펼쳐놓고 틈틈이 아이들의 얼굴과 눈동자를 관찰합니다.

아이들이 어릴수록 백 마디 말보다 책을 좋아할 만한 환경이 중요하고 그중 가장 좋은 환경은 책을 좋아하는 부모님이에요.

두형문 아이들은 책 선택부터 아이에게 주도권을 주는 것이 좋습니다. 만약 주제가 정해져 있는 수업이라면 읽는 분량이라든지 과정을 본인이 주도하게 하세요.

두형문의 아이들은 자신을 표현하는 것을 좋아하지 않기 때문에 어떤 활동도 습관적으로 강요하면 안 됩니다. 동기를 부여해서 필요할 때 순간 몰입할 수 있도록 하는 것이 좋습니다. 학습에 있어서도 마찬가지입니다. 아이에게 필요 이상의 반복학습을 시켜서 지루하게 하는 것은 효과적이지 않아요. 특히 불필요할 만치 기계적이고 반복적인 연산 같은 경우 오히려 아이의 의욕을 떨어뜨릴 수 있습니다. 제대로 알고 있는지 확인했다면 기계적인 반복은 피하세요. 선택과 집중이라는 표현은 두형문의 기질을 잘 보여주는 말입니다.

두형문 아이들은 묘사보다는 서사를 좋아합니다. 승자의 이야기가 담긴 역사책, 삼국지 같은 영웅과 전쟁 이야기들도 좋아하는 분야예요. 감성적인 시, 감미로운 연애편지보다는 논술을 좋아하고요. 이상주의자 아이들은 감성적인 부분이 있기는 하지만 감성주의자 아이들의 감성과는 조금 색깔이 다릅니다.

어느 가을에 아이들과 수업을 하면서 마당에 나가 시를 썼어요. 아이들의 시를 옮겨보겠습니다.

감성주의자	가을은 가을이라 바람소리도 가을가을 붉은 노을은 첫사랑에 빠졌나 봐 바람을 좋아하나? 볼이 막 빠알게 나까지 부끄럽네
이상주의자	가을이라 노을도 참 곱다
엄격한 실행자	가을이다. 시원하다

일반화시키기는 어렵지만 아이들이 써낸 시를 보면서 어쩜 이리 자신의 기질의 단면을 보여줄까 싶었어요.

주변을 통제하려는 성향이 강한 두형문들은 책을 순서대로 보는 것을 좋아하지 않습니다. 우선 훑어보고 결말을 안 다음에 찬찬히 보는 것을 허용하세요. 그리고 책의 여운을 가슴으로 혼자 간직할 수 있는 자유를 주세요. 책을 볼 때마다 독후감이나 독후 활동을 강요한다든가, 매일 일기를 써서 검사하는 방식은 오히려 두형문 아이들의 자발적인 독서와 표현 욕구를 떨어뜨려요. 학교에서는 다수의 아이들이 있다 보니 어쩔 수 없지만 집에서라도 아이들의 일기장에 자물쇠를 채워주세요.

두형문은 비밀이 많습니다. 두형문 아이들 중에서도 나선형문은 특히 자신을 잘 표현하지 않습니다. 아이를 잘 관찰하다가 아이의 상황과 비슷한 이야기나 주인공이 나오는 책을 슬며시 아이 주변에 놔두어 보세요. 책을 권할 때도 부모의 의도를 들키지 않는 것이 좋습니다. 부모가 시켜서 보는 것이 아니라 '내가' 보고 싶어 해야 하기 때문이에요.

3) 수업 사례
- 두형문과의 고전수업 〈사랑방 손님과 어머니〉, 계란값이 내렸나?

인물들의 감정이나 심리 상태, 문학적 상징들을 읽어내야 하는 경우 같은 상황에서 감성주의자 아이들이 눈물을 흘린다면 엄격한 실행자 아이들은 시비를 가린다거나 입을 닫아버립니다. 예를 들어 심청이가 인당수에 몸을 던질 때 감성주의자 아이들은 자기 눈을 가리거나 슬프다고 우는 반면, 엄격한 실행자 아이들은 감정을 표현하기를 굉장히 꺼려합니다. 아마 머릿속으로 바보 같다, 그게 무슨 소용이 있냐, 그 방법이 효율적이냐를 판단하고 있는지도 모릅니다. 혹은 책을 보고 눈물을 흘리는 것 자체를 나약하다고 생각하는지도 모릅니다. 감성주의자 아이들은 '**좋으냐 싫으냐**'의 저울을 들고 있는 반면, 두형문 아이들은 '**옳으냐 그르냐**'의 저울을 들고 있어요. 참 다릅니다.

엄격한 실행자와 가장 기억에 남는 문학 수업이 있어요. 6학년 아이들과 현대문학 수업을 하면서 〈사랑방 손님과 어머니〉를 읽었어요. 옥희 엄마가 사랑방 손님이 좋아하는 달걀을 많이 사다가 손님이 떠나자 더 이상 달걀을 사지 않는 것을 두고 아이들과 이야기를 나누었습니다.

아이들과 대화를 통해 이 작품에서 달걀이 사랑방 손님을 향한 마음의 상징이라는 것을 이야기하려는 의도였어요. 그 반에는 다양한 유형의 아이들이 함께 수업하고 있었습니다.

교사	얘들아. 이 글에서 말이야. 사랑방 손님이 오고 나서 옥희 엄마가 왜 달걀을 많이 샀을까?
감성주의자	사랑방 손님을 좋아해서요. 우리 엄마도 우리 집에 손님이 올 때는 어떤 음식을 좋아하는지 꼭 물어보시거든요. 그래서 손님이 좋아하는 걸 준비해요. 또 제가 뭘 잘했을 때도 "뭐 먹고 싶은 거 없어?" 하고 물으세요. 그러고 보니까 친구들끼리도 좋아하는 애들하고 간식 나눠 먹네?
역방향 창의자	계란으로 어떤 요리를 했을까? 계란 요리라고 다 좋진 않을 텐데. 나는 프라이는 좋지만 달걀말이는 싫어해.

그때 조용하던 엄격한 실행자 아이가 시크한 표정으로 이렇게 말했습니다.

엄격한 실행자 계란값이 내렸나?

역방향 창의자 아이의 엉뚱함이야 이해가 되었지만 엄격한 실행자 아이의 대답이 너무 예상 밖이어서 제가 다시 물었습니다. 아이는 옥희네 살림이 넉넉지 않은데 많이 산 거 보니까 계란값이 좀 내린 거 아니냐고 되물었습니다.

어떻게 저런 답을 하지? 독해력에 문제가 있나? 물론 아이들이 경험한 환경이나 독서 수준에 따라 대답이 달라질 수는 있지만 이 아이들의 답이 이토록 다르다는 것에 저는 정말 다시 한번 깜짝 놀랐어요. 이 학생은 독서량도 많고 읽기 능력도 뛰어난 아이였습니다. 어쩌면 이 엄격한 실행자들은 누군가를 좋아하는 감정도 약하다고 느끼는 걸까요? 아이와 대화를 해보니 아이의 머릿속에는 다음과 같은 과정이 있었어요.

옥희 엄마가 사랑방 손님을 좋아하네. → 그러다 사람들이 알면 어쩌지? 욕먹을 텐데. → 그 비싼 달걀을 자꾸 사네. → 많이 좋아하나 봐. → 아무리 좋아해도 살림살이가 궁한데 계란값이 감당이 되나? → 계란값이 내렸나?

수업은 이후 아이와의 대화를 통해 원하는 결과에 이르렀지만 제게 큰 교훈을 남겼습니다.

대체적으로 두형문의 아이들은 감정도 옳고 그름을 기준으로 평가합니다. 자기가 아프고 상처받더라도 상황이 옳으면 감수하는 거죠. 공감을 못하는 것이 아니라 그것보다 더 중요한 것이 있는 겁니다. 이를테면 넘어져도 아픈 것보다 체면이 상할까 봐 괜찮은 척하는 겁니다. 아마 일제강점기에 독립운동을 했던 대다수의 독립운동가들이 이 문형이 아닐까 생각해보았습니다. 그래서인지 저는 자신을 표현하지 않고 감수해버리는 이 두형문들이 짠합니다. 아이들마다 다른 기준과 저울이 마음 안에 있다는 것. 정말 잊지 말아야 하겠습니다.

쌍기문

- 이런들 어떠하며 저런들 어떠하리 -

1) 쌍기문(조정형)의 독서지도와 학습진로 코칭
- 적응력이 뛰어난 외교전문가: 조정형의 리더십

(1) 인격의 특징 & 대인관계

긍정적이고 적응력이 뛰어난 조정자 문형은 관계를 잘 만들어가는 아이예요. 이 아이들은 환경에 대한 **적응력**이 뛰어나고 어떤 유형의 사람들과도 원만한 관계를 안정적으로 맺어갑니다. 사람도 하나의 환경이기 때문에 타인의 입장과 마음을 잘 이해하고 **공감력**이 뛰어나며 **합리적**이지요.

다만 이 아이들은 타인을 배려하다 보니 부탁을 거절하기 어려워해요. 남을 돕는 것을 좋아하고 생각이 많아서 스트레스가 많아요. 완벽하려는 성향까지 있어서 책임감도 큽니다. 조정하는 능력이 뛰어나기 때문에 주변에 사람이 많아요. 자상하고 배려심 깊은 조정자 아이는 바로 그런 기질 때문에 생각이 많아지고 우유부단한 면이 있어요. 충돌하는 것 자체를 싫어하기 때문에 자신의 감정을 표현하는 연습, 스스로를 힘들게 하지 않는 연습이 필요합니다. 저는 상담을 진행할 때 내담자의 연령을 막론하고 조정자 유형의 사람에게는 **타인을 배려하고 사랑하듯 자신을 사랑할 것, 자신을 너무 힘들게 하지 말고 일의 우선순위를 따져서 관심과 에너지가 너무 분산되지 않도록 할 것**을 당부합니다.

이런 이유에서인지 조정자들은 마음을 다스리는 영적인 생활이 풍부합니다. 모임도 많고 찾아오는 사람도 많아요. 말하지 않아도 먼저 타인에게 마음이 가 있기 때문에 언뜻 실속 없이 오지랖이 넓어 보이기도 해요.

(2) 학습 코칭

무엇이든 다양한 각도에서 접근하고 호기심이 많은 조정자는 참신한 아이디어가 많은 아이디어 창고입니다. 자료를 수집해서 합리적인 판단을 내리는 것도 잘하기 때문에 조정자 아이는 미래의 비평가, 평론가로 보이기도 해요. 모질지 못한 마음 때문에 그 비평을 후회할지도 모르지만요. 내 아이가 조정자 유형이라면 지시는 명확하게 하고 계획을 세워서 실행하는 면에 있어서는 조금 단호하고 엄격하게 관리할 필요가 있습니다.

조정자도 두형문에 속하기 때문에 일일이 지시받는 것을 싫어하므로 잔소리가 아닌 체계적인 관리 시스템이 필요해요. 그래야 다양하게 분산될 수 있는 에너지를 목표에 모아서 좋은 결과를 얻을 수 있습니다. 조정자 아이는 책상에 앉으면 책상 정리부터 합니다. 시험 범위 안에서 공부하다가 재미를 느끼는 부분이 있으면 거기에 빠져들어서 어느새 시험 공부는 뒷전이 되기도 해요. 때문에 조정자 아이가 노력하는 만큼 결과를 보려면 과정 속에서 자신의 관심사가 분산되지 않도록 목표를 자주 생각하고 집중하는 것이 무척 중요합니다.

(3) 독서 코칭

호기심이 많고 직접 체험하기를 좋아하는 조정자 아이의 책장은 서점을 연상시킵니다. 관심사가 다양하게 옮겨가기 때문에 다양한 장르의 책을 좋아하는 독서가예요. 사람의 감정을 세밀하게 다룬 책이나 자기계발서, 심리학, 영성 분야, 양자물리학 등 하나에서 다른 하나의 주제로 꼬리에 꼬리를 물듯이 독서하는 방법을 권합니다. 좋아하는 작가가 있다면 그 작가의 책들을 두루 섭렵하는 것도 좋은 방법이에요.

등장인물의 성격이나 관계를 직관적으로 파악하며 평가하는 것을 잘합니다. 시, 소설을 비롯한 창작부터 논술까지 글 쓰는 것도 종류에 상관없이 좋아하지요. 특히 독서 후에 논제를 만들어 토론하는 것은 조정자 아이에게 아주 좋은 활동이 될 수 있습니다. 평상시에는 자신을 잘 표현하지 않지만 토론이라는 안전한 틀 안에서 상대의 입장을 배려하기보다는 논제에 맞추어 자신의 생각을 표현해볼 수 있으니까요.

한번에 여러 권을 읽어 가기도 합니다. 읽은 책에 대해 체험하기를 좋아합니다. 책 속에 맛있는 음식이 나온다면 아이와 요리를 해보거나 직접 먹어보는 것이 좋습니다. 문학 기행도 효과적이에요.

동시에 여러 가지를 수행할 수 있는 것은 분명한 장점입니다. 다만 한번에 여러 군데로 관심사가 분산되지 않도록 멘토링이 필요합니다. 다양한 분야에 호기심을 갖는 것은 좋지만, 깊이까지 동반하려면 너무 여러 가지를 한번에 시도하지 않도록 하세요.

(4) 진로 코칭

호기심덩어리 조정자가 어른이 되면 다양한 분야에 관심이 깊어집니다. 다양한 자격증을 취득하거나 풍부한 취미활동과 영적 생활을 누리는 경우가 있습니다.

직업적으로는 상담, 교육, 서비스, 외교관, 컨설턴트, 전문 평론가, 비평가, 비서, 가이드, 연예계의 매니지먼트, 국회의원이나 대통령

보좌관 혹은 중개인 등 무언가 자료를 수집하고 합리적인 판단을 내리는 것이 필요한 직업이나 사람이나 관계 사이를 조율하고 조정하는 직업이 유리합니다.

자신의 마음을 직접적으로 표현하지 않는 조정자 아이는 평상시에 무심히 내뱉는 말에 진심이 있어요. 그냥 무심코 힘들다는 말이나 마음을 표현하는 말을 들었다면 지나치지 말고 아이를 관찰해볼 필요가 있습니다. 관계나 일 속에서 무리해서 힘들지 않도록 스트레스를 관리하는 능력이 반드시 필요합니다.

조정자 아이를 한마디로 표현하자면…. **중용과 중도, 조화와 균형**을 중요하게 생각하는 조정자 아이 앞에서 다투지 마세요. 아이가 많이 아픕니다.

2) 상담 사례
- 내가 진짜로 원하는 게 뭘까?

이번 상담 사례는 내담자가 직접 써주었습니다.

"지문적성검사를 알게 된 것은 아이 덕분이었습니다. 아들을 이해하고 싶은 마음에 검사를 했습니다. 상담을 통해서 부모가 아이의 기질이나 잠재능력을 아는 것도 중요하지만, 우선 아이를 주로 양육하는 엄마가 함께 검사하는 것이 정말 필요하다는 생각이 들었어요.

살아오면서 항상 제 주변에는 늘 사람이 많았고 관계를 조정하고 상담하는 역할을 맡을 때가 많았습니다. 그 과정에서 항상 에너지의 중심을 타인에게 두었기 때문에 어떤 날은 다른 사람들의 고민을 들어주다가 너무나 피곤한 상태에 이르기도 했어요. 또 저를 힘들게 하는 상대를 만나거나 단호하게 관계를 끊어야 하는 상황에서도 그 말이나 행동을 하면 상대가 아플 것이라는 생각이 들어 불필요하고 소모적인 관계를 유지하기도 했습니다.

일도 한꺼번에 여러 가지를 처리하는 경우가 많았어요. 재주가 많으면 굶어 죽기 좋다는데 저는 자주 몸이 힘들었습니다. 다 잘하고 싶은 욕심이라기보다는 언제나 주변 사람을 먼저 생각하다 보니 자신을 돌보는 데 너무나도 소홀했던 거지요. 저는 상담 후 아이보다는 저에게 더 집중하는 시간을 갖도록 노력했습니다. 우선은 제 마음이 편안하고 스스로를 사랑하고 돌보아야 아이에게 온전하고 조건 없는 사랑을 줄 수 있을 거라는 생각이 들었거든요.

가족검사를 통해서 남편과의 관계에도 커다란 의문이 풀렸어요. 저는 늘 새로운 변화를 시도하고 그 과정에서 두려움이 없어요. 반면에 남편은 변화하는 것 자체를 굉장히 귀찮아하고 불필요하게 여겼어요. 가족이다 보니 저의 변화나 시도들이 남편에게 영향을 미칠 수밖에 없잖아요.

검사 결과 남편은 안정형이었어요. 검사 전에는 다소 답답하다고 여겨졌던 남편의 성격이 제 기준에서 만들어낸 오해에 불과하다는 생각이 들었습니다. 제품마다 만들어진 재료와 사용방법이 다르듯이 사람도 그렇다는 것을 알고는 남편을 있는 그대로 존중할 수 있게 되었어요. 이제 변화를 시도할 때는 남편과 미리 상의하고, 마음을 준비할 시간을 줍니다.

저는 늘 장전되어 있는 총알이라 그냥 당기면 나가는데 남편은 시간이 필요했어요. 기존의 패턴이 깨지는 것이 그에게 얼마나 큰 스트레스인지 알기에 이전에 느꼈던 답답함이 사라졌습니다.

저 자신을 대하는 태도도 바뀌었습니다. 내가 진짜 원하는 게 뭘까, 나에게 필요한 게 뭘까, 생각하면서 제가 저 자신을 돌볼 수 있게 되었어요. 사실 자기 자신을 가장 힘들게 하는 것은 자기잖아요. 스스로 못마땅해하고 자책하고 탓하고. 그쵸? 저는 그랬어요. 늘 거절하는 게 힘들고 타인의 아픔과 제 생활을 구분하지 못했어요. 타인과의 경계가 모호해서 마음의 공간이 없었습니다. 상대가 아프면 그 아픔이 내 것이 되어버렸어요. 그러다 보니 배려와 공감이라는 제 장점들이 오히려 독이 되어 힘들었던 것 같아요.

저 자신에게도 못마땅한 부분이 옅어지고 이해가 깊어지자 아이를 보는 시선도 달라졌습니다. 양육하면서 잘못한 것도 많지만 잘한 것도 많다는 자신감도 생겼구요. **내가 할 수 있는 일, 할 수 없는 일, 싫지만 해야 하는 일과 하지 않아도 되는 일, 좋아도 하지 말아야 하는 일 등을 구분해가는 연습을 했습니다.**

일을 할 때도 제 기질을 보완하는 법을 알기 때문에 한번에 여러 가지 일을 무리하게 추진하거나 배우기보다는 늘 우선순위를 정합니다. 집중하는 때를 정하고 시간을 쪼개어서 관리할 수 있도록 바인더도 체계적으로 쓰고 있어요. 저는 이제 저 자신에게서 바꾸고 싶은 부분이 없어요. 나 생긴 대로 잘 써야지 하는 객관적인 마음으로 저를 본다고 할까요?

생각이 많아져서 과거를 후회하거나 미래를 계획하며 불안해하는 대신 현재에 집중하려고 노력합니다.

저 자신을 있는 그대로 인정하고 돌보는 일을 하게 되자 아이도 있는 그대로 바라볼 수 있게 되었어요. 간혹 아이가 못마땅해 보이거나 부딪치더라도, 그것이 제 생각에서 비롯되었다는 것을 알기에 앉아서 조금만 생각해보면 그런 부정적인 인식들이 사라집니다.

검사를 통해서 아들은 제가 자유롭게 키워야 하지만 딸은 조금 더 살뜰하게 챙기고 안정감을 줘야 한다는 것을 알게 되었어요. 주성향은 같지만 내면이 성향이 달랐거든요. 그래서 두 아이를 대할 때 엄마인 제 스타일을 고집하기보다는 아이에게 필요한 것이 무엇인가를 생각하는 여유도 생겼구요.

아이들의 잠재력에 대해 알고 나자 어떤 부분을 키워주어야 할지, 어떤 것을 제공해주어야 할지 기준이 생기고, 학습의 방향이나 방법에 있어서도 더욱 소신이 생겼습니다.

아이의 타고난 기질을 알지 못했더라면 제가 원하는 모습으로 아이를 만들고자 많은 것을 소모했을 것이고 지금처럼 좋은 관계를 유지하지 못했을 거예요.

지문적성검사는 마치 목적지를 향한 지도를 갖는 것과 같습니다. 지도가 있어도 길을 잘못 들 수는 있지만 언제든지 수정하고 바로잡을 수 있으니 방황과 갈등의 질이 달라졌어요.

목적지를 알고 가는 것과 모르고 가는 것은 다르지요. 목적지를 안다고 해도 어떤 길로 가야 과정 속에서 더 많은 것을 얻을 수 있을지 알려면 꼼꼼하게 잘 만들어진 확실한 지도가 필요합니다.

저는 이제 저 자신을 잘 알고 사랑합니다. 살아온 날들을 돌아보니 그동안 어떤 부분에서 힘들었는지, 왜 힘들었는지 알겠더라구요. 마치 어른이 된 제가 어린 시절의 저를 다시 이해하고 일으켜 세워 나답게 살도록 돕는 것 같아요. 어떻게 보면 성숙한 나도 미숙한 나도 다 내 안에 이미 있는 것 같습니다. 우리는 힘들 때 전문가의 조언을 구하거나 편하게 생각하는 사람에게 이해를 구하지만 이 세상에서 나를 나보다 더 잘 알고 이해하고 사랑해줄 수 있는 이가 있을까요?

도대체 내가 누구인지, 왜 이러는지 몰라서 그 답을 남에게 찾아 다녔던 날들. 내가 낳아 사랑으로 키운 아이를 이해하지 못해 이 사람 저 사람 찾아다녔던 불안과 눈물의 밤들. 내가 사랑해서 결혼한 그 사람의 장점이 단점이라고 느껴지는 순간. 눈앞의 내 살보다 더 사랑하는 아이가 외계인으로 느껴지고 나를 괴롭히려고 태어났나 싶어지는 순간. 왜 이것밖에 안 되냐. 왜 옆집 여자처럼 남편에게, 아이에게 못하고 이리 찌질하냐, 내가 싫어지는 순간. 당신에게 지문적성검사를 권합니다.

그리고 이제 이 호기심쟁이 조정형의 아이가 책을 쓰는 저라는 것도 고백합니다."

어머! 선생님 손금 볼 줄 아세요?

- 장문과 단장: 손바닥 속에 숨은 보물 -

  지금까지 지문의 유형을 중심으로 기질별 특성과 대인관계, 그에 따른 전략적인 독서 방법과 학습법, 경쟁력 있는 진로 등에 대해서 살펴보았습니다. 이제는 유전자 지문적성검사를 통해 알 수 있는 선천적인 정보에 대해 더 알아보도록 하겠습니다.

1) 손바닥 ATD 각도
  - 학습 민감도

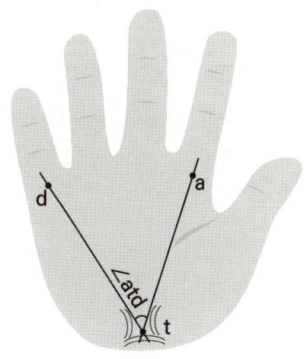
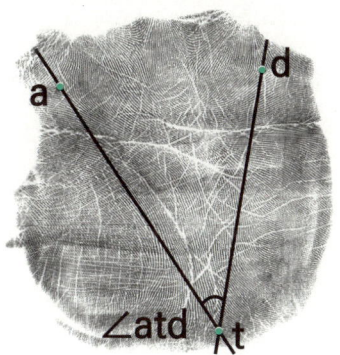

ATD 각도는 손바닥에서 찾을 수 있습니다. 이 정보를 통해 아이의 학습의 빠르기, 성격의 민감도, 지체 협조도, 순발력에 대해 알 수 있습니다.

측정하려면 손바닥 안에서 새끼손가락과 손바닥이 만나는 지점에 형성된 삼각점 d점, 검지손가락과 손바닥이 만나는 지점에 형성된 삼각점 a점, 손바닥 아래쪽 손목 쪽으로 형성된 삼각점 t점을 찾아서 이어 각도를 잽니다. 41도에서 45도 사이가 보통이라고 할 때 각도가 작아질수록 학습의 이해도와 학습의 속도는 빨라지고, 정서적으로는 직관적이고 민감해지며, 신체적으로는 순발력이 있고 지체협응도는 높아집니다. 숫자가 커질수록 반대로 생각하시면 됩니다.

(1) ATD 각도와 독서

학습 민감도는 아이의 전체적인 학습의 빠르기와 관련이 있고 후천적인 교육의 여부와 강도 등에 따라 변화됩니다. 학습 민감도가 빠른 아이들은 이해하는 속도가 빠르고 새로운 것을 좋아하기 때문에 싫증을 빨리 냅니다. 책을 읽어 갈 때에도 스토리 위주로 빠르게 읽는 경향이 있고 반복 읽기가 빨리 끝납니다. 그래서 장면 위주의 묘사가 두드러진 책보다는 서사 위주로 빠르게 진행되는 이야기를 좋아해요.

이 아이들과 학습을 할 때는 교사나 부모가 시야를 넓게 가지고 다양한 방법을 준비할 필요가 있습니다. 만약 가을이라는 주제로 학습을 한다면 한 가지 책으로 완벽하게 예습, 학습, 복습을 할 것이 아니라 학습목표를 달성할 수 있는 방법과 재료를 여러 가지로 준비하면 좋습니다. 지루하지 않도록 말이죠. 예를 들어 가을의 나무가 주제라면 가을 나무가 나와 있는 책을 보고 아이의 배경지식을 활성화한 후 밖으로 나가서 아이와 직접 단풍이 드는 나무를 보고 만지고, 주워 와서 가을에 어울리는 노래를 들으며 책갈피를 만들어보는 등으로 주제를 중심으로 한 프로젝트 수업이 좋습니다.

한 권의 책으로 학습하기보다는 주제를 드러내는 여러 권의 책을 준비하는 것이 좋습니다. 책의 장르도 다양하게 준비하고 이 과정에서 앞서 설명드린 아이의 기질과 이어서 설명할 다중지능을 참고한다면 효율적인 학습이 이루어질 수 있습니다.

(2) ATD 각도와 진로

학습 민감도가 빠른 경우 눈치가 빠르고 민감한 이 아이들은 자신의 민감성을 발휘할 수 있는 직업을 가지면 좋습니다. 감각이 민감하기 때문에 음향, 요리 감별, 조향사, 보석 감정 등의 직업에 탁월함을 발휘할 수 있습니다. 각 다중지능의 우월순위와 결합하여 분석하면 더 구체적으로 진로의 방향을 설정할 수 있습니다.

각도가 작을수록 지체의 협조도가 좋아서 순발력을 요구하는 운동에 경쟁력이 있습니다.

(3) ATD 각도와 학습

학습 민감도가 크다면 이 아이들은 부모나 교사의 반복적인 지도와 인내심이 필요합니다. 책을 볼 때도 이 아이들은 종종 어느 한 문장이나 어느 한 장면에 오래 시선이 머무는 것을 볼 수 있어요. 이 아이들은 약간의 예습과 반복적인 복습이 필요합니다. 예습이 전혀 되어 있지 않은 상태에서 수업시간에 100% 이해해야 한다면 속도가 늦는 이 아이들로서는 부담이 될 수밖에 없습니다. 특히 아이가 청각형이라면 다음 날 수업 내용은 모르는 어휘가 없을 정도의 예습이 필요합니다. 말은 흘러가니까요. 반대로 학습 민감도가 낮다면 이 아이는 단기기억력이 좋고 학습의 속도가 빠릅니다. 장기기억으로 전환되어 좋은 성과를 내려면 복습이 필수예요.

학습 민감도가 작거나 크다는 것은 우월성을 나타내는 것이 아니에요. 아이에게 맞는 책 읽기나 전략적인 학습 방법을 찾는 도구로 사용하시면 좋겠습니다.

2) 단장
- 내면의 에너지

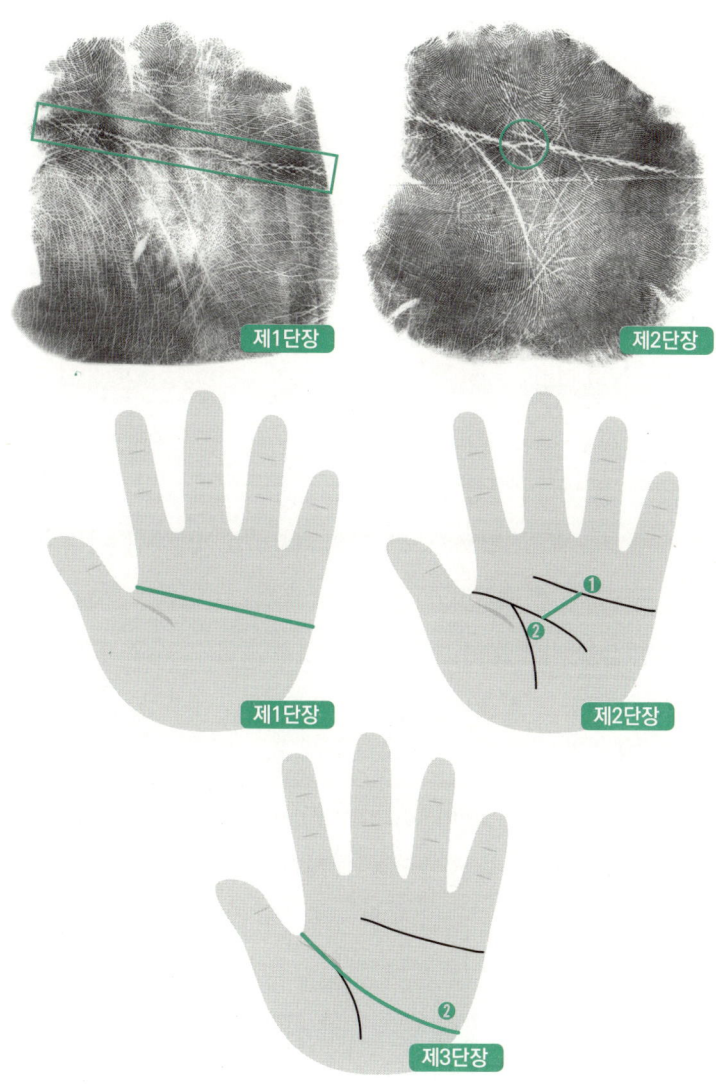

지문검사에서 유일하게 손바닥의 금을 보는 것이 단장인데요. 단장은 그림에서 보는 것처럼 제1단장부터 제3단장까지 크게 세 가지 유형이 있어요. 그중에서 1단장은 우리가 사주학에서 원숭이 손금, 막쥔 손금이라고 하는 것입니다.

손바닥에 단장이 있는 사람은 내면 에너지가 아주 큽니다. 여기서 에너지는 무언가를 하려는 욕구 성취욕, 사람 사이에서 내가 상대를 주도하고 싶어 하는 마음, 상황을 통제하고 싶은 욕구 즉 신체적 정신적 에너지를 뜻합니다. 단장이 있는 아이들은 대체로 굉장히 활동적이고 열정적입니다. 성격이 다소 급한 편이고 정의롭고 리더십과 지배욕이 높습니다.

정신력이 강한 이 단장의 소유자는 자신의 성격의 급한 부분을 잘 다스리는 것을 배울 필요가 있습니다. 아이가 어릴수록 이 강한 에너지를 풀 수 있게 규칙적인 운동을 적극적으로 권하며 진중하게 앉아서 인내심을 필요로 하는 바둑이나 일정한 룰 안에서 펼쳐지는 보드 게임을 권하고 싶습니다. 강한 에너지와 승부욕을 상황에 따라 모으기도 하고 펼치기도 할 수 있도록 말입니다.

단장이 있다 하더라도 아이의 성향이 내향적이거나 지체율동지능이 낮으면 잘 드러나지 않는 경우가 있습니다. 이럴 경우 가까운 부모도 모르는 사이에 내 아이가 그 강한 에너지를 본인도 모르게 쌓아두었다 폭발하는 경우가 있어요. 일찍 검사가 이루어져 아이가 조화롭게 성장하는 데 도움이 되기를 바랍니다.

특히 아이가 리더형인데 단장이 있는 경우라면 보드게임 같은 도구를 적극 추천합니다. 이 아이들은 지는 것을 어려워하기 때문에 일정한 룰 안에서 이기고 져보는 경험이 필요해요. 그래서 어릴 때는 부모님과 이기는 경험을 충분히 하는 것이 좋아요. 사회생활이 시작되는 즈음에는 비슷한 연령의 아이들과 직접 게임이라는 틀 안에서 이기고 지는 경험을 해보는 것이 도움이 됩니다. 게임도 단순한 것보다는 전략을 짜고 인내심을 요구하는 게임을 추천합니다.

예를 들면 스플렌더 같은 게임입니다. 이 게임을 가족이나 학생들과 하다 보니 정말 자기 기질이 그대로 드러나더라구요. 저는 수업 중에 보드게임을 많이 활용해요. 말로는 가르치기 어려운 인내심, 배려, 자제력, 존중 등의 덕목들을 게임을 하면서 자연스럽고 재미있게 배울 수 있습니다.

(1) 단장과 독서

단장이 있는 아이들은 독서를 할 때도 목표가 없으면 지루해합니다. 때문에 목표나 성취욕을 자극할 만한 보상을 적절히 이용하는 것도 도움이 됩니다. 이때 부작용이 없는 보상이면 더 좋습니다. 물질적인 보상은 쉽게 내성이 생겨요. 가족이 함께 할 수 있는 활동처럼 정서적인 보상이 좋습니다. 엄마랑 요리하기, 아빠랑 게임 한 판하기, 가족들과 편의점에서 라면 사 먹기…. 모두가 행복한 보상을 생각해보세요. 추억은 보너스!

단장이 있는 아이들은 승부욕이 강합니다. 아이와 책 내용에 대한 확인을 위해 퀴즈를 내보세요. 거꾸로 아이들이 문제를 내고 선생님이나 부모님이 맞혀보세요.

모든 독서가가 반드시 위인이 되는 것은 아니지만, 역사에 남은 위인들 중에서 책을 싫어하는 사람은 없었다는 얘기 들어보셨지요? 단장이 있는 아이들에게 아이가 좋아하는 위인이 읽은 책을 권해보세요. 이순신 장군을 좋아했다면 "이순신 장군이 이 책을 좋아하셨구나" 하면서 살짝 운을 떼면서 아이 주변에 책을 슬쩍 놓아보세요. 자신이 좋아하는 인물이 독서의 강한 동기가 될 수 있습니다.

3) 장문
  – 인격의 배경색

유전자 지문적성검사를 통해 알 수 있는 선천적인 정보 중에서 장문이라는 것이 있습니다.

이것은 한 개인의 인격의 바탕을 이해할 수 있는 중요한 정보입니다. 그림으로 보자면 바탕색에 해당하는 부분입니다. 저는 손바닥을 분석할 때 보물찾기 하는 기분이 들 때가 있어요. 그림을 참고하셔서 손바닥 안에서 우리 아이의 보물을 찾아보세요.

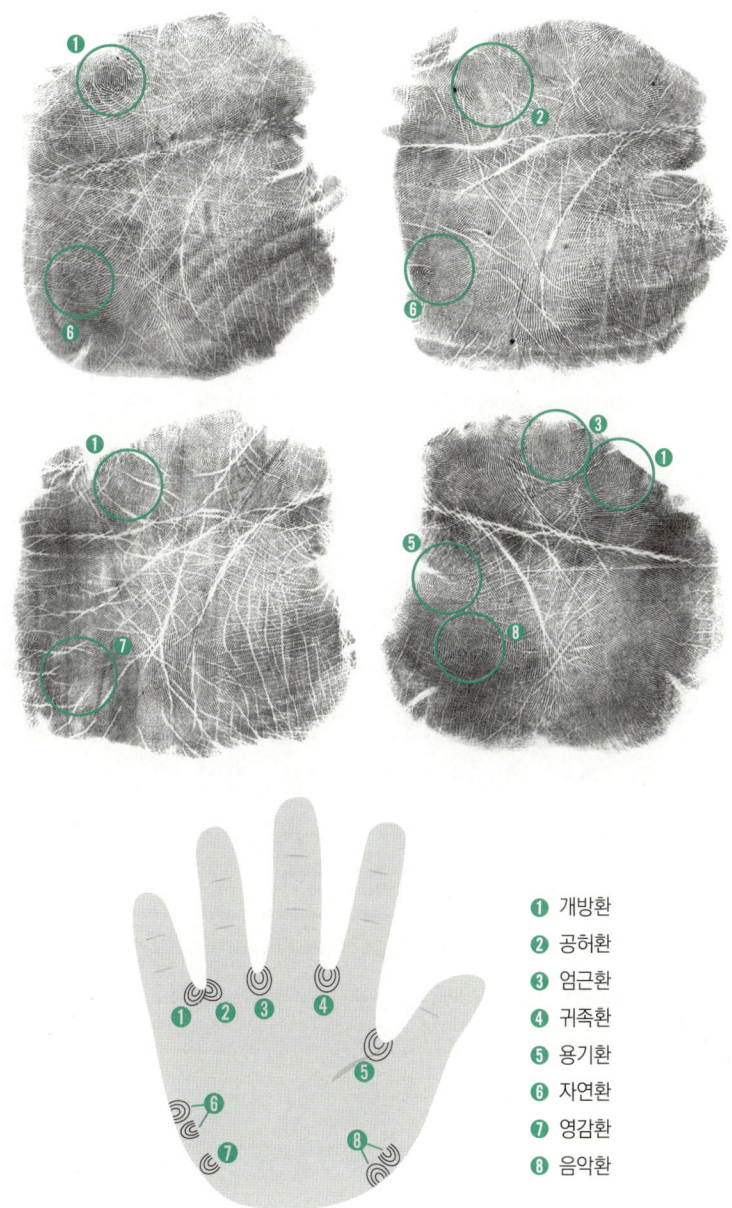

1. **개방환** 개방적이고 낙천적인 성향이 있으며 유머감각이 있고 친화력이 좋습니다. 호기심이 많고 사람과 대화하는 것을 좋아합니다. 사교적이고 붙임성이 있으며 스트레스를 오래 갖고 있지 않고 잘 털어버립니다.
2. **공허환** 호기심이 많고 알고자 하는 마음이 강합니다. 근심이나 걱정이 있을 때 부정적인 감정에 깊이 빠지기 쉽습니다. 생각이 많아지면 그 감정에 빠져서 허전하고 공허한 느낌이 들 수 있어요. 이 아이들이 자신의 감정을 알고 거기서 빠져나올 수 있도록 생각이나 기분을 전환하는 방법들을 알려주시면 좋습니다. 알려주는 방법으로는 부모가 직접 그렇게 생활하는 것보다 좋은 방법이 없습니다.
3. **엄근환** 책임감이 강하고 사명감이 있으며 자기주관이 확실합니다. 완벽주의자적 특징이 있고 자신의 틀이 강해요. 이런 면이 상대에게 무담감을 줄 수 있어요. 타인에게는 관대하지만 특히 가족처럼 가까운 사이에게 더 엄격해지는 경향이 있습니다.
4. **귀족환** 전통을 중요하게 생각하고 체면을 중요하게 여깁니다. 지도자적인 기질이 뛰어난 이 사람들은 고상하고 기품이 있습니다.
5. **용기환** 겁이 없고 탐험가적인 기질을 지닌 이 사람은 정면 돌파하는 것을 좋아합니다. 변화에 능동적이고 도전정신이 강합니다.
6. **자연환** 친자연적인 성향이 강하고 예민하며 민감하고 직관적입니다. 자연을 좋아하고 기후나 날씨에 예민하며 눈치가 빨라요. 영적으로도 민감한 이 사람들은 꿈을 잘 꾸고 어쩐지 싫다거나 뭔지 모르게 어떻다는 느낌을 자주 받습니다. 동물을 잘 기르고

교류하거나 소통하는 재주가 있습니다.
7. **영감환** 정신적으로 예민하고 예술성이 뛰어나며 창작욕구가 강합니다. 다중 지능의 우월순위를 고려하여 자신의 재능을 살리는 창작자가 될 수 있도록 이끌어주세요. 예를 들어 음악지능이 뛰어난 아이가 영감환이 있다면 싱어송라이터, 언어지능이 뛰어나다면 작가가 될 수 있도록 말입니다.
8. **음악환** 음악적인 감각이 있으며 절대음감이 있는 경우가 많습니다. 연주자나 작곡가 등 음악과 관련된 일에 경쟁력이 있습니다.

지문적성검사 결과를 효율적으로 사용하시려면 모든 정보를 고려할 필요가 있습니다. 같은 정기문이라고 하더라도 엄근환이 있는 정기문과 개방환이 있는 정기문은 확연하게 달라요. 여기에 다중지능의 발달 정도에 따라 나타나는 아이의 모습은 더 여러 가지 경우의 수를 갖게 됩니다.

06

부모의 지문 유형

- 부모와 교사, 아이의 궁합 -

아이를 키우는 부모나 교사의 지문 유형은 아이를 교육하는 데 얼마나 영향을 미칠까요? 물론 시작과 끝이라고 할 만큼 엄청난 영향을 끼칩니다. 아이를 알기에 앞서서 엄마인 내가 누구인지, 교사인 내가 누구인지 알고 이해하고 받아들여야 합니다. 간단하게 부모나 교사의 지문 유형에 따라 아이와 가장 효과적으로 맺을 수 있는 관계를 알아보겠습니다.

1) 내가 가장 잘할 수 있는 역할은?

내가 만약 안정형의 부모나 교사라면 아이에게 가장 효과적으로 줄 수 있는 것은 무엇일까요? 아이에게 좋은 습관을 형성해주는 것, 아이라는 주인공의 배경이 되어주는 것입니다.

안정형(사무 집행자, 개척적 사고자) 부모는 반복적인 일상의 패턴을 유지하기 때문에 아이에게 주고 싶은 좋은 습관이나 덕목들을 꾸준하게 삶을 통해 가르칠 수 있습니다.

다만 부모가 개척적 사고자인 경우 자신만의 시간과 공간을 확보해서 주기적으로 자신의 감정을 다루어야 합니다. 자신만의 시간과 공간으로 들어갈 때는 나올 때를 꼭 이야기해주세요. 갑자기 아이가 소외감을 느끼는 일이 없도록 해야 합니다. 아이는 부모의 말이 아니라 부모의 행동을 보고 배우고, 교육은 부모의 뒷모습을 통해 이루어진다는 것 명심해야겠습니다.

부모나 교사가 감성형(감성주의자, 역방향 창의자)이라면 아이와 좋은 친구가 될 수 있습니다. 다만 일상에서 지나친 이야기가 아이에게 잔소리나 간섭으로 여겨질 수 있기 때문에 이럴 경우 아이와 직접 학습하는 것은 피하는 것이 좋습니다. 학습은 선생님과 하고 부모는 그 과정에서 아이가 느끼는 감정들을 함께 이야기하고 풀어주는 친구의 역할을 하는 것이지요.

부모가 리더형(엄격한 실행자, 이상주의자, 조정자)이라면 부모는 아이에게 멘토 역할을 할 수 있습니다. 멘토의 뜻을 잘 생각해보아야 합니다. 아이를 내 소유물로 본다거나 아이가 못 미더워서 기다려주지 않는다거나 하지 않아야 해요.

부모와 아이 모두 리더형일 경우 서로 힘겨루기 하는 것을 피하고 꼭 필요한 조언은 아이가 전문가에게 직접 듣는 것이 좋습니다. 예를 들어 아이가 음식을 골고루 먹지 않는다면 의사 선생님께 부탁해서 아이가 직접 자신의 건강상태와 영양에 관해 듣게 하세요. 골고루 먹고 싶은 필요성을 느끼고 동기부여를 받게 하는 것이 좋습니다.

리더형의 부모가 타인을 쉽게 인정하고 순종하지 않듯이 리더형인 내 아이도 그렇다는 것을 잊지 마세요. 서로의 존재와 공간을 인정하지 않은 채 하는 리더형 부모의 모든 말과 행동은 아이에게 강압적으로 받아들여질 수 있습니다.

부모가 조정형인 경우 아이가 어떤 유형일지라도 탄력 있게 부모 역할을 할 수 있습니다. 다만 부모 자신의 에너지가 고갈되지 않도록 양육에도 우선순위를 정하는 것이 필요합니다. 이상에서 말씀드린 내용은 교사의 경우에도 동일합니다.

지금까지 각 지문 유형별 독서지도 학습진로 코칭에 도움이 될 만한 사항들을 알아보았습니다. 다음 장으로 넘어가기 전에 각 지문유형별로 마음 안에 어떤 저울이 들어 있는지 재미로 알아볼까요?

	저울의 중심추	추구하는 상태
안정형	안정	현재의 리듬을 유지하는 것
감성형	좋으냐, 싫으냐	더 즐겁고 행복한 것, 자유
리더형	옳으냐, 그르냐	더 완벽하고 높은 것, 이기는 것
조정형	균형, 조화, 중용, 평등	모두가 평화롭고 조화로운 것

1학년 아이들과 함께 '나와 다른 친구를 존중하는 방법'에 대해 이야기 나눈 적이 있습니다.

"우리에게는 누구나 보이지 않는 동그라미가 있어. 어떤 사람의 것은 지름이 작고, 어떤 사람의 것은 지름이 크고, 또 어떤 사람은 동그라미가 아주 작아서 자신과 하나이기도 해.

우리가 상대방의 동그라미의 크기를 알기 위해서는 시간이 필요해. 어떤 친구는 그 동그라미 안으로 다른 친구가 들어오는 것을 좋아하지만, 어떤 친구는 그 동그라미 안으로 친구가 말없이 들어오는 것을 두려워하거나 몹시 싫어하기도 해. 혹은 시간이 좀 오래 걸리기도 해.

우리 모두 각자의 동그라미의 크기를 그려보자. 그리고 친구의 동그라미를 알아보고 이해하는 게임을 해보자. 잘 기억했다가 친구의 동그라미 안으로 무단 침입하는 일이 없도록 조심해주자. 무엇보다 내 동그라미의 크기를 생각해서 그려보고 친구에게 잘 알려주는 것이 중요해."

아이들은 신나게 자신의 동그라미를 그려보고 다른 친구에게 설명했습니다. 그리고 어떤 때 자신의 동그라미가 더 커지거나 작아지는지, 친구의 동그라미 안으로 들어갈 때는 어떻게 해야 하는지 이야기를 나누었어요. 그러다 익살꾼 정기문 친구가 갑자기

"아하. 길동이는 동그라미가 엄청 커서 내가 뭐 같이 하자고 하면 싫어했구나. 근데 네 동그라미는 문이 어디냐? 문 좀 자주 열어라. 안 열면 담 넘어간다잉~"

아이들과 한바탕 웃으며 게임이 마무리되었어요.

어떤가요? 여러분의 동그라미는 지름이 얼마나 되는지 알고 계세요? 우리 아이의 동그라미의 크기는요? 아이의 동그라미를 존중해주세요. 그리고 상대의 동그라미를 궁금해하고 존중하는 마음이 넉넉한 아이로 키워주세요.

07

행복한 삶을 위한 도움말

이 코너는 이 책을 읽고 계시는 부모님이나 학부모님 자신을 알고자 하는 성인을 위한 코너입니다. 여러 번 읽으면서 의미를 생각하고 자신에게 적용시켜보세요.

1) 사무집행자를 위한 도움말

안정형은 삶에서 안정을 추구합니다 하지만 앞서 언급한 것처럼 안정적인 삶을 위해서는 변화를 반드시 끌어안아야 합니다. 안정을 추구하되 변화를 두려워하지 마세요. 심각해지는 상황에서 유머를 가지세요. 경직되어 자신의 틀 안으로 들어가지 말고 자신만의 공간에서도 세상과 연결된 창문은 열어두세요. 유연성을 가지세요. 자연물에서 바람을 한번 상상해볼까요? 산과 같은 안정형에게 필요한 것은 바람의 요소입니다. 울고 있는 아이의 얼굴을 가볍게 스치고 가는 바람. 잘 다듬어진 머리카락을 흐트러뜨리는 바람의 성질. 그 변화와 장난스러움을 명상해보세요. 삶은 우리가 일일이 다 통제할 수 없습니다. 변함없는 것은 한결같음을 의미하기도 하지만 고립과

정체를 의미하기도 해요. 변화를 끌어안을 수 있으려면 직면하고 수용하는 용기가 필요합니다. 고리타분하고 늘 똑같은 재미없는 사람, 변화가 두려워 불만족스러운 현재에 안주하는 사람이 되고 싶은 사람은 없을 거예요. 지금 이 생활이 유지되지 않을 것 같은 두려움에서 벗어나 변화를 수용하는 용기를 가지세요. 유연성과 유머를 연습함으로써 혼란한 상황에서도 늘 안정을 추구하며 변화를 수용하는 진정한 안정에 이를 수 있습니다.

2) 개척적 사고자를 위한 도움말

마음 안에서 강한 충동이 일어나고 예민해지는 상황에서 자신의 마음 상태를 알아차릴 수 있어야 합니다. 자신을 볼 수 있어야 해요. 그래야 그 충동이나 예민함과 하나가 되지 않고 그것을 에너지로 이용할 수 있습니다. 감정적인 충동이나 열정이 역량으로 발휘되기 위해서는 실행력이 필요합니다. 일단 해보는 것. 그 과정에서 실수를 용납하는 것. 현상의 안정 유지를 위한 인내가 아니라 한 단계 성장하는 과정을 위한 인내라는 성품. 인격적 요소를 연습하세요.

그런 충동으로 인해 자신 안으로 들어갈 때조차도 가까운 이들과의 소통을 단절시키지 않도록 하세요. 실행력, 인내, 실패에 대한 관용, 그리고 과정에서 자신과 타인과의 소통 유지. 이러한 성품들이 길러질 때 행복합니다. 안정적인 날들에 어느 날 열정적인 충동이 찾아왔다면 성장의 기회로 삼으세요. 실행하고 그 과정을 인내하면서 실수에 대해 관용적인 태도를 유지하세요. 인생을 관찰하지 말고 직접 뛰어들어 실행하고 참여하세요. 바닷가에 가면 바람에 따라 파도가 거셀 때가 있습니다. 하지만 아무리 거센 파도도 부서지고 결국은 바다의 일부일 뿐입니다. 마음 안에 충동과 열정이 가득할 때 성난 파도를 연상하면서 그 파도를 이용해 어떤 것을 할 수 있을지 하나씩 해보세요. 아무리 거센 파도도 영원하지 않듯이 마음속의 충동과 열정도 영원하지 않습니다. 파도에 휩쓸리지 않되 파도의 힘을 이용하세요.

3) 기형문들을 위한 도움말

감성주의자들은 감성적이며 대인관계를 중요시합니다. 늘 타인과 소통하고 관계 맺기를 원하며 사랑을 나누려는 삶의 목적을 이루기 위해서는 먼저 자신의 감정을 잘 다루어야 합니다.

감정적으로 늘 요동치는 사람과 함께하면 옆 사람은 불안합니다. 감정이 강하게 올라오는 상황을 만날 때 자신의 감정을 알아차리고 억압하거나 폭발시키지 않고 잘 표현하는 방법을 배워야 합니다. 감정에 압도당하면 불안해지고 종잡을 수 없는 감정에 휘둘리는 사람이 됩니다. 자신의 감정을 평가하지 않고 이해하고 사랑할 줄 모르니 타인을 배려할 수 없습니다. 진정한 관계와 사랑을 원하지만 자신의 감정에 압도되어 관계를 망치거나 거절당하는 것이 두려워서 오히려 피상적인 관계에 머무를 수 있습니다. 타인과의 진정한 교감과 사랑은 자신에 대한 이해와 사랑에서 출발합니다. 시시각각 변화하는 감정과 하나가 되지 마세요. 자신의 감정을 잘 알고 다스리는 것, 알아차림, 초연함, 표현과 행동에 대한 절도, 타인의 감정에 대한 존중. 이러한 성품들을 연습하세요.

자유로운 기형문은 기준을 명확하게 세울 필요가 있습니다. 나의 자유가 남에게는 무례가 될 수도 있습니다. 당신에게 좋은 일이 누군가를 아프게 하는 일은 아닌지 살펴보세요. 세상에 절대적인 진리와 규칙은 없지만 현재 자신이 속한 시공간 안에서의 법은 있기 마련입니다. 타인의 세계와 세상에 관심을 가지세요. 진정한 소통은 거기에서 일어납니다. 산 같은 우직함, 연못처럼 오롯이 담는 마음을 명상하세요.

4) 두형문들을 위한 도움말

두형문들은 삶에서 리더로서의 역할을 할 때 가장 행복합니다. 시대마다 리더의 조건은 다르지만 변하지 않는 것을 꼽으려면 타인을 향해 봉사하는 마음일 거예요.

두형문들은 상황과 타인을 통제하려는 욕구가 강합니다. 통제함으로써 자신이 의도한 영향을 주고 싶은 거지요. '회사의 경영자가 되어 사회에 공헌한다', '집단의 리더가 되어 비전을 설정하고 소속된 사람들의 의식을 성장시킨다', '가장으로서 한 가정을 이끌어간다' 우리가 상상할 수 있는 리더의 역할과 범위는 넓습니다. 상황과 타인을 통제하려는 행동 뒤에는 내가 옳다는 생각과 실패하고 싶지 않은 마음이 숨겨져 있습니다. 이 두 가지를 내려놓고 나와 타인을 위해 기꺼이 봉사하고 리더가 될 수 있도록 연습하세요. 자신의 견고한 틀을 내려놓고 목표를 향한 과정에서의 시행착오에 대해 관대해져야 합니다. 실수나 실패에 대한 수치심이 아니라 시행착오에서 배우는 용기가 필요합니다. 나의 정의로움과 옳음이 단지 나에게만 해당하는 것이며 타인에게는 그들만의 정의로움과 옳음이 있음을 받아들여야 합니다. 삶을 너무 통제하려고 하지 마세요. 결과뿐 아니라 과정으로 가는 자체가 의미 있음을 자주 기억하세요. 결과가 어떻든 괜찮습니다. 산을 올라가다가 정상까지 가지 못했다 해도 처음 산 아래 있을 때보다는 많이 왔습니다. 자신을 몰아붙이지 말고 자유롭게 해주세요. 자기 자신의 목표지향적인 삶의 목적을 이루기 위해서는 실패해도 좌절하지 않는 용기와 나에 대한 친절함, 관대함 그리고 타인에 대한 신뢰가 필요합니다. 능력은 있지만 외로운 가장. 실력은 있지만 직원들에게 소외당하는 경영자. 실패가 두려워서 나는 관심 없다고 시도조차 하지 않는 삶의 수렁에 빠지지 않도록 유연성과 호기심을 갖고 다양한 관점으로 바라보세요.

5) 조정형을 위한 도움말

조정형은 균형과 중용을 중요하게 생각합니다. 마치 체육대회를 하면서 숟가락에 탁구공을 올려놓고 떨어뜨리지 않고 반환점을 돌아오는 모습을 연상케 합니다. 처음부터 균형을 유지할 수는 없겠지요. 나만 잘한다고 되는 것은 아닙니다. 예상치 못하게 바람이 불 수도 있으니까요. 치우치는 실패의 과정 속에서 균형을 유지할 수 있다는 것을 기억하세요.

조정형의 삶의 목표가 조화와 균형이라면 삶에서는 이를 연습할 수 있는 일들이 많이 일어나겠군요. 미움을 통해 사랑을, 어둠을 통해서 빛을, 속박을 통해서 자유를. 삶은 반대를 통해 반대를 더욱 극명하게 배울 수 있습니다. 극단에 치우쳐봄으로 해서 중용과 중도를 배우고 행할 수 있어요. 타인에게 온통 초점을 두었다가, 나 자신에게만 온통 초점을 두었다가, 마침내는 나를 사랑하면서 타인도 사랑할 수 있는 방법을 알아갑니다. 처음부터 조화롭고 균형 있는 사람은 없습니다. 그것을 삶의 목표로 하는 조정자는 시행착오 속에서 자신을 너무 도덕적으로 평가하거나 수치심과 죄책감에 시달리지 않도록 에너지를 늘 비축하세요. 자신을 용서하고 그럼으로써 다른 사람도 온전하게 사랑할 수 있습니다. 나를 배려하지 않는 헌신으로 오히려 관계를 망치지 않고 진정으로 나도 좋고 상대도 좋은 지점을 찾아서 끊임없이 수행자의 마음을 가지고 연습하세요. 지나친 호기심으로 인해 에너지를 낭비하고, 결과가 뻔한 일에 무지로 인해 자신을 내던지지 않도록 고요한 상태를 유지하세요. 명상이 많은 도움이 됩니다.

남을 사랑하고 배려하듯이 나를 사랑하세요. 당신이 남에게 하는 Yes는 당신에게도 Yes인가요? 나를 위해 때로는 남을 거절할 수도 있어야 합니다. 내 몸을 통과하는 모든 감정들에 꼬리표를 붙이지 마세요. 기꺼이 미움받을 용기를 내세요. 나는 남들의 사랑을 받으며 살 수도 있지만 그렇지 않을 수도 있습니다. 양극단의 감정 모두를 받아들일 때 진정한 삶의 목적에 가까워질 수 있습니다.

온전히 모든 것을 담고 있는 연못의 모습을 상상해보세요. 잔잔한 연못은 작은 돌멩이 하나만 던져도 금세 파문이 입니다. 바람, 햇살, 비, 구름, 그 모든 것을 담고 잔잔한 연못을 떠올리면서 내 마음이 그와 같아질 수 있도록 고요함을 유지하세요.

코칭 에세이

오늘 아침에는 비가 내리네요.
딸아이와 우산을 쓰고 학교 데려다주는 길.
종알종알 이야기하며 행복했습니다.
살아 있구나. 함께 있구나.
"딸~ 엄마가 사랑하는 거 이다음에도 까먹지 마~"
"엄마, 그걸 어떻게 까먹어? 사랑이 사탕이야?"
까르륵거리는 고 귀여운 입이 참 예뻤습니다.
살아서 빗소리 들을 수 있는 오늘,
감사합니다.

3장

지문유형과 다중지능에 따른 독후활동

"어떤 사람도 자라서 어린 시절
엄청난 읽기 숙제를 내주고 잘못된 답을 모두 고쳐주며
교과 지침에 맞춰 따분하게 가르쳤던 선생님을 기억하고 고마워하지 않는다.
대신 우리는 자유로운 정신을 가진 선생님을 기억한다.
그들이 우리의 평생의 삶에 소중한 것을 찾도록 길을 열어주었기 때문이다."
- 낸시 앳웰, 《하루 30분 혼자 읽기의 힘》 -

01

지문유형과 다중지능

- 누구나 자신만의 달란트가 있다 -

아이들을 양육하고 관찰하다 보면 아이들은 저마다 다른 재능을 가지고 태어난다는 것을 알 수 있습니다. 아이들을 조금만 깊이 관찰하면 누구나 알 수 있어요. 더 정확히 얘기하자면 아이가 표현합니다. 자신이 본능적으로 잘하는 것, 좋아하는 것을요.

초등학교 다닐 때 IQ 검사를 했던 기억 있으시죠? 우리 부모 세대가 학생일 때는 아이의 지능을 측정하는 도구가 IQ에 국한되어 IQ가 높으면 머리가 똑똑하다고 평가받았어요. 이 때문에 IQ 검사를 하고 나서 결과가 나오면 그 점수에 따라 이후 인생이 결정된 양 울고 웃는 일이 많았습니다.

이후 감성지능이라 불리는 EQ가 등장하면서 인간의 지능도 영역이 다양하다는 것이 알려졌습니다. IQ가 계산력, 기억력, 어휘력 등을 기준으로 인간의 지능발달을 측정한다면 EQ는 다른 사람의 감정을 이해하고 자신의 감정을 잘 알고 다스려 삶을 풍요롭게 하는 능력을 말합니다. 똑똑한 것도 중요하지만 삶의 질을 결정하는 것은 다른 사람들과의 관계에 있다는 인식이 퍼지면서 한때 EQ 열풍이 불기도 했었지요.

이후 사람의 다양한 지능에 대한 이해가 필요해짐에 따라 다중지능이 등장했어요. 다중지능은 사람의 지능이 어느 하나가 아닌 여러 가지 요인들로 구성되어 있고, 각각의 지능은 독립적이면서도 서로 복합적으로 작용하며, 고정된 것이 아니기 때문에 충분히 변화하고 계발될 수 있다는 것입니다.

다중지능은 크게 여덟 가지로 구분됩니다. 대인관계지능, 자기이해지능, 공간지능, 논리수리지능, 지체운동지능, 음악지능, 언어지능, 자연친화지능인데요. 지문검사에서는 지체운동지능을 지체율동과 지체조작, 자연관찰 지능을 자연관찰, 자연변식 지능으로 세분화해서 10가지의 다중지능 우월순위를 검사합니다.

여기서 타인과의 비교는 불필요합니다. 간혹 검사를 하고 나면 부모님들께서는 우리 아이가 다른 아이보다 우월한가를 궁금해하시는데요. 이 검사는 아이 안에서의 경쟁력을 찾고 그 부분을 키워주고 보완하기 위해 하는 것이에요. 아이 안에서 검사 결과를 해석하고 활용하시는 것이 효율적입니다.

현장에 있다 보면 참 안타까운 상황들을 접하게 됩니다. 아이와 부모의 방향이 전혀 다를 때인데요. 아이들은 본능적으로 자신이 잘할 수 있는 일을 아는 것 같습니다. 그럴 때 부모가 자신의 생각이나 욕심을 앞세우지 않고 아이의 입장을 존중하고 적절한 환경을 제공해준다면 모두가 행복할 텐데 현실은 그렇지 않으니 말이지요. 아이의 기질과 다중지능이 어떻게 조화를 이루는지도 참 중요합니다.

요즘 아이들과 스마트폰으로 게임을 해보았어요. 뭘 그렇게 재미있게 하는지 궁금했거든요. 게임에도 참 다양한 캐릭터들이 있더군요. 이 캐릭터가 기질에 해당합니다. 각 캐릭터들은 자신이 주로 쓰는 기술이나 장기, 무기들이 있어요. 이것이 다중지능에 해당합니다. 어떤 캐릭터가 어떤 기술을 쓰는가에 따라 게임의 승패가 갈리기도 하고 좋은 아이템을 얻기도 합니다. 기질은 하드웨어, 다중지능은 콘텐츠라고 표현할 수 있겠네요.

대근육이 발달한 두 형제가 있었어요. 두 아이 모두 야구에 탁월한 재능을 보였는데 형은 감성형이고 동생은 엄격한 실행자였습니다. 두 아이는 같은 야구 클럽에서 본격적으로 야구를 배우기 시작했습니다. 두 아이가 사발적으로 원해서 시작했지만 훈련이 진행되면서 아이들은 자신의 기질, 감독님과의 조합에 따라 전혀 다른 모습을 보였습니다. 형은 야구보다는 관계에 치중하는 모습을 보였고, 동생은 자신의 야구 실력 향상에 관심이 더 많았습니다. 감성형의 형은 힘든 훈련과 엄격한 감독님의 훈련방식을 친구들과 관계를 통해서 극복해 나갔어요. 하지만 리더형으로 표현을 잘 하지 않고 자의식이 강한 동생은 날이 갈수록 힘들어했어요.

현재 야구 클럽의 감독님은 엄격한 훈련방식과 아이들과 수직적인 관계를 추구하다 보니 리더형인 동생의 경우에는 감독님의 한마디가 상처가 되었어요. 강한 것은 부드러움으로 감쌀 수 있는 법이니까요.

 아이들이 야구선수로 성장할 때까지의 훈련과정에서도 아이들의 기질은 계속 영향을 줄 거예요. 부모님과의 상담 끝에 두 아이를 각각 자신의 기질에 맞는 감독님과 훈련할 수 있도록 다른 학교의 야구부로 전학했습니다. 이런 경우 다중지능의 같은 영역이 발달했더라도 형은 야구 코치나 감독에 더 맞을 수 있고, 동생은 선수 자체에 더 잘 맞을 수 있습니다.

 이처럼 아이의 기질과 다중지능의 영역들은 서로 함께 복합적으로 작용합니다. 아이들이 성장하는 과정은 선택의 연속이에요. 선택 앞에서 100% 확신으로 흔들리지 않는 부모는 없을 거예요. 저 역시도 그렇습니다. 그럴 때 지문검사는 좋은 기준이 되어줍니다.

 아이마다 타고난 자신만의 달란트가 있어요. 이 달란트를 찾아서 자신의 기질에 맞게 계발할 수 있도록 하는 노력은 꼭 필요합니다.

02

지문유형을 활용한
대인관계지능 계발과 독후활동

　대인관계지능은 사람에 대한 관심과 애정을 갖고 사람 사이의 문제를 해결하며 나의 목적에 맞게 집단을 잘 이끌어가는 능력입니다. 인간이 사회적 동물이라는 점을 생각할 때 타인의 감정과 행동의 동기, 욕구를 인식하고 그에 대응하는 대인관계지능은 행복한 삶을 위해서 꼭 필요한 지능이라고 할 수 있습니다. 대인관계 지능이 높으면 상대방의 언어적·비언어적인 사인을 잘 읽고 상대의 기분이나 감정에 민감하게 대처합니다.
　지문검사 결과에서 아이의 대인관계 지능이 높다면 아이가 이 부분에 가능성이 크다고 할 수 있습니다. 저는 이것을 타인을 이해하고 이끌고자 하는 욕구라고 설명하고 싶습니다. 그러나 아이의 욕구가 크다고 해서 그 능력이 완전히 계발되어 타고나는 것은 아닙니다. 잠재력이라고 표현해도 좋겠어요. 대인관계 지능은 높은데 타인을 이해하고 공감하는 능력 없이 이끌고자 하는 욕구만 높으면 자칫 고집과 독선으로 빠질 수도 있기 때문이지요. 시대마다 요구하는 리더십이 다르듯이 시대에 맞는 리더십에 대한 인식과 훈련이 필요합니다.

대인관계 능력이 좋고 잘 계발된 아이들은 교사, 상담가, 치료사, 정치가 등 타인을 이끌고 변화하게 만드는 일에 경쟁력이 있습니다.

대인관계 지능이 높은 아이들은 책을 읽고 나서 특정한 활동보다는 어떤 활동이든 간에 자신이 주도할 수 있는 역할이 주어지면 좋습니다. 그룹 활동에서 조장의 역할을 맡긴다든가 하는 거예요. 협동학습을 통해서 리더십을 발휘하는 기회를 주는 것이 좋습니다.
다만 대인관계 지능이 높은 아이라도 자신을 표현하는 것을 어려워하는 기질의 아이들은 이런 활동에 상당한 거부감을 표현하기도 합니다. 그렇다 하더라도 서서히 기회를 주어서 이 능력이 계발되도록 하면 기질에서 오는 약점을 보완할 수 있는 좋은 기회가 될 것입니다.

대인관계 지능이 높은 아이들이 어떤 기질이냐에 따라서 앞서 설명한 것처럼 안정형의 리더십, 감성형의 리더십, 창의적인 리더십, 내향성의 리더십, 포용성의 리더십, 조정형의 리더십을 발휘할 수 있습니다. 다양한 리더십이 잘 발현될 수 있도록 교사가 이끌어준다면 더할 나위 없겠습니다. 그렇다면 각 기질별로 어떻게 하면 독서를 통해 대인관계 지능을 키워줄 수 있을까요?

안정형의 아이가 대인관계 지능이 높다면 정해진 틀을 교사가 제시해주고 그대로 이루어질 있도록 관리 감독하는 역할을 아이에게 줄 수 있습니다. 책을 읽는 시간을 알리는 역할, 전체 목록을 관리하는 역할처럼 사무적으로 관리할 수 있는 틀을 제시해주고 그 관리를 아이에게 맡겨보세요.

감성형의 아이가 대인관계지능이 높다면 '나도 선생님' 같은 활동을 해볼 수 있어요. 자기가 선생님이 되어서 친구들을 가르쳐보는 거예요. 가르치는 것을 좋아하고 표현하고 싶은 아이의 욕구를 충족시킬 수 있어요. 또래끼리 해도 좋지만 부모님이나 선생님이 학생이 되어도 재미있어요. 일부러 자꾸 틀려서 아이가 선생님 역할을 제대로 할 수 있도록 기회를 줘보세요. 친구들이나 부모님에게 책 읽어주기, 자기보다 어린 동생들에게 책 읽어주기, 설명해주기 등을 해볼 수 있도록 기회를 주세요. 선생님에게는 든든한 보조교사, 동생들에게는 눈높이 선생님이 될 거예요.

역방향 창의자나 개척적 사고자 아이가 대인관계 지능이 높다면 녹후활농을 할 때 아이가 제안한 것을 함께 해볼 수 있습니다. 이 아이들의 창의적이고 톡톡 튀는 아이디어가 분위기를 살리는 역할을 할 거예요. 부모님이나 선생님에게도 배움의 기회가 될 수 있습니다.

특히 엄격한 실행자처럼 내향성의 리더십을 가진 아이는 마음속에서 타인을 리드하고자 하는 열망은 높지만 기질에서 오는 특성 때문에 타인 앞에 서는 것을 힘들어하고 거부할 수 있어요. 그렇다고 리더형 기질이 어디 가는 것은 아닙니다. 리더형은 리더로서의 역할을 할 때 행복해요. 아이가 어떤 활동을 거부한다고 해서 무조건 자율권을 준다면 엄격한 실행자의 리더십은 발휘되기 어려워요. 그렇다고 다른 사람의 지시를 잘 따를 리 없으니 그룹 내에서 불편한 존재가 되어버릴 수도 있습니다. 엄격한 실행자 아이가 대인관계 지능이 높다면 이 아이들은 수업내용에 보드게임 같은 도구를 활용할 수 있어요. 전체 게임 룰을 아이가 설명하게 한다거나 감독의 역할, 점수 계산이나 정리 같은 임무를 맡기면 좋습니다.

보드게임은 자신을 직접적으로 드러내지 않고 규칙으로 드러내면서 전체를 리드하기 때문에 내향적인 아이들에게 잘 맞는 활동이에요. 내향성의 리더십을 가진 아이들은 자신을 표현하는 연습이 이루어져야 하는데, 이를 위해 성장기에 리더십 캠프 같은 것이 도움이 될 수 있습니다. 이 아이가 자신을 드러내지 않으려고 하는 것은 완벽주의 때문일 수 있어요.

완벽주의가 반대로 드러나면 무력함으로 표현됩니다. 완벽하고자 하는 부담감 때문에 오히려 시도하지 않을 수 있어요. '못해요'라고 하면 자존심이 상하지만 '하기 싫어요' 하면 할 수는 있는데 그냥 안 한다는 뜻이 되니까요. 자존심은 지키는 거죠. 리더형들은 리더로 살 때 행복하다는 것 잊지 마세요. 아이가 자신의 껍질을 깨고 밖으로 나올 수 있도록 도움이 필요한 유형입니다.

이상주의자 아이가 대인관계 지능이 높다면 이 아이에게는 특별한 무대가 필요할 수도 있습니다. 책을 보고 난 후 역할극이나 연극 같은 활동을 하면서 전체적인 것을 맡겨보세요. 앞서 제안한 활동들은 아이의 대인관계 지능이 낮을 때 계발하는 방법으로도 그대로 적용할 수 있습니다.

대인관계 지능이 높은 아이들은 위인전을 좋아해요. 위인들이 활약하는 역사책도 좋습니다. 간디, 마더 테레사, 김구 등 역사 속에서 다양한 리더십을 발휘한 사람들을 만나는 것은 아이에게 시공간을 뛰어넘어 멘토를 만날 수 있는 좋은 기회예요. 《삼국지》처럼 다양한 영웅들이 나오는 책도 좋아요. 책 속의 인물들의 성격을 분석해 보고, 위인들을 통해서 그들이 대중을 이끌어간 방법과 시대가 요구하는 리더십을 아이가 발견하게 한다면 좋겠습니다. 나와 닮은 점을 찾아보고 내게 필요한 부분을 찾는 과정에서 나를 알고 타인과 조화로운 관계를 맺어 갈 수 있습니다.

03
지문유형을 활용한
자기이해지능 계발과 독후활동

　자기이해지능은 단독으로 하나의 기술이나 능력으로 기능하지는 않지만, 다른 모든 지능들의 시작과 끝이 되는 지능입니다. 다른 다중지능의 영역들이 최대로 계발되는 데 있어서 꼭 필요한 능력이 대인관계지능과 자기이해지능이에요.

　자기이해지능은 자신의 감정이나 욕구를 이해·조절·절제하며, 자기의 장점, 단점 등을 잘 이해하는 능력, 스트레스를 관리하는 능력, 장기적인 계획을 세우고 그것을 수행하는 동안 자신을 돌아보고 그것을 토대로 더 나은 방향을 향해 가는 능력을 말합니다. 즉 자신을 성찰하고 통찰하는 능력입니다.

　정신구에 해당하는 이 지능이 높은 아이들은 어른의 말에 쉽게 움직이지 않아요. 자기이해지능이 높으면 자기 자신에 대한 이해가 높고 인내심이 강하며 어떤 행동에 대해 스스로 성찰하여 보완해 나가는 능력이 탁월합니다. 그러나 자기이해지능이 낮으면 자신의 감정이나 욕구를 잘 알지 못하고 인내심이 부족하며, 쉽게 지치거나 자신이 지치는 줄도 모르며 의타심이 있는 경우가 있습니다.

　부모가 자기이해지능이 낮아서 자신의 욕구나 감정을 잘 살필 수 없는 경우, 훈육하는 데 일관성이 없을 수 있어요. 상황이나 기분에 따라 다른 기준으로 아이를 혼란스럽게 할 수 있구요. 또한 자신의 욕구나 감정에 민감하지 못해서 스트레스를 잘 관리하지 못해 폭발하는 경우가 있습니다.

자기이해지능이 높은 사람은 종교인이나 작가나 극작가, 심리학자, 치료사, 예술가 등의 직업에 경쟁력이 있습니다. 역사 속의 위인들 중에는 프로이트, 융, 버지니아 울프, 헤르만 헤세, 성철스님 등 자신을 성찰하고 그 힘으로 타인을 일깨운 분들이 있습니다.

자기이해지능이 높은 아이들은 독서를 하면서 인물의 성격이나 복잡한 심리적 상황을 파악하는 능력이 뛰어납니다. 독후활동으로는 저학년의 경우 전래동화나 신화 속 인물들의 성격을 파악하고 별명 지어주기, 등장인물과 성격이 비슷한 주변 사람 찾아서 매칭하기, 절정에 해당하거나 재미있었던 장면을 극본으로 바꾸어 연극해보기 등이 있습니다. 고학년의 경우 등장인물들의 성격을 분석해보고 비슷한 점과 다른 점을 벤다이어그램으로 표현해보기, 인물들 간의 관계나 역할을 마인드맵으로 표현해보기, 나와 비슷한 경험 찾아보기, 나와 비슷하거나 다른 인물을 찾아보고 거기서 보완할 점을 찾아보기 등의 활동으로 연계할 수 있습니다.

아이가 어떤 유형의 지문에 속하든지 자기이해지능을 계발하는 것은 중요하고 평생에 걸쳐 노력해야 하는 일입니다. 지문 유형에 상관없이 자기이해지능을 계발할 수 있는 도구로 비폭력 대화 카드와 버츄 프로젝트 카드를 소개합니다. 이 프로그램은 자기이해지능 계발을 위해서 고안된 것은 아니지만, 활용하기 쉽고 아이들의 전체적인 발달에 도움이 되기에 함께 활용해보면 좋겠어요.

1) NVC 카드게임

비폭력 대화는 마셜 로젠버그가 개발한 프로그램이에요. NVC 카드는 비폭력 대화 프로그램을 기반으로 만들어졌어요. 자신의 욕구나 감정을 솔직하게 표현하고 다른 사람에게 공감하는 방법을 재미있고 쉬운 방식으로 배울 수 있는 대화식 카드게임입니다. 카드는 느낌카드와 욕구카드 60장으로 구성되어 있습니다.

아이들과 수업을 하다 보면 자신의 느낌을 잘 모르거나 유난히 표현하는 것을 어려워하는 친구들이 있어요. 자신을 잘 표현한다고 해도 짜증 난다, 화난다, 열 받는다 등의 몇몇 어휘에 국한되어 있기 때문에 자신의 느낌과 감정을 정확히 알고 표현하는 데 한계가 있습니다.

자신의 마음을 표현하는 데 어려움을 느끼는 것은 아이들만의 문제가 아닌 것 같아요. 성인이 되어도 우리는 내 마음을 민감하게 알아차리거나 타인에게 잘 표현하지 못합니다.

이 카드게임을 통해서 아이들은 느낌과 감정을 나타내는 어휘를 배울 수 있어요. 그냥 얼굴 마주 보고 표현하기 어려운 마음을 카드라는 매개체와 게임이라는 수단을 통해 접근한다는 것도 큰 매력입니다. 아이들 사이에서 발생하는 크고 작은 문제들을 재미있고 평화롭게 해결할 수 있어요.

어떤 특별한 상황에서 사용하기도 하지만 아이들이 어릴수록 평상시에도 게임으로 활용해볼 수 있습니다. 가족 간에 소통의 도구로 추천합니다. (159쪽 표 참고)

빈칸에는 제시되지 않은 느낌을 직접 적을 수 있어요.
어떤가요? 제시된 느낌 말 중에서 몇 가지나 사용해보셨어요? 우리의 느낌과 감정이 이렇게 다양하다는 것이 놀랍지 않나요? 우리가 평상시에 사용하는 말들은 화난다, 열 받는다, 짜증 난다 정도잖아요.

아이들과 책을 읽고 나서 등장인물들의 마음 상태나 느낌에 해당하는 카드 찾아보기 게임을 할 수 있습니다. 반복하면 아이들이 책 속의 인물뿐 아니라 자신의 느낌에 대해서도 표현할 수 있는 어휘가 많아지겠지요?
아이들에게 느낌을 물으면 대부분 "몰라요"라는 대답이 많이 돌아와요. 내 마음을 직접 표현하는 것은 부담스럽고 어려울 수 있어요. 때문에 책 속의 인물들을 통해 인간의 다양한 감정과 느낌을 표현하는 말들을 찾아보는 게임은 아이들이 자신을 이해하고 표현하는 데 도움이 될 수 있습니다.
예를 들어 지원이와 병관이 《거짓말》이라는 책을 아이와 함께 보고 길에서 주운 돈을 마음대로 사용하고 나서 병관이의 마음이 어땠을지를 카드에서 찾아볼 수 있어요. 느낌카드를 찾고 나면 아이와

[느낌/감정 단어 리스트]

감사한 고마운	당혹스러운 어리둥절한	서운한 섭섭한	질린 지겨운
가슴 뭉클한 감동한	든든한	속상한 마음이 아픈	짜릿한 신나는 재미있는
걱정스러운 근심스러운	따뜻한 푸근한	슬픈 서글픈	짜증 나는
겁나는 무서운 두려운	마음이 두 갈래인	신경 쓰이는 꺼림칙한	창피한 부끄러운
경이로운 황홀한	막막한 암담한	실망한 낙담한	평화로운 평온한
괴로운	무기력한	심심한 지루한 따분한	행복한 기쁜 즐거운
귀찮은 성가신	무안한 민망한 멋쩍은	쓸쓸한 외로운	허전한 공허한 허탈한
기대되는 희망을 느끼는	반가운	안심이 되는 마음이 놓이는	혼란스러운
긴장되는 떨리는	불안한	억울한 분한	홀가분한 편안한
긴장이 풀리는	불편한 거북한	용기 나는 기운이 나는	화나는 열 받은 격분한
끌리는 흥미로운 궁금한	비참한 참담한	우울한 울적한	후련한 통쾌한
난처한 난감한 곤혹스러운	뿌듯한 자랑스러운	정겨운 다정한	후회스러운 아쉬운 안타까운
놀란 오싹한 섬뜩한	상쾌한 개운한	조바심 나는 속 타는 초조한	흐뭇한 만족스러운
느긋한 여유로운	생기가 도는 활기 넘치는	좌절감이 드는 절망스러운	흥분되는
답답한 갑갑한	서먹한 어색한	지친 피곤한 힘든	

비슷한 마음이 들었던 때를 떠올려보고 대화를 해볼 수도 있어요. 아이가 자신의 경험을 말하기를 어려워한다면 읽어주는 부모님이나 선생님이 먼저 자기 경험을 이야기해주면 좋습니다.

가정에서 할 수 있는 게임을 하나 해볼까요? 가족 중 한 사람이 오늘 일 중 기억나는 일을 이야기하면 나머지 가족이 그 사람의 느낌이라고 추측되는 카드를 찾아주는 게임입니다.
한 가지 예를 들어보겠습니다. 돌아가면서 해볼 수도 있지만 그날 기분이 별로인 가족이 해보는 것도 좋아요. 먼저 편안하게 오늘 있었던 일을 이야기합니다.

아들 아빠, 오늘 무슨 일 있어요? 얼굴이 평소랑 달라요. 기분이 안 좋아 보이세요.
아빠 오늘 회사에서 부장님이 나한테 머리는 폼으로 달고 다니냐고 서류를 다시 작성해 오라고 했어. 다른 직원들도 있었는데….

아빠의 말을 듣고 가족들은 아빠의 느낌이라고 추측되는 카드를 찾아봅니다. 그리고 아빠의 느낌이라고 생각되는 카드를 들고 말합니다.

아들 오늘 부장님이 아빠한테 안 좋은 말을 해서 속상한 느낌이었어요?

그리고 아빠 앞에 '속상한'이라고 적힌 느낌 단어 카드를 놓습니다.

돌아가면서 다른 가족들도 아빠의 느낌이라고 생각되는 카드를 들고 말합니다.

엄마 오늘 부장님한테 그 말을 들었을 때 다른 직원들이 뭐라고 생각할까 싶어서 창피했어요?

마찬가지로 '창피한'이라고 적힌 카드를 아빠 앞에 내려놓습니다. 나머지 가족도 동일한 방법으로 게임을 합니다. 구성원 모두 다 돌아가면 아빠는 가족들이 찾아준 카드들 중에서 자신의 느낌과 가깝다고 생각되는 카드를 선택합니다. (한 장 이상 선택할 수 있습니다.) 그리고 선택한 카드를 이용해서 자신의 느낌을 표현해봅니다. "나는 오늘 부장님이 나한테 ~라고 말해서 화가 나고 서운했어요"라고 말하며 카드를 내려놓습니다.

가족 모두 아빠의 상황을 듣고 아빠가 느낌을 표현할 수 있도록 공감하고 도와주었습니다. 이제는 욕구 카드를 훑어보면서(162쪽 표 참고) 아빠에게 필요한 것이 무엇인지, 어떤 욕구가 충족되지 않아 그런 느낌이 들었는지 추측하여 카드를 찾아봅니다. 게임을 계속해볼까요?

아들 아빠, 지금 사랑, 관심, 우정이 필요하세요?

이런 식으로 가족 간 감정카드 게임과 동일하게 구성원들이 돌아

[욕구 단어 리스트]

감사 인정	명료함 투명성	신뢰	정직 진실
건강	발견 자극	아름다움	존재감 현존
공감 연민	배려	안전 안정	존중
공기 물 음식 주거	배움 성장	애도	진정성
공동체 소속감	사랑 관심 우정	여유 편안함 홀가분함	질서 조화
공유 (인식 가치관)	삶의 의미 보람 목표	연결 유대	창조성 영감
기여 나눔	상호의존 상호성	영성 영적 교감	축하 인생예찬
꿈 희망 비전	선택	예측가능성	치유 회복
놀이 재미 유머	성실 온전함	이해	친밀함
능력 자신감	성적 표현	일치 일관성	평등
도움 지지 협력	성취	자각 깨달음	평화
도전	소통	자기돌봄	혼자만의 시간
독립 자립 주관을 가짐	수용	자기표현 개성	효율성
돌봄 보호	숙달 전문성	자유로운 움직임 운동	휴식 잠
따뜻함 부드러움	스킨십 신체 접촉	자율성 자유	

가면서 아빠의 욕구에 해당하는 카드를 찾습니다. 다 돌아가면 아빠는 앞에 놓인 카드 중에서 자신에게 가장 필요하다고 생각되는 카드를 찾고 말합니다.

> **아빠** 나는 지금 혼자만의 시간이 필요해. 그러고 난 후에 다시 서류를 작성해서 능력을 보여주고 자신감을 회복하고 싶어.

이러한 과정을 통해서 내 느낌과 욕구는 물론 타인의 느낌과 욕구에도 공감해보는 경험을 쌓을 수 있습니다. 가정이나 수업하는 현장에서 어떤 문제가 발생했을 때도 적용할 수 있습니다.

이 방법으로 아이들과 몇 번 게임을 하고 대화를 했어요. 아이들이 지금보다 더 어렸을 때인데요. 그 뒤로는 아이가 하고 싶은 얘기가 있으면 카드를 들고 왔어요. 너무 자주 들고 와서 조금 힘들었던 웃지 못할 기억이 있습니다.

2) 버츄 프로젝트

NVC 카드를 통해서 느낌과 욕구를 알게 되었어요. 이제 내가 어떻게 나의 필요를 스스로 충족시킬 수 있을까요? 모든 욕구를 반드시 다 충족시켜야 하는 것도 아니고 다 충족되어야 좋은 것도 아닙니다. 스스로를 끊임없이 알아가고 계발할 수 있는 도구로 버츄 프로젝트를 소개합니다.

버츄 프로젝트는 우리나라 공교육 현장에서 가장 많이 사용되고 있는 인성 프로그램이에요. 인류 사회를 관통하는 보편적인 가치인 미덕이 우리 인간의 내면에 누구나 원석인 상태로 잠재되어 있으며, 마치 광산에서 보석을 캐내어 세공하듯이 내가 나 자신의 미덕을 발견하고 다듬어 완성시켜갈 수 있도록 하는 프로그램입니다.

이 프로그램을 통해 누구나 자신 안에 원석의 상태로 잠재된 감사, 용서, 친절, 인내, 배려 등의 미덕인 성품을 계발하고 닦을 수 있어요. 어떤 상황에서 내 마음의 느낌을 알고 그 느낌 뒤에 있는 나의 욕구를 발견한 후에는 내 안의 어떤 미덕의 발휘를 통해 충족할 수 있는가 생각해보는 것입니다. 이렇게 계발된 미덕의 보석들은 이후 같은 상황에서 내가 어떠한 선택을 할 것인가를 좌우하게 됩니다.

예를 들어 누군가 나를 비난하는 상황이라고 가정해볼게요. 예전에는 타인의 말을 듣고 화가 나서 서로 비난하고 탓하거나, 혹은 혼자 상처를 받거나 공격적으로 표현했어요. 하지만 이제 그것에서 벗어나 나의 느낌과 욕구에 초점을 맞출 수 있습니다. 그러면 내면에서 자기 공감이 일어나고 자기 자신과 연결됩니다. 나의 상태를 내가 알고 필요한 것을 내가 충족시킬 수 있는 것이죠.

그 힘으로 상대의 비난이나 말 또한 나를 향한 것이라기보다, 그 자신의 고통이나 느낌을 표현하는 것뿐이라는 것도 알게 됩니다. 그만큼 내 안에 공간이 생기게 됩니다.

내 감정과의 공간, 타인과의 공간은 참으로 중요합니다. 우리는 내가 나 자신에게 그렇게 해주었던 것처럼 타인에게도 그의 느낌과 욕구에 초점을 맞출 수 있고 판단이나 비판이 아닌 공감의 마음으로 연결될 수 있어요. 그럴 때 내가 내 안의 어떤 미덕을 통하여 나 그리고 상대와 연결될 수 있는가를 버츄카드를 통해 끊임없이 연습할 수 있습니다.

아까 예를 든 아빠의 경우로 돌아가볼까요? 아빠는 어떤 미덕이 필요할까요?

'아~ 나는 지금 실망스럽고 부끄러운 느낌이다. 왜냐하면 부장님한테 인정받고 싶은 욕구가 좌절되었기 때문이야. 그럼 나는 지금 나 자신에게 무엇을 해줄 수 있을까? 우선은 휴식이 필요해. 혼자만의 시간을 통해 좀 회복하자. 그러고 나면 부장님의 입장에서 이해해볼 여유가 생길 거야. 그리고 다시 서류를 분석해서 작성해보자. 나는 나의 능력을 신뢰하고 업무에서 탁월함을 발휘하고 싶어.'

아빠는 '탁월함'이라는 미덕카드를 뽑아봅니다. 카드에 적힌 탁월함이라는 뜻을 읽고 명상하고 그것을 어떻게 발휘할 수 있는지 자신을 돌아보고 성찰할 수 있습니다.

이 프로그램의 활용은 무궁무진합니다. 저는 어떤 특별한 상황을 해결하고자 할 때 아이들과 비폭력 대화 카드를 통해 우선은 자신의 느낌과 욕구를 알게 한 다음, 버츄카드를 통해 이 상황에서 나에게 필요한 미덕을 찾게 합니다. 그리고 연습해가는 것이지요. 이미 보석의 상태로 충분히 계발되었다면 내면의 힘으로 발휘됩니다. 아직 더 계발해야 한다면 성장미덕으로 삼아 연습할 수 있어요.

아이들과 독서 후에 그 인물이 이미 보석 상태로 갖고 있는 미덕들을 찾아보기도 하고 계발되어야 할 미덕들을 찾아보기도 합니다. 특히 역사를 배울 때 역사 속의 인물들을 통해서 한 인간이 지녀야 할 인격적인 요소들을 찾아보는 활동을 할 수 있는데요. 이것이 곧 미덕입니다. 이런 활동은 아이들과 인간 내면의 깊은 곳까지 들어가 타인을 통해 나를 성찰할 수 있는 좋은 기회가 됩니다.

한때 저는 깊은 좌절을 경험한 적이 있습니다. 아무리 노력해도 아이가 바뀌지 않을 때였어요. 왜 내 안에는 넘치는 사랑이 없을까. 말썽 피우고 나를 힘들게 하는 아이조차 품을 수 있는 사랑이 어째서 없는 걸까. 겉으로는 아이를 사랑하지만 마음이 100% 사랑이 아닐 때, 주변에서 세상 모든 아이들을 사랑으로 대하는 선생님들을 볼 때 너무나 부럽고 제 자신이 작아졌어요. 정작 나 자신의 마음은 알아주지 않으면서 말이지요.

어느 날부터 저는 저를 힘들게 하는 학생들을 만날 때 이 아이가 내게 온 이유가 뭘까 생각했습니다. 그래서 그럴 때마다 새로운 프로그램을 배우기도 하고 마음을 공부하기도 하면서 많은 시행착오를 경험했어요. 그 당시에는 그 아이를 사랑하기 위해서, 돕기 위해서라고 생각했지만 돌아보면 그것은 나와 만나고 나를 알아가고 나를 사랑하는 과정이었습니다. 이제는 모든 학생들이, 특히 저를 힘들게 하는 학생들은 저를 발전시키는 선물로 온다는 것을 확신합니다. 무엇보다 저 자신을 통합시켜 성장하는 계기가 되기 때문이에요. **성장하면서 이런저런 이유로 억압되고 인정받지 못한 채 떨어져 나간 나의 어떤 조각을 아이들을 통해서 만납니다. 그런 의미에서**

모든 타인은 나를 비추는 거울이고 무수한 또 다른 '나'입니다.

저는 자기이해지능이 별로 높지 않았습니다. 그러니 이 아이들을 통해 이렇게 배우고 성장하는 과정이 얼마나 소중한지 모르겠어요. 지금도 저는 아침에 일어나면 제일 먼저 버츄카드를 뽑습니다. 카드의 문구를 명상하면서 그날 혹은 일주일간의 성장과제로 삼아요. 그렇게 마흔셋의 저도 아직 성장하고 있으니 인간은 죽을 때까지 배우고 성장하는 존재인가 봅니다.

한동안 우리 교실에서는 아이들이 자신들의 성장 미덕을 서로 공유하고 서로가 일깨워주는 연습을 했는데요. 어떤 학생이 자신의 성장미덕으로 절제를 선택했다면 이 아이가 절제하지 못하는 상황에서 친구들이 "아무개야. 절제, 절제" 하면서 서로 일깨워줍니다. 정말 흐뭇하고 뭉클한 광경이에요. 어떤 날은 서로의 대표 미덕을 아낌없이 칭찬해주기도 합니다. 저의 대표미덕은 감사함과 기뻐함, 이상 품기예요. 우리 아이들이 뽑아주었습니다.

모든 사람이 모든 미덕을 다 보석의 상태가 되도록 연마할 수는 없겠지만 자신의 삶의 목표에 필요한 미덕들은 꾸준히 연습할 필요가 있습니다. 가슴으로 느끼고 배우는 저는 아직도 학생이고, 아이들은 늘 저를 일깨워주는 위대한 스승입니다. 선생님도, 부모도, 아이도 함께 배우고 성장하는 도반이군요.

04

지문유형을 활용한
공간지능의 계발과 독후활동

시공간상에 존재하는 사물을 정확하게 지각하고 인지하고 형상화하는 능력입니다. 또한 이 지능에는 색, 선, 모양, 형태, 공간과 이러한 요소들 간에 존재하는 관계에 대한 감수성이 포함됩니다. 또 추상적인 것을 구체화하는 시각화 능력, 시간적·공간적 아이디어를 기하학적으로 표현하는 능력 및 자신을 어떤 공간상에 적절하게 위치시키는 능력들이 포함됩니다. 물건을 적절한 위치에 놓거나 설계·디자인하는 능력입니다. 실행하기 전에 충분히 과정을 구체적으로 그려볼 수 있는 능력, 표현하고자 하는 것을 창의적이고 효율적으로 나타내는 능력, 창작활동에서는 공간감·입체감·디자인 감각으로 표현되며 길을 찾을 때는 방향감각으로 표현됩니다.

조금 더 쉽게 풀어보겠습니다. 공간지능은 평면을 입체로 구성하는 능력, 추상적이고 개념적인 것을 시각화하는 능력이에요. 공간지능이 높은 사람은 공간적 입체적으로 표현하는 예술표현 능력, 공간상에서의 균형감각, 색체·방향감각이 뛰어납니다.
항해사, 디자이너, 건축가, 미술가, 사진작가, 인테리어 디자이너, 설계사, 무대 디자이너 등 공간에 무언가를 예술적으로 표현해내는 직업에서 경쟁력을 보입니다. 그중에서도 피카소, 빈센트 반 고흐, 백남준 등의 예술가들이 이 지능이 높은 대표적인 인물이에요.

 재미있는 것은 운동지능이 뛰어나더라도 공간지능이 낮으면 세밀하고 절도 있는 동작이 어색한 경우가 많으며, 어떤 공간 내에서 자신의 위치를 잘 찾지 못하는 경우가 있습니다. 축구선수가 필드 안에서 자신의 적절한 위치를 찾지 못한다면 어떨까요?
 상담을 통해서 공간지능이 낮은 사람의 경우 다수의 대중들 속에서 자기 자리를 잘 찾지 못하거나, 간혹 눈치 없는 사람으로 비춰지기도 한다는 재미있는 결과를 접했습니다.

 공간지능은 시각 능력과 아주 밀접하게 관계가 있습니다. 공간지능이 높은 사람들은 관찰을 잘하고 학습을 할 때도 시각적인 요소를 많이 활용합니다. 눈으로 보는 것을 효과적으로 표현하고 전달하는 능력이 뛰어나며 추상적인 요소도 눈에 잘 보이도록 형상화하는 재주가 있어요. 언어능력이 함께 발달된 경우 어떤 것을 다른 사람에게 설명하는 것도 잘합니다.

 공간지능이 높은 친구들은 독서를 하고 난 후에도 추상적인 것을 입체적으로 표현해내는 것을 좋아합니다. 아이와 독서를 하고 난 후에는 배경이 되는 곳을 직접 꾸며보는 것도 좋고 작품을 읽고 연극을 하는 경우라면 무대의 디자인이나 구성을 아이에게 맡겨보는 것도 좋습니다. 만들기를 좋아하고 그림 그리는 것을 좋아하며, 그림을 그릴 때 선명하게 입체성이 드러나게 그리는 것을 볼 수 있습니다.

  비문학 영역의 책을 보았다면 읽은 것을 시각적인 도표나 그래프 등으로 표현하게 하는 것도 좋습니다. 자신이 읽은 내용을 한 장면의 그림으로 표현해보고 설명하는 것도 좋은 활동입니다. 마인드맵도 좋은 방법이에요. 틀린 그림 찾아내기, 퍼즐, 지도 등 시각과 공간을 이용한 활동으로 연계해주세요.

  오리고 붙이는 미술 활동도 좋고 종이접기나 공예품으로 만들기도 좋습니다. 예를 들어 탑에 대해서 배웠다면 평면에 그림을 그리는 것도 좋지만 블록으로 쌓아보는 활동도 좋고 한 개보다는 여러 개를 만들어 조합해서 공간상에 구성·배치해보는 것도 좋습니다.

  언젠가 수업에서 전자제품을 분해하고 그것들을 구성하고 있는 물질을 알아본 후 다시 조립하기를 했는데, 공간지능이 뛰어난 학생들의 몰입도가 아주 좋았습니다. 운동지능이 높은 아이들이 공간지능이 함께 발달되면 신체활동을 통해서 배우는 것이 효율적입니다.

  이 아이들은 무엇을 해도 주어진 공간 안에서의 조화로움을 찾습니다. 정리에도 탁월한 재능을 보이는 것 같아요. '나도 도서관 사서' 같은 역할을 통해서 집이나 수업하는 공간의 책 배치, 구성들을 아이에게 맡겨보는 것도 도움이 됩니다. 분야별로 책을 배치해보기도 하고 어떻게 하면 공간에 효율적이고 아름답게 책을 구성할지, 화분이나 기타 인테리어 소품들을 어디에 놓을지, 쉴 수 있는 공간은 어디에 배치할지 등을 아이가 주도하게 해보는 것이죠.

　아이가 어릴 경우 아이와 동물에 관한 책을 보았다면 거실 같은 공간에 책으로 동물원을 만들어보세요. 공룡 책을 보았다면 쥐라기 공원을 만들어보는 거예요. 시장에 대한 책을 보았다면 거실은 시장이 되는 겁니다. 거실이라는 공간 전체를 아이가 어떻게 구성하고 활용하는지 지켜보면서 아이의 조수를 자청해보세요.

　지문유형별로 공간지능을 계발하는 독후활동을 어떻게 구상해볼 수 있을까요? 탑에 대한 책을 보고 미술활동을 한다고 예를 들어 볼게요. 안정형의 아이라면 활동 주제와 단계를 제시해주는 것이 좋습니다. 예를 들면 탑을 만들어볼 건데 어떤 재료로 어떤 순서에 맞게 하면 되는지를 단계적으로 알려주세요. 안정형 중에서 개척적 사고자라면 제시한 활동 주제에서 창의력을 발휘해볼 수 있도록 넌지시 아이디어를 던져주는 것도 좋습니다. 살짝만 건드려주는 것이 좋고 시간을 넉넉히 주어 아이가 자기 속도대로 완성시키도록 해보세요.
　감성형 아이라면 혼자 하는 활동보다는 여럿이 활동할 수 있도록 해주세요. 친구들과 함께 어떻게 표현할지 정해보고 만들고 하는 과정 자체가 즐거울 거예요.
　역방향 창의자 아이라면 아이의 의사를 존중해서 혼자 하고 싶어 하면 혼자 할 수 있도록 배려해주세요. 아이가 갖는 독특한 시각이나 시도를 존중하는 방식이 중요합니다. 탑은 왜 위로만 쌓아올리느냐, 옆으로 긴 탑을 만들겠다거나 접이식 탑을 만들겠다고 할 수도 있겠지요? 아이와 함께 고민해주세요. 어떻게 하면 접을 수 있을까? 탑과 탑 사이에 집라인(zip-line)을 달아도 좋겠네요.

 리더형 아이라면 교사가 제안하는 활동 자체에 관심이 없을 수도 있어요. 집에서 아이와 둘이 활동한다면 아이에게 완전히 주도권을 주는 것이 좋습니다. 다만 여럿이 함께하는 수업의 형태일 때는 아이의 No에 상처받지 마세요. 아이에게 필요하다고 생각되는 활동이라면 "선생님 체면이 있지. 좀 봐주라~" 하면서 약해지세요.

 두형문 아이들은 활동 재료가 모래나 클레이처럼 형태가 없는 것이 좋지만 아이가 선택하는 것이 좋습니다. 탑을 만드는 데도 여러 가지 방법과 재료가 있으니까요. 엄격한 실행자 아이가 만들기 싫은 마음을 분노의 탑으로 표현해도 인정해주세요. 이상주의자 아이라면 설계도부터 그리게 하세요. 조정형 아이라면 아이가 하고 싶은 것이 너무 많을 수 있어요. 시간, 공간, 재료 등의 여건을 기반으로 가장 만들고 싶은 우선순위를 정하는 데 시간을 할애해야 할 수도 있습니다.

 다중지능은 단독으로만 작용하는 것이 아니라 복합적으로 작용하기 때문에 다른 영역의 영향을 받습니다. 중요한 것은 아이들이 부담 없이 경험해보고 다양하게 시도해보는 것에 있어요. 무한한 가능성이 잠재력에만 머물지 않고 다양한 활동들을 통해서 계발될 수 있도록 시행착오를 허용해주세요.

 작고 사소하더라도 아이의 기질과 다중지능을 계발시킬 수 있는 아이디어를 동원해보면 즐겁고 행복하게 배움을 경험하는 아이를 보실 수 있습니다.

지문유형을 활용한
논리수리지능의 계발과 독후활동

제가 초등학교 다닐 때는 주기적으로 IQ 테스트라는 것을 했어요. 그 결과가 나오는 날은 무슨 선고라도 받는 듯한 기분이 들었던 것 같아요.

논리수리지능은 잘 알려진 것처럼 IQ 테스트에서 언어지능과 함께 테스트되는 영역이에요. 다중 지능이 등장하기 전부터 지능을 대표하는 영역이었습니다.

상담을 해보면 논리수리지능을 수학 교과나 계산 등 수학 문제를 푸는 지능으로만 생각하시는 학부모님들이 많이 계세요. 하지만 논리수리지능은 살면서 당면하게 되는 크고 작은 문제들을 해결하는 방식에 더 가깝다고 볼 수 있습니다. 어떤 문제를 해결하는 데 있어서 직관적인지, 아니면 합리적이고 논리적인 방식으로 접근하는지 하는 문제해결 방식과 관련이 깊습니다.

논리수리지능은 우리 뇌에서 사고구에 해당하는 지능인데요. 논리수리지능이 높은 아이들은 매사 신중하게 논리적으로 파고들고 따져서 결정하고 행동합니다. 때문에 어떤 것을 결정할 때 상대적으로

긴 시간이 필요해요. 미리 생각할 시간을 주어서 충분히 따져본 후 자율에 의해 행동하게 하는 것이 중요합니다. 문제점을 잘 찾고 분석적, 비판적입니다.

논리수리지능이 높은 아이들 중에는 수학 문제를 잘 푸는 학생들이 많습니다. 차량 번호, 휴대폰 번호, 생일, 어떤 일의 연도 등 유난히 숫자에 민감하고 잘 기억하는 아이들도 있어요. 어려운 계산도 암산으로 뚝딱 해버리는 경우도 있구요. 이런 능력이 논리수리 능력에 포함되지만 이런 능력이 논리수리 능력 전체를 대표하지는 않습니다. 논리수리지능이 높아도 수학을 못할 수 있다는 거죠.

오래전에 성인 두 자매를 상담했는데 결과를 받고는 이 결과는 잘못되었다며 무엇이 잘못되었는지 조목조목 설명해주셨습니다. 자매 두 분 다 학교 다닐 때 수학을 정말 넌덜머리가 날 정도로 싫어했고 못했는데 결과상에서는 논리수리지능이 우수하게 나왔기 때문이었는데요. 저는 웃으면서 "그러셨어요? 혹시 두 분은 어떤 모임에서 총무를 맡으신 적은 없으세요? 혹은 다른 사람들이 다툼을 일으킬 때 그 사이에서 원인과 결과를 따지다가 대신 싸우게 된 적은요? 남편 분이나 주변 분들에게 조목조목 따진다는 얘기 들으신 적은 없으세요?" 하고 여쭈었습니다. 두 분은 깜짝 놀라시며 어떻게 그렇게 잘 아느냐고 반문했습니다. 이처럼 논리수리 영역은 수학 문제를 풀거나 숫자를 계산하는 외에도 어떤 사람의 사고방식이나 문제해결 방식에 큰 영향을 줍니다.

다양한 정보를 접하고 이를 체계적으로 정리하여 추론하는 능력도 논리수리지능입니다. 아이들 중에는 어떤 지시가 내려지면 "왜요?"라는 말을 자주 하는 아이들이 있는데, 논리수리지능이 높은 아이들의 특징입니다. 아이에게 왜냐고 묻는 것을 피하라는 육아 조언을 들은 적이 있는데 이 아이들은 예외라고 하겠습니다.

아이가 자신의 생각을 편안하게 얘기하기 어려운 환경이라면 이 아이들은 종종 행동이 느리다거나 고집이 세다는 오해를 받기도 합니다.

직업적으로는 회계사, 통계학자, 변호사, 검사, 철학자, 과학자, 탐정, 회계사, 변호사, 경영인 등의 일에 경쟁력이 있으며 역사 속의 위인들 중에는 알버트 아인슈타인, 에디슨 등이 있습니다.

책을 읽은 후 어떤 활동을 하면 좋을까요? 이 아이들은 인과관계를 잘 파악하고 추론하는 것을 잘합니다. 언어능력이 함께 발달되었을 경우 토론학습이 아주 좋습니다. 토론 전에 자료를 모으는 과정이나 입론서를 작성하는 과정에서도 논리적으로 접근하기 때문에 무엇이 논제의 핵심인지를 잘 짚어냅니다.

서론, 본론, 결론이 뚜렷한 논리적인 글쓰기를 잘해요. 언어지능이 아무리 높아도 논리수리 지능이 함께 발달하지 않으면 논술을 하는데는 어려움이 있어 꾸준한 연습과 노력이 필요합니다.

과학 분야의 책을 좋아한다면 책을 본 후 실험보고서 쓰기도 좋습니다. 미리 가설을 세워보고 증명해보는 방법도 재미있겠지요? 또한 이 아이들은 책 속에서 원인을 잘 찾습니다. 인과관계를 잘 찾기 때문에 그 원인을 바꾸어 전혀 다른 결과를 얻는 반전동화 쓰기를 할 때 아주 눈을 반짝이더라구요.

　안정형 아이가 논리수리지능이 발달했다면 더 완고하고 고집스러워 보일 수 있어요. 아이러니하게도 이 아이들은 상대가 왜냐고 묻는 것을 아주 싫어합니다. 설명하기 귀찮아서일까요? 꼬치꼬치 캐묻지 마세요. 우리말에 긁어서 부스럼을 만든다는 말이 있지요? 안정형 아이들의 묵비권을 인정해주세요.
　개척적 사고자 아이가 논리수리지능이 발달했다면 이 아이들의 "왜?"는 더 반항적으로 들릴 수도 있습니다. 평상시에는 지시를 잘 따르다가도 어떤 때는 팩하고 투덜거리면서 유난히 "왜?"라고 따진다고 받아들여지기도 하거든요.
　학생 중에 개척적 사고자 기질을 가진 여학생이 있었어요. 사춘기도 빨리 와서 한참 꾸미고 이성에 관심을 가질 때가 되자 아이의 "왜?"는 엄마 가슴에 자주 비수가 되었습니다. 저는 어머니께 아이가 평소에 왜라고 묻거나 따진다고 여겨지는 것들을 적어두었다가 책으로 만들어보시라고 권했어요. 아이의 이름을 넣어서 "딸아, 너는 왜?"라고 이름 붙이고 엄마 입장에서 아이의 이해 안 되는 행동이나 질문에 반대로 "왜?"라고 질문하고 책에 말풍선을 만들어서 아이가 채워 넣도록 말이지요. 예를 들어 "딸아, 그 오빠가 어디가 좋아?", "딸아, 매일 잘 가던 학원을 오늘따라 왜 그렇게 가기 싫어한 거야?", "딸아, 화장하는 게 왜 좋니?" 그냥 웃으시기에 흘려 넘기시나

보다 했는데 얼마 뒤에 아이와 함께 만든 책을 보여주시면서 감사 인사를 하시더라구요. 개척적 사고자 아이가 기분이 나쁜 상태에서 왜, 라고 물을 때는 말싸움이 되기 쉬워요. 아이와의 힘겨루기는 둘 다 지는 싸움입니다. 아이가 편안한 상태일 때 엄마가 쓴 책을 주었다고 해요. 아이는 자신의 행동이나 말에 대한 엄마의 마음이 적힌 질문책을 보고 말풍선에 자기 마음을 적어보면서 서로에 대한 이해가 깊어졌다고 합니다. 거기서 한 발 더 나아가 너를 이해하고 싶은데 방법을 모르겠으니 너와 비슷한 생각을 하는 주인공이 나오는 책을 추천해달라고 하셨다는 이야기를 듣고 정말 무릎을 탁 쳤습니다.

역방향 창의자 아이가 논리수리지능이 높은 경우 《CSI 어린이 과학수사대》 같은 책도 아주 재미있게 봐요. 《엉덩이 탐정》 같은 쉽고 재미있는 책에서 시작해 추리소설까지 어떤 정보를 통해 추론하는 내용이 담긴 책들은 아이들의 호기심을 자극합니다.

두형문의 아이가 논리수리지능이 높다면 스스로 답을 찾게 하는 것이 좋습니다. 하브루타 토론처럼 대화를 통해서 스스로 오류를 찾고 수정하고 답을 찾아가는 방법을 권합니다.

조정형 아이는 자료 수집하고 비교 분석을 잘합니다. 호기심이 많아요. 책을 보고 궁금한 것을 해결하기 위해 자료를 찾아보게 하세요. 비평이나 서평 쓰기, 평론 쓰기도 좋습니다.

아이들은 발달 단계상 '왜'라는 말을 많이 하는 시기가 있지만 논리수리지능이 높은 아이들은 늘 마음에 '왜'를 갖고 있어요. 언젠가 수업에서 아이들과 자신만의 노래를 만든 적이 있는데, 역방향 창의자이면서 논리수리지능이 높은 친구가 쓴 랩을 공유합니다.

"너는 왜 맨날 왜? 엄마가 말씀하시지.
그냥 좀 '예' 하면 안 되냐?
너는 왜 맨날 왜? 선생님이 말씀하시지.
뭐가 그렇게 궁금하냐?
너는 왜 맨날 왜? 애들이 말하지.
묻지 말고 빨랑 해. 너 때문에 맨날 늦게 끝나잖아.
왜? 물어보면 안 되냐? 왜? 왜? 왜?"

아이들 앞에서 신나게 랩을 하던 꼬마 철학자의 모습이 눈앞에 선하네요. 그동안 얼마나 주변에서 원성을 샀을까 생각하니 안쓰러운 마음도 들었어요. 랩이 끝나고 저는 아이의 가슴에 커다란 물음표를 그려주면서 **이것은 너에게 있는 가장 빛나고 좋은 것이니 절대 잊지 말고 잘 지키라**고 해주었습니다.

아이가 기본적으로 그냥 "네" 하지 않고 따진다구요? 뭐 하라고 시키면 대답 없이 가만히 생각하고 있다구요? 내 아이 속에 꼬마 철학자, 과학자의 재능이 숨어 있지 않은지 살펴보세요. 마음껏 발현될 수 있도록 해주세요.

지문유형을 활용한
지체운동지능의 계발과 독후활동

예전에 제가 입시학원에서 강사생활을 하던 때와 지금을 비교해 볼 때 확연하게 달라진 것이 있다면 바로 지체운동지능에 대한 인식인데요. 요즘은 아이들에게 선호하는 직업을 물어보면 축구선수, 야구선수, 피겨스케이팅선수, 댄서 등 몸을 움직이는 직업이 많아요. 김연아, 박지성, 손흥민, 류현진 등 스포츠 선수들은 연예인 못지않은 부와 인기를 누리면서 아이들의 새로운 선망의 대상이 되었습니다. 부모님들의 인식도 많이 바뀌어서 힘들긴 해도 아이가 재능이 있다면 괜찮다는 인식이 많습니다. 이제는 '공부 못하면 예체능이나 하라'는 말은 정말 구시대적인 생각입니다.

지체운동지능은 말 그대로 신체를 움직이는 능력을 말하는데 여기서는 세분해서 대근육에 해당하는 지체율동지능과 소근육에 해당하는 지체조작지능으로 나누어 보겠습니다.

지체운동지능은 운동 능력, 균형 감각, 그리고 여러 가지 신체 부위의 협응 능력, 몸을 통해 예술적인 감각을 표현하는 능력, 연기처럼 무대에서의 예술 능력으로 표현됩니다.

대근육을 쓰는 운동으로는 태권도, 유도, 합기도, 축구 등의 운동이 있고 소근육을 더 많이 쓰는 운동으로는 골프, 농구, 배구 등 공으로 하는 운동이 있습니다. 하지만 이 둘은 따로 떼어서 구분하기가 참 어렵습니다. 무용의 예만 보더라도 몸 전체를 움직여 표현하는 것은 대근육의 영역이지만, 얼굴의 미세한 표정이나 손끝 발끝의 소근육의 영역을 무시할 수 없기 때문이지요.

김연아 선수를 떠올려 보세요. 무대 위의 완벽한 동작도 중요하지만 그 동작을 하는 김연아 선수의 손끝, 표정, 시선 처리 등이 그 동작의 예술성을 극대화시키죠. 축구에서도 대근육이 더 발달한 선수는 수비수에 탁월하고 소근육이 더 발달한 선수는 공격수나 골키퍼에 더 경쟁력이 있어요. 지체운동지능뿐 아니라 공간지능도 함께 높아야 하기 때문에 **각각의 다중지능은 서로 상호보완적이라고 할 수 있습니다.**

아이의 꿈이 의사라면 논리수리지능과 언어지능도 중요하지만 세심한 수술을 하는 외과의사나 치과의사의 경우처럼 소근육의 발달이 필수적인 경우가 있습니다. 여기에 환자의 마음을 이해하고 치료하는 근본적인 것에 가치를 두는 대인관계지능과 환자의 생명을 다룬다는 의사 자신의 중압감과 스트레스를 다루는 자기이해지능은 필수예요.

음악지능이 높아서 악기를 다루고자 할 때에도 대근육이 발달했다면 근육을 많이 쓰는 타악기에, 소근육이 발달했다면 손가락과 손끝을 더 많이 쓰는 악기에 경쟁력이 있습니다.

지체운동지능 중에서도 율동지능이 발달한 아이들은 몸의 움직임이 많습니다. 똑같은 기질을 갖고 있더라도 율동지능이 높은 아이와 그렇지 않은 아이는 전혀 다른 특징을 보여요. 특히 율동지능이 발달한 아이들은 가만히 앉아서 책을 보기가 어렵습니다.

상담을 하다 보면 책을 읽어주는데 아이가 돌아다녀서 화가 난다는 경우가 있어요. 이 아이들은 집중력이 낮아서가 아니라 지체율동지능이 높거나 단장이 있는 경우가 많았어요. 그럴 때는 아이에게 왜 이렇게 집중을 못하고 돌아다니느냐고 말하는 대신 책을 읽는 목소리를 줄여본다든가 가만히 멈추어 보세요. 활발하게 움직이던 아이가 움직임을 줄이거나 멈추고 왜 안 읽느냐고 물어본다면 아이는 자신의 본능에 맞게 열심히 책에 집중하는 중입니다.

아이가 커서 혼자 책을 읽더라도 가만히 정자세로 앉아서 책을 읽는 것보다는 걸으면서 혹은 편안한 자세로 책 읽는 것을 허용하세요. 책을 읽다가 책장을 덮고 춤을 추거나 한다면 더없이 환영할 일입니다. 아이는 몸으로 책을 소화하는 중이니까요.

지체운동지능이 높은 친구들은 책을 읽고 나서도 몸으로 표현하는 것을 좋아합니다. 책을 읽은 느낌을 춤이나 동작으로 표현해보기 혹은 그날 학습한 내용이나 개념을 몸으로 표현해보기 등 몸을 활용하는 모든 활동은 아이가 책을 소화하는 좋은 방법이 됩니다.

나비 책을 보았다면 알처럼 웅크리기 → 애벌레처럼 꼬물거리기 → 번데기처럼 매달려서 가만히 있기 → 번데기에서 나와 날개 말리기 → 나풀나풀 날기를 몸으로 해보는 거예요. 갑자기 제가 신이 나네요!

이 지능은 사실 연령과 성별을 불문하고 인간이 살아 있는 한 계속해서 계발해야 하는 능력입니다. 아이가 어릴수록 몸으로 직접 움직이고 만지고 활동할 수 있도록 해주세요.

내가 아는 것과 아는 대로 사는 것은 참 다릅니다. 책을 읽고 지식을 습득하거나 특별한 느낌이 들었을 때 우리 몸을 사용하는 것은 그것을 오래 기억할 수 있는 좋은 방법입니다. 우리가 느끼는 감정은 우리 몸에 고스란히 기억되는 법이니까요. 몸은 기억합니다. 아주 정직하게.

이 지능이 높은 아이들은 학습을 할 때도 몸을 사용하면 더 잘 기억할 수 있습니다. 말을 할 때도 어떤 동작을 적절하게 섞어서 말하는 것을 좋아합니다. 우리 주변에도 말을 하면서 유난히 팔이나 손, 얼굴 근육을 많이 쓰는 사람이 있죠?

한번은 아이들과 《배짱 좋은 수달》이라는 전래동화를 보고 우리나라 산에 대해 알아보았어요. 제주도에 사는 수달이 우리나라 여러 산을 다니면서 모험을 하는 내용이에요. 아이들과 산 이름과 위치를 기억하기 위해 몸을 이용해보았어요.

머리는 백두산. 와 높다! (두 팔을 높이 들면서)

 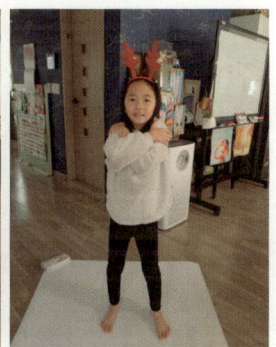

두 팔은 금강산. 아이~ 아름다워. (두 팔로 껴안으며)

허리는 설악산. 흔들흔들~ (엉덩이를 흔들면서)

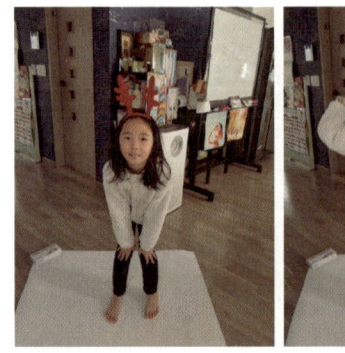 

무릎은 지리산. 반달가슴곰. 으르렁! (무릎을 치면서)

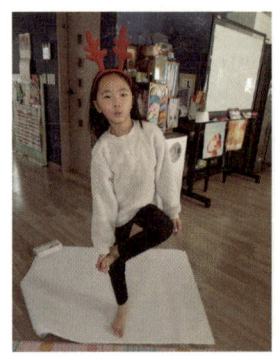 

발바닥은 한라산. 앗, 뜨거워! (발바닥을 차례로 치면서 점프)

음률을 더해 신체를 움직이니 아이들은 신나게 따라 했어요. 자신의 몸 전체가 한반도가 되었습니다.

이 능력은 아이의 여러 가지 지능들과 복합적으로 작용하기 때문에 선택을 해야 할 경우에 좋은 기준이 될 수 있습니다. 축구나 야구를 좋아하더라도 대근육, 소근육의 발달 정도에 따라 아이의 포지션

이 달라질 수 있고 악기를 배우더라도 어떤 악기를 배우는 것이 더 잘 맞을지를 결정할 수 있으니까요.

대체로 공간지능이 높은 아이들이 블록이나 레고 조립 같은 활동을 좋아하는데 소근육의 발달 정도에 따라 완성도가 달라집니다.

지체조작지능은 혀끝에도 해당해요. 아이가 언어지능이 높다 하더라도 지체조작지능의 발달 정도에 따라 말을 시작하는 속도나 시기가 달라질 수 있습니다.

여담으로 우리는 어른이 되면서 참 놀지 못하는 것 같아요. 아이들과 수업을 하다 보면 아이들은 참 움직이고 싶어 하거든요. 그런데 저부터도 나이 들면서 움직이는 게 싫더라구요. 시간이 있으면 좀 쉬고 싶지 움직이고 싶지 않은 것 같아요. 땡볕이든 칼바람이 불든 아이들은 참 잘 놀잖아요. 우리는 언제부터 놀이의 즐거움을 잃어버렸을까요? 아니 잊어버린 걸까요?

아이들과 1년에 한 번씩 체육대회를 하는데요. 부모님들과 다 함께 뛰다 보면 금세 아이처럼 마음이 맑고 순수해지는 것을 느낄 수 있어요. 몸은 거짓말을 하지 않으니까요. 부모님의 어린 시절 골목놀이부터 이어달리기까지 아이들과 뛰어놀다 보면 우리 안에 있던 어린아이 같은 천진함이 나옵니다. 마음으로 다가가는 것도 좋지만 함께 어울려서 부대끼고 몸으로 친해지면 잘 모르던 사람과도 금세 친해지게 돼요. 여러 가지 이유로 몸을 빼다가도 일단 움직이기 시작하면 절로 신이 나거든요. 우리 엄마 아빠의 마음속에도 아직 놀고 싶은 아이가 있다는 거 아세요?

너무 어른스럽게 살고 있지는 않나요? 아이들과 함께 뛰어놀아보세요. 내 안에 놀이를 깨워보세요. 밖으로 못 나간다구요? 휴대폰에서 음악 틀어놓고 아이랑 흔들기!

어때요? 이참에 아이가 좋아하는 노래도 들어보고 이야기꽃을 피워보세요. 춤 이야기가 담긴 책으로, 노래 이야기가 담긴 책으로 확장해볼까요? **무엇이든 자연스럽고 재미있어야 오래 갑니다.**

07

지문유형을 활용한
음악지능의 계발과 독후활동

올해 여름은 유난히 비가 많이 오는 것 같아요. 비가 내리니까 커피도 마시고 싶고 자연스럽게 생각나는 노래가 있어요. 빗소리를 타고 노래가 흐르고 노래를 타고 기억이 흐르고~

음악지능은 우리 뇌에서 청각구에 해당하는 지능으로 그 범위가 광범위해요. 음악은 물론 모든 소리에 반응하는 능력입니다. 이 지능이 높으면 음악을 즐기고 변별하고 작시 작곡을 하는 능력이 뛰어납니다. 음악에 대한 전반적인 이해, 곡의 해석이나 분석, 표현 등에 재능이 있어요. 음의 세계 즉 소리에 굉장히 민감해서 자연에서 들려오는 어떤 소리의 의미나 방향, 감정의 차이를 아는 능력이 뛰어납니다.

보통 사람보다 노래를 빨리 배운다든가, 처음 듣는 곡인데도 그다음 멜로디를 짐작할 수 있다든가, 어떤 사람의 목소리에서 감정을 빨리 알아챈다든가, 음악 감상에서 시작해서 분석까지 다양한 영역에서 이 지능이 관여합니다.

이 지능이 높은 아이들은 어릴 때 깊은 잠을 이루지 못하고 자주 깨는 경향이 있어요. 어린아이의 청각이 성인보다 민감한 부분도 있지만 아이 자체의 청각이 발달해서 같은 소리에도 더 크게 반응하는 것이지요. 청각은 잠잘 때도 쉬지 않는 감각이고 사람이 생을 마감할 때도 가장 마지막까지 살아 있는 감각이라고 합니다.

  청각적으로 민감한 이 아이들은 학습을 할 때 주변의 소리에 쉽게 영향을 받아 집중력이 깨지기도 해요. 아이가 방에서 자기 일을 하고 부모님이 거실에서 작은 소리로 이야기를 주고받는데, 자기 얘기하는 줄 어떻게 알고 방에서 대답을 해서 되려 부모를 놀라게 하기도 하구요. 작은 소리에 깜짝깜짝 놀라기도 해요. 때문에 백색 소음이라든가 평상시에 자주 들어서 학습을 방해하지 않는 가사가 없는 음악을 들으면서 공부하는 것도 방법이 될 수 있습니다. 학습을 할 때도 듣는 학습이 유리해요. 반복적으로 CD를 듣는 것은 힘들이지 않고도 좋은 결과를 낼 수 있어요.

  음악지능과 언어지능이 함께 높으면서 지체조작지능이 계발된다면 아이는 중국어나 영어처럼 리듬과 악센트가 있는 언어에 강점이 있습니다. 또한 잠자리에서 아이에게 책을 읽어준다면 아이가 잠들었다 해도 15분 정도는 더 읽어주는 것이 좋습니다.

  저는 개인적으로 어려서부터 굉장히 소리에 민감하고 특히 음악을 좋아했어요. 악기를 배울 기회는 없었지만 노래하는 것을 좋아하고 그 노래에 맞춰 춤추는 것을 좋아했어요. 키우던 고양이가 죽었을 때는 슬픈 마음을 추모곡으로 만들어 부르기도 했는데요. 제 지문검사 결과지를 받고 나서야 그런 제가 이해가 되었습니다. 음악지능, 지체율동지능, 언어지능이 차례로 높았거든요. 사람은 늘 변하지만 참 변하지 않기도 하는 것 같습니다. 지금도 아프지 않으면 잘 누워 있지 않습니다.

저는 평소 카페나 사람이 많은 곳에 가면 제가 의도하지 않아도 옆 테이블에 앉은 사람들의 대화가 들리고 심지어 핵심 요약까지 돼요. 주변의 작은 소리도 잘 듣고 잠귀도 아주 밝아요. 대화할 때 상대의 목소리에 묻어 있는 뉘앙스에도 제 의도와 상관없이 민감해요. 사람의 얼굴보다는 목소리를 잘 기억하고 목소리를 들으면 그 사람의 성격을 짐작할 수 있다고 하면 지나친 과장이 될까요? 하지만 나름 그런 부분도 생긴 것 같습니다. 지나치게 소음이 많은 곳에서는 쉽게 피곤해져요.

음악지능이 높은 아이들은 책을 읽고 난 느낌을 음악으로 표현해 보는 활동으로 유도하면 좋습니다. 가까이에 피아노나 악기가 있다면 짧은 작곡을 해보는 것도 좋구요.

수업과정 중에 '힘'이라는 주제를 수업하면서 아이들과 음악의 힘에 대해 함께 이야기 나누는 시간이었어요. 아이들이 각자 자신에게 힘이 되는 음악을 소개하고 함께 들어보고 마음을 나누는 시간이었습니다.

음악은 그 존재 자체만으로도 우리에게 참 많은 영향을 줍니다. 식물도 음악을 틀어주면 더 잘 자라고 소도 좋은 음악을 들으면 젖이 더 많이 나온다고 합니다. 아이를 임신하면 좋은 음악으로 태교를 하기도 하지요. 이별하면 거리에서 흘러나오는 노래가 다 내 마음 같기도 하고, 어떤 음악에 영향으로 기분이 우울해지거나 경쾌해지는 경험해 보셨을 거예요. 음악은 잘 활용하면 학습은 물론 작업의 효율을 높이고 정서에도 좋은 영향을 줄 수 있습니다.

음악지능이 높은 아이들과 문학작품을 읽고 나서 그 장면에 어울리는 음악을 선곡해보세요. 미래의 음악감독을 만나 보실 수 있을 겁니다. 또한 이 아이들과 함께 책 속의 인물의 인생에 대해 이야기 나눠보세요. 아리랑 곡선을 그려보고 그 인생 곡선에 해당하는 음악을 선곡하거나 작곡해보세요. 장면에 어울리는 효과음을 만들어볼 수 있게 해주세요.

인상 깊은 일화를 소개할게요. 아이들과 동물에 대해서 알아보는 시간이었어요. 포유류에 대해서 알아보는데 한 아이가 유독 고래에 대해 깊은 관심을 보였어요. 아이는 고래가 인간과 친밀하고 지능이 높으니 고래만의 의사소통 수단이 있지 않겠냐면서 고래의 노랫소리를 찾아보았어요. 함께 들어보았는데 다른 친구들은 무섭다, 신기하다 정도의 반응이었어요. 그런데 이 아이는 고래의 노래를 언어로 해석하더라구요. 그러더니 세이렌으로, 그리스 로마 신화로 발전해 그날 수업을 주도했어요. 이 아이는 음악지능과 자연친화지능이 높았어요.

어쩌면 교육은 무언가 주입하고 가르치는 것이 아니라 아이 안에

고유성, 이미 갖고 있는 것을 꺼낼 수 있도록 하는 것인지도 모르겠습니다.

음악지능이 높은 아이들은 실제 악기를 연주하거나 작사 작곡을 잘할 수도 있고 음악 평론, 악기를 만들거나 조율하는 일, 음향 엔지니어, 음반 프로듀서, 음악치료사 등의 일에 경쟁력이 있습니다.

좋은 말도 음악이라는 것 아세요? 상대를 인정하는 말, 존중하는 말, 사랑하는 말은 가슴에 닿는 순간 상대의 마음을 춤추게 하는 아름다운 음악이 된답니다.

08
지문유형을 활용한
언어지능의 계발과 독후활동

인간이 동물과 다른 점 중에서 하나를 꼽으라면 언어가 아닐까요? 다중지능의 각 영역은 모두 중요하고 동등하지만 언어지능은 다른 모든 지능을 표현하고 전달한다는 점에서 조금 더 특별하다고 할 수 있습니다. 언어는 모든 학습의 도구이자 방법이기도 하니까요.

언어지능은 언어에 대한 이해력, 이해한 것을 바탕으로 언어를 통해 상대를 설득하는 능력, 언어의 민감성, 학습한 것을 기억하거나 다시 설명하기 위해 언어를 사용하는 능력, 말을 잘하고 잘 듣는 능력, 대화하는 상대방의 말을 잘 이해하고 핵심을 파악해서 상황에 맞는 어휘를 구사하는 능력, 자신의 감정을 말이나 글로 잘 표현하는 능력, 목적에 맞게 글을 쓰고 의미 있는 언어를 통해 어떤 상황을 이해하고 표현하는 능력 등을 말합니다.

언어지능이 뛰어난 아이들 중에 말을 잘하는 달변가들이 많은 것은 맞지만 모두 그런 것은 아닙니다. 아이의 기질이 내향적인 경우 오히려 말수가 적을 수도 있어요.

언어지능이 높은 아이들은 외국어에도 경쟁력이 있습니다. 무리한 조기 교육이 아니라 적절한 자극을 통해 언어적으로 민감한 3~5세 사이에 외국어를 자연스럽게 접하는 것이 좋습니다.

언어지능이 높은 아이들은 같은 책을 읽어도 단어의 의미를 잘 파악하고 문맥을 자연스럽게 이해하는 능력이 탁월합니다. 말하는 것을 좋아하는 기질이라면 토론처럼 자신의 의견을 언어로 표현하는 활동을 좋아해요.

글을 쓰는 것은 조금 더 복잡성이 있습니다. 언어지능이 높은 아이라도 자신의 기질이 감성주의자라면 형식에 얽매이지 않고 자유롭게 표현하는 글을 쓰는 것을 좋아하고, 엄격한 실행자 같은 경우는 자기를 표현하는 것을 어려워하기 때문에 글을 쓸 때도 자기감정의 표현을 최대한 자제하는 것을 볼 수 있어요.

우리 아이는 책을 정말 많이 보았는데 글 쓰는 것을 정말 싫어한다는 걱정을 하시는 경우는 대체로 이 경우입니다. 그렇다 하더라도 글을 쓰는 것을 피할 수는 없기 때문에 아이가 부담 없이 조금씩 써볼 수 있도록 하는 것이 좋습니다.

교육과정이 바뀌어 가면서 이제 글쓰기는 선택사항이 아니라 필수가 되었어요. 자신의 언어로 표현하는 것이 어렵다면 사자성어나 속담 등을 인용해서 객관적이고 담백한 글쓰기부터 하는 것이 좋습니다. 아이들의 일기를 검사한다든가 글에 첨삭을 하는 것은 필요한 경우에라도 신중할 필요가 있습니다.

책을 본 후에 아이들과 십자말풀이 만들어보기, 상황에 맞는 새로운 속담이나 격언 만들어보기, 핵심어를 중심으로 줄거리를 요약해보기 등의 활동을 해볼 수도 있습니다.

보드게임을 활용하는 방법도 있는데요. 보드게임 중에서 딕싯이라는 게임이 있어요. 차례에 해당하는 사람이 내고 싶은 카드를 보고 떠오르는 단어나 문장을 이야기하면 나머지 사람들이 자기 카드에서 그 단어나 문장에 가장 일치하는 카드를 내는 게임인데요. 어린 아이들과도 부담 없이 활용해볼 수 있고 이 게임이 익숙해진다면 반대로 단어를 듣고 연상되는 그림카드를 직접 만들어보는 것도 좋습니다. 이 게임은 직관력을 기르기에도 좋고, 시각을 활용하기 때문에 시각구와 청각구를 함께 자극합니다.

여기서 잠깐 아이들의 기질과 언어능력을 연관 지어 볼까요?

호형문의 아이가 언어지능이 높을 경우 아이는 생각보다 말이 없을 수도 있습니다. 호형문의 아이들이 가장 많이 하는 말이 "귀찮아~"라고 말씀드렸지요? 하지만 상대의 말이나 뉘앙스에는 굉장히 민감하게 반응합니다. 배우자가 호형문인데 언어지능이 높다면 "왜?"라는 말을 삼가세요.

정기문의 아이가 언어지능이 높다면 어떨까요? 한 그룹 안에 정기문인데 언어지능이 높은 아이 둘만 있어도 거의 만담 수준의 대화가 오고 갈 때가 많아요. 이 아이가 논리수리지능까지 높다면 얄미운 농담을 아주 잘할 수도 있습니다.

이것을 듣고 있는 나선형문 아이는 가만히 있다가 한마디 하겠죠? 속으로 하든 겉으로 하든 "시끄러워"라구요. 하지만 아마 속으로는 자기도 웃고 있을 확률이 높아요. 그 농담이 자신을 향한 것만 아니라면요.

 같은 교육적 투자를 해도 아이들마다 그릇의 크기와 모양이 다르다 보니 부모는 본의 아니게 비교하고 애를 태우게 됩니다. 언어지능이 높아서 영어 교육을 시켰어도 우리 아이가 정기문이라면 입력되는 대로 출력하겠지만, 나선형문이라면 그릇이 구멍이 났나 싶도록 들어간 것이 표현되지 않을 수도 있어요. 하지만 크기와 모양이 달라도 일정 기간이 지나면 넘치는 법입니다. **비교하거나 지치지 마시고 지금 눈앞의 아이를 관찰해보세요.**

 언어지능이 높은 아이들은 작가, 교사, 변호사, 기자, 방송인, 상담사, 연설가, 언론인, 번역가, 정치가 등의 직업에 경쟁력이 있으며 위인으로는 링컨 대통령, 스티브 잡스, 오바마 대통령, 문재인 대통령, 유시민 등이 있습니다.

지문유형을 활용한
자연친화지능 계발과 독후활동

이 지능은 자연친화능력 혹은 자연탐구지능이라고 명칭하기도 합니다. 자연친화지능이 높은 사람은 기본적으로 동물이나 식물과 같은 자연적인 요소를 좋아하고 기르는 것을 좋아합니다. 그냥 단순히 기르는 것이 아니라 마음으로 다가가 교감하고 대화하는 것을 좋아해요.

동식물뿐 아니라 환경이나 날씨 등의 자연 현상에도 관심이 많습니다. 곤충, 동물, 식물을 잘 구별하고 잘 기르는 능력, 환경과 생명에 대한 특별한 관심과 애정, 민감성, 시각을 이용해서 사물을 분류하고 지각하는 능력 등이 해당됩니다.

아이들과 수업을 하다 보면 이 지능이 높은 아이들은 날씨나 환경에 민감하고 영향을 많이 받아요. 환경에 관한 수업이나 동식물의 위기에 대한 수업을 할 때 특히 두각을 나타냅니다. 또한 어떤 정보를 습득할 때 주로 시각적인 정보를 이용하기 때문에 어떤 것이 잘 이해되지 않을 때는 "선생님, 보여주세요"라는 이야기를 합니다. 시각적인 정보를 이용해서 학습하는 것이 효율적이에요.

직업적으로는 식물학자, 동물학자, 유전공학자, 생태학자, 환경연구가, 지질학자, 과학자, 플로리스트, 원예사, 사육사, 조련사, 수의사, 해양학자, 요리사, 천문학자, 산악인, 조류학자, 기상캐스터, 고고학자 등에 경쟁력이 있습니다. 역사 속의 위인 중에는 허준, 다윈, 제인 구달, 파브르, 윤무부, 김순권 등이 있습니다.

자연친화지능이 발달한 아이들은 앞서 설명한 것처럼 동물이나 식물 환경에 대한 책을 좋아합니다. 그것들을 재료로 하는 요리라든가 원예, 동물 사육 등에 관한 책도 좋아합니다.

우선 아이들의 관심사를 찾아 책을 보았다면 그에 맞는 활동으로 이끌어줄 수 있습니다. 예를 들어 곤충에 관한 책을 보았다면 아이와 함께 곤충을 실제 관찰해보면 좋습니다. 관찰일기를 써본다든가 사진을 찍어 시각적인 자료를 활용해 아이만의 도감을 만들어보는 것도 좋겠지요. 식물을 기르면서 관찰하는 것도 같은 방법으로 하면 됩니다.

시각구가 발달한 이 아이들에게는 마인드맵을 활용한 정리나 학습이 효과적입니다. 마인드맵은 주로 핵심 단어를 위주로 정리하지만 이미지를 활용한 맵으로 활용해도 좋습니다.

학생 중에서 자연친화지능이 높고 유난히 요리책을 좋아하는 학생이 있었어요. 아이의 기질은 역방향 창의자였습니다. 남학생이었는데 부모님은 아이가 요리책만 본다고 걱정하셨어요. 저는 아이의 지능을 살려보고 싶은 생각으로 음식에 관한 책을 보거나 수업한 후에는 요리를 할 수 있도록 했어요.

김치에 대한 책을 보았다면 아이와 김치를 준비해서 김치의 기원부터 만드는 방법, 보관하는 용기, 발효과학, 김치에 대한 다양한 요리로 확장하면서 수업을 전개했어요. 아이는 굉장히 집중하고 즐거워하면서 수업에 참여했어요. 지금도 그 아이가 김치 줄기 하나하나를 집어 보면서 자세히 관찰하고 맛보고 했던 모습을 잊을 수가 없습니다.

대부분 부모님들은 아이가 앉아서 하는 공부 외에는 쓸데없는 것을 한다는 인식이 강한데 그렇지 않습니다. 아이가 가장 좋아하고 잘할 수 있는 것에서부터 출발해서 경험이 깊어진다면 몰입과 집중력을 기를 수 있어요.

출발은 김치에 대한 아이의 관심이었어요. 거기서 출발해 김치의 재료가 되는 식물들에 대해 알아보고, 각 재료들의 영양소, 재배하는 방법, 몸에 미치는 영향, 언제부터 어떻게 재배되었는지에 대한 역사로 주제를 확장해갔어요. 이것을 잘 보관하는 용기들을 살펴보면서 옹기의 우수성에서 김치냉장고로의 진화까지 범위를 더욱 확장해갔습니다. 김치를 이용한 다양한 요리를 직접 하고 맛보면서 자신의 신체를 협응시키고 조율해보고, 원하는 요리가 나올 때까지 반복하면서 과제 집중력을 길렀습니다.

요리하는 과정이나 학습과정을 시각적으로 기록하고 표현하고 발표하면서, 어떻게 하면 결과물을 보다 시각적으로 잘 표현하고 기록할 수 있는지를 고민했어요. 다른 나라의 요리들과 비교 분석해보기도 하고 퓨전요리를 개발해보기도 했습니다.

타인과 경쟁하지 않고 시행착오를 통해 자신에게 몰입하면서 나날이 발전해갔습니다. 또한 김치를 이용한 새로운 요리들을 개발하면서 창의성을 유감없이 발휘했어요. 김치가 세계적으로 경쟁력을 갖는 요리가 되기 위한 방법을 고민하면서 자연스럽게 경제용어들과 마케팅 광고까지 관심사를 넓혀갔습니다. 넓고도 깊게 문학과 비문학을 오가면서요. 저는 크게 울타리를 치고 아이가 마음껏 성장하는 모습을 보는 행운을 누리며 도우미를 자처했어요.

지금도 선목원에서는 여름방학이나 겨울방학을 이용해서 집중 마인드맵 하는 기간을 갖습니다. 그때만큼은 자기가 선택한 주제를 중심으로 마음껏 한 달에서 두 달 동안 몰입하고 확장하는 즐거움을 누리는데요. 다중지능 전 영역을 발달시킬 수 있는 기회가 됩니다. **진정한 발달과 의미 있는 학습은 내적 동기, 자유로운 시간과 안전한 공간, 자발적인 선택에 의한 경험을 통해 이루어집니다.**

물고기를 좋아하고 지도 보는 것을 좋아하는 학생이 있었습니다. 이 아이는 1년에 걸쳐서 세계지도를 퍼즐로 만들어 완성해보기도 하고 세계 각국의 지도들을 비교 분석하는 것을 즐겼어요. 이 학생은 3학년 무렵 부모님과 안식년을 맞아 하와이와 동남아시아 등을 오랫동안 여행하면서 더욱 자연과 가까워질 기회를 가졌는데요. 하와이에서 하루 종일 자기가 좋아하는 물고기를 볼 수 있었다면서 당시 '모아나'라는 애니메이션에서 보았던 것과 하와이의 자연환경이 너무 똑같았다고 이야기해주었어요.

안식년을 마치고 돌아와 내년이면 중학생이 되는 이 아이는 마음이 여리고 환경에 관심이 많습니다. 동식물의 마음을 직관적으로 아는 능력이 있습니다. 저는 지금도 잘 모르는 것이 있으면 이 아이에게 물어보는데요. 얼마나 정확하게 알고 있는지 늘 감탄사가 절로 나옵니다.

아이가 공부 말고 다른 것에 관심을 갖는 것 같아서 걱정되세요? 사람보다는 동물이나 식물에 관심을 갖는 것 같아 못마땅하세요?
　아이의 눈길이 머무는 곳에 아이의 마음이 있습니다. 아이의 마음이 가는 곳에 아이의 무한한 가능성이 있습니다. 행복한 무한계 아이로 자랄 수 있도록 아이가 바라보는 곳을 함께 바라봐주세요.

코칭 에세이

오늘도 아이를 혼냈어요

오늘도 아이를 혼냈어요. 도대체 나는 왜 이럴까요? 내가 너무 한심하고 미워요.

사랑하는 아이를 혼내고 나서 허탈감에 빠질 때가 있습니다. 아이에게 괴물처럼 소리를 지르고 거칠어져 있다가 일상적인 일을 처리하며 타인과의 관계에서 웃어야 할 때, 아무 일 없는 척해야 할 때, 나 자신이 이중인격자 같고 자책감이 몰려올 때, 아이 키우는 일이 너무 버겁고 이러다 아이를 망칠까 봐 두려워 누군가 잘 키워준다 하면 아이를 그 누군가에게 맡기고 싶을 만큼 불안할 때.

그럴 때 가만히 눈을 감고 호흡에 집중해보세요. 단편적으로 지금만 보지 말고 점점 시야를 넓혀보세요. 부분적으로 보지 말고 점점 시야를 넓혀 전체적으로 보세요.

지금 힘든 순간만 보면 모든 것이 괴롭지만 전체적으로 보면 아이와 함께 살아가는 날들의 하루일 뿐입니다.

강물이 굽이치듯 아이와 대치하는 날도 있고 모래톱을 만나 마냥 고여서 다시 흐르지 못할 것 같은 날도 있지만, 전체적으로 보면 굽이치고 막히고 돌아가면서 강물은 쉼 없이 흐릅니다.

거창한 목표도 내려놓고 어제의 내 모습에 후회도 하지 말고, 그냥 오늘을 살아가세요. 순간은 힘들어도 거기에 집착하지만 않으면 됩니다. 목표를 세우되 거기에 집착해서 눈앞의 오늘을 희생하지 마세요.

강물이 애쓰며 흐르지 않듯이 애씀을 내려놓고 힘 빼고 깔깔거리며 아이와 주어진 하루하루를 살아가세요. 삶은 찰나 찰나의 지금의 연속, 순간의 합입니다.

4장

지문유형을 활용한 선목원의 행복한 영재 만들기

− 연령별 독서지도 −

"읽기 능력을 향상시키는 유일한 방법은 독서뿐이다.
조용한 방, 책 읽는 아이들,
그리고 문학과 독서에 대한 해박한 지식을 갖추고
아이들을 독서인이자 한 사람으로서 속속들이 알고 있는 선생님.
이 세 가지야말로 아이들에게 독서의 중요성을 이해시키는 가장 이해되는 상황이다."
− 낸시 앳웰, 《하루 30분 혼자 읽기의 힘》 −

01

독서의 중요성

1) 선생님 독서가 중요해졌대요!

"선생님, 독서가 중요하다는데 논술학원 언제 보내야 할까요? 입시제도 바뀌어서 난리잖아요."

해마다 신입생 상담을 하거나 지문적성검사 상담을 할 때 가장 많이 듣는 첫마디예요. 제 반응이 시원치 않으면 한마디 덧붙이기도 하십니다.

"선생님, 기사 안 보셨어요?"

그럴 리가요! 저는 직업상 입시제도에 관심이 많습니다. 특히 독서나 논술 분야의 기사는 더욱요. 하지만 솔직히 말씀드리자면 그런 변화가 제게는 별로 중요하게 느껴지지 않습니다.

독서는 유행이 아닙니다. 문명화된 사회에 사는 이상 독서는 항상 중요합니다. 시대 따라 변하고 입시제도 따라 변하고 어느 때는 중요하고 어느 때는 중요하지 않은 그런 부분이 아니에요. 변하는 것은 진리가 아닙니다.

2) 공부 잘하는 독서
- 책 많이 읽으면 공부 잘하나요?

입시학원과 초중등 종합학원에서 10여 년간 아이들을 가르치면서 초등학교 성적이 중고등학생 때까지 이어지는 것이 아니라는 것을 알았습니다. 도무지 그 차이를 메꾸기 어렵겠다 싶을 만치 초등학교 때는 영재 소리를 들으며 두각을 나타냈던 아이들이 중고등학생이 되어서 성적이 하락하는 경우도 있었고, 반대로 초등학생 때는 특별한 두각을 나타내지 않던 아이들이 학년이 높아질수록 서서히 특별해지기도 했습니다.

무엇 때문에 이런 차이가 생겼을까요? 어릴 때부터 공부를 좋아하는 재능과 소질을 겸비한 아이들은 제외하고 평범한 아이들을 살펴보면, 고학년이 될수록 공부를 잘하는 학생들은 대체로 공부에 대한 부담이 덜했습니다. 어린 시절에는 뛰어놀 시간이 충분했습니다. 마치 놀이라는 종목에 몰입했던 힘을 공부라는 종목으로 바꾼 것처럼 말입니다.

하지만 열심히 놀았다고 해서 나중에 마음만 먹으면 다 공부를 잘할 수 있는 것은 아니었어요. 노는 데만 기가 막히게 재능이 있는 아이들도 있었어요. **놀면서 체득한 몰입이 학습이라는 종목에서도 효과를 보기 위해서는 반드시 읽기 능력이라는 바탕이 있어야 한다는 것도 발견할 수 있었습니다.**

이 아이들은 모두 노는 틈틈이 책도 보고, 하고 싶은 활동에 몰두

할 수 있는 시간이 충분했습니다. 특별히 공부는 안 해도 학교 공부는 중간 이상쯤 되었어요. 나중에야 알았지만 특별히 학교 공부를 하지 않아도 책 읽기에서 키워진 읽기 능력 덕분에 중간 이상은 했던 것입니다.

학습을 위한 책 읽기. 즉 답이 되는 책 읽기가 아니라 재미있는 책을 스스로 선택해서 읽는 과정 자체가 이후 학년이 높아질수록 아이의 공부에 힘이 되었습니다.

요즘은 독서교육이 중요하다고 하니 공부에 대한 대안으로 독서가 답이라는 주장이 있습니다.

효과 있다는 독서교육이 넘쳐나고 학부모교육이나 교사교육을 가도 참여하신 분들이 가장 많이 관심을 갖는 것은, 어떻게 하면 독서를 통해서 학교 공부나 숙제에 도움을 받고 공부를 잘할 수 있는지 학습적인 것에 목표를 둔 독서입니다.

하지만 긴 시간 아이들을 지켜보면서 알게 된 것은 이런 목표를 둔 독서는 오래 가지 못한다는 것입니다. 억지로 읽힐 수야 있겠지만 책 읽기가 또 다른 숙제와 공부가 되어버리면 독서의 가장 중요한 본질인 자발적 동기와 재미라는 요소가 결여되어버려요. 이런 책 읽기는 아이들을 지속적인 독자로 키워내지 못합니다. 영어나 수학 숙제처럼 책도 숙제가 되어버리는 것이죠. 작가가 의도한 감정까지 정답에 제시된 대로 느껴야 하는 아주 이상한 숙제요.

책을 읽으면 아는 것이 많아지고 배경지식이 풍부해지는 것은 좋은 일이지만 이것이 과연 아이의 행복과 어떤 관련이 있을지 생각해 볼 일입니다. 아는 것이 아무리 많아도 이것을 잘 엮어 쓰지 못하면 무용지물이에요. 재료가 아무리 많아도 요리할 줄을 모르면 소용없고 구슬이 서 말이라도 꿰어야 보배라는 속담과 같습니다.

아이가 자발적으로 재미를 느끼면서도 학교 성적에도 도움이 되고 행복과 직결되는 그런 책 읽기를 하기 위해서는 어떻게 해야 할까요? '심심한데 책이나 볼까' 하는 널널한 시간. 보다가 재미없으면 덮을 수 있는 자유. 책 속에서 느낀 것을 공유할 수 있는 친구. 다음 책의 선택을 상의하고 조언을 구할 수 있는 열린 선생님. 책을 읽으면서 그 책 속의 시대를 이해하고 인물을 만나고, 대화하고, 비판하고, 질문하고 내가 그가 되어서 질문에 답해보는 과정. 글쓰기나 독후활동을 강요받지 않고 마음에 간직하는 것이 허용되는 자유로운 읽기. 책 읽기가 책에서 끝나는 것이 아니라 내 삶에 변화를 줄 수 있도록 좋은 질문을 던지는 교사. 그 질문을 가슴으로 풀어보는 학생. 서로의 가슴과 가슴이 되어 폭을 넓혀줄 친구들. 그 가슴과 가슴이 만나는 따뜻한 공간. 그 과정과 과정에서 생긴 통찰력이야말로 아이들의 삶에 대한 태도와 행복에 직결된 독서의 가장 값진 열매가 아닐까요?

> "다기망양 – 학문을 배우는 데 있어서
> 그 목적을 망각하고 작은 것에 빠져
> 얻고자 하는 것을 얻을 수 없다."

3) 다시 묻는, 왜 여전히 독서일까?

"우리가 책을 보는 것이 왜 이렇게 중요한가? 왜 여전히 독서일까? 왜 아직도 독서지? 언제까지 독서야?"

이 질문에 자신만의 대답을 할 수 있어야 합니다. 책을 좋아하는 아이들에게 물으면 주저 없이 대답합니다.

"그냥요. 재미있어요."

재미있다는 한마디에는 여러 가지 의미가 함축되어 있어요. 인간은 누구나 자신이 태어난 시간과 공간의 영향을 받으면서 자기 삶의 이야기를 만들어 갑니다. 삶에서 반복되는 인간의 정서, 심리, 본성, 욕망, 선택과 결과를 우리는 책이라는 안전한 도구를 통해서 배울 수 있어요.

사는 동안 모든 것을 다 경험할 수 있다면, 그때그때 다 느끼고 성숙할 수 있다면 또 내가 주변의 상황과 무관하게 좀 천천히 사유하고 선택하는 삶을 살 수 있다면 독서는 이렇게까지 강조되지 않아도 될 거예요. 그러나 당장 우리 아이들의 삶을 보세요. 독서의 효과를 알고 있다 해도 꾸준히 실천하기는 어렵습니다. 공부만 하느라 좋아하는 일을 할 시간도 없고 초등 고학년이 되면 아이들은 살아남기 위해 공부하느라 떠밀리듯 사는 삶을 살기 시작합니다. 그나마 아이가 좋아하는 책을 선택할 자유는 초등학교 저학년 때까지가 전부예요. 마흔셋이 된 지금까지 제 눈앞에 초등학생들보다 바쁘게 살아본 적이 없어요. 이 어린 아이들의 등에 멘 가방만큼의 문제집을 풀어본 적이 없습니다.

4) 책이 내게 준 선물

어린 시절 책을 통해서 무수히 많은 사람들을 만났어요. 밖으로 나갈 수 없는 날은 친절하게 나를 찾아와주는 친구로, 마음이 아플 때는 나와 같은 아픔을 겪고도 아름다운 사람으로 성장해서 '너도 괜찮다'고 말해주는 스승으로, 바쁜 부모님의 자리를 채워주는 사랑으로. 시공간을 초월해 많은 사람들과 웃고 울었습니다. 그러고 나면 마음이 한 뼘씩 자라나곤 했어요.

5) 사랑하는 아이에게 줄 수 있는 것
　- 독서의 중요성

우리는 살면서 과연 몇 명의 사람들을 만나고 의미 있는 관계를 맺을까요? 얼마나 많은 나라를 여행할 수 있을까요? 과거는 어떻습니까? 갈 수 있나요? 그 사람들은요? 만날 수 있나요? 미래는 어떻습니까?

내가 엄마로서 아이에게 줄 수 있는 가장 큰 선물은 뭘까? 곰곰이 생각해봅니다. 물론 **조건 없는 사랑**이 첫 번째이구요. 그것이 기반이 되지 않으면 아이들은 한 발자국도 앞으로 나아갈 수 없기 때문이에요.

아이가 조금 성장하면 부모는 그 존재만으로도 아이에게 든든한 기반이 됩니다. 하지만 우리는 24시간 아이들과 함께할 수 없고 언젠가는 아이들 곁을 떠나게 될 거예요. 부모가 곁에 없을 때 혹은 곁에 있더라도 자기만의 인생을 만들어 가느라 혼자 고군분투하고 있을 때, 책은 가만히 말을 걸어줍니다. 가만히 옆에 있어 주는 거죠.

또 하나 아주 중요한 것은 치유의 관점에서의 독서입니다. 책은 의도하지 않은 방식으로 아무 거부감 없이 우리의 상처받은 내면의 아이를 건드려요. 24년 동안 아이들의 곁에서 관찰해보니 아이들은 참 기가 막히게도 자기에게 필요한 책을 찾아내요.

책장에 꽂힌 그 수많은 책 중에서 무의식에 가라앉아 언제든 조건만 맞으면 의식으로 떠오르게 될 수많은 감정들을 마주할 그 책을 정확하게 찾습니다. 저는 그것을 심리학자 융의 말을 빌어 책을 고르는 데도 동시성의 원리가 작용한다고 말씀드리곤 합니다.

세상에 완벽한 부모는 없습니다. 아무리 노력해도 가족은 서로 상처를 주고받으면서 함께 성장합니다. 책 속에서 우리는 해결되지 않은 채 무의식에 가라앉은 감정들을 끊임없이 만나고 자극받게 됩니다. 다시 경험하고 의식 차원에서 흘려보낼 기회를 얻게 되는 것이죠.

이번에는 아이들이 연령별로 어떤 목표를 가지고 독서를 하면 좋을지에 대해 알아볼게요. 지문을 통해서 아이의 특별함을 찾았다면 독서라는 큰 틀에서 어떻게 적용해야 할지에 대한 내용입니다.

시중에는 독서지도와 읽기 능력에 관한 내용이 넘쳐나고 좋다는 방법이 많습니다. 책 읽기를 그렇게 어렵고 특별하게 배워야 하는 것일까요? 아이가 어렸을 때부터 자연스럽게 아이를 중심에 둔 독서를 하다 보면 자연스럽게 얻을 수 있는 것을 우리는 왜 이렇게 어렵게 돌아가야 하는 걸까요?

행복은 언제 오는 것이기에 지금 눈앞에 참고 견디며 해야 할 공부가 이렇게도 많은 걸까요? 그렇게 꽃 같은 시간을 공부에 투자하고 인내했는데, 서울대에 들어가고 대기업에 취업하고 돈을 많이 벌어도 왜 행복하지 않은 걸까요? 비 오는 날 배 깔고 깔깔대며 아이와 책을 보면서 지금 당장 행복할 수는 없을까요? 그러다 배고프면 라면 하나 끓여 먹고 아까 본 책 이야기를 하면서 등장인물들을 흉보면 그건 너무 사소해서 행복이라고 할 수도 없는 걸까요?

지금 행복해야 합니다. 바로 지금, 환상 속의 내 아이가 아니라 내 눈앞의 아이와, 오지 않은 언젠가가 아니라 바로 지금. 이상적인 부모가 아니라 지금의 내가.

6) 독서보다 중요한 아이의 발달 단계

이제 사랑하는 아이와 길고도 행복한 책 육아의 여행을 시작해보겠습니다. 0~3세, 4~5세, 6~7세, 초등 저학년, 초등 중학년, 초등 고학년으로 나누어서 연령별로 이야기해보도록 할게요. 이 시기 아이들의 독서지도에 대해 이야기하기 전에 미리 꼭 말씀드리고 싶은 것이 있어요. 먼저 **어떤 교육도 우리 아이들의 발달 단계를 거스르지 않아야 합니다.**

아이들은 연령대별로 성취해야 할 정서적 사회적 발달의 목표들이 있어요. 양육자와 애착이 형성되어야 하는 시기에는 책 읽기도 그 안에서 이루어져야 해요. 아이들의 책 읽기는 정서와 굉장히 밀접하게 연결되어 있거든요.

다음으로 **책 읽기는 내 아이로부터 시작**해야 한다는 것인데요. 전문가나 아이를 이미 키워본 옆집 언니, 혹은 맘카페 엄마들의 의견을 도움 삼을 수는 있겠지만 우선 눈을 내 아이에게로 돌려서 아이의 관심사와 정서 상태를 파악하는 것이 우선입니다. 지문 유형을 바탕으로 기질별 독서를 말씀드린 것도 같은 이유에서입니다.

마지막으로 책을 좋아하는 아이로 키우는 데 엄마의 노력이 필요한 것은 사실이지만 **교육은 자연스러운 것이 좋습니다.** 너무 애쓰지 마세요. 즐기면서 쉬엄쉬엄~ 그래야 오래 할 수 있어요.

지금 이 책을 읽고 계시는 부모님들은 엄마, 아빠 하면 어떤 것이 떠오르세요? 저는 제 아이늘이 엄마, 아빠 하면 따뜻함, 다정함, 편안함, 사랑 등이 떠올랐으면 좋겠어요. **엄마, 아빠는 선생님이 아닙니다.** 잘 알고 있지만 참 잘 안 되는 부분인 것 같아요.

0~3세

- 책보다는 행복한 엄마 얼굴 -

 이 시기의 아이들은 절대적으로 부모에게 의존적인 존재예요. 주양육자와 애착을 형성하는 시기이기도 하지요. 이 시기의 아이를 키우는 엄마는 정말 피곤합니다. 저는 이 시기의 부모님들을 상담할 때 아이와 생활리듬을 함께하라고 말씀드립니다. 아이가 잘 때 청소하거나 육아책 보지 말고 함께 휴식을 취하세요.
 밤이 되면 뚝 떨어져서 아침까지 자는 천사 같은 아이도 있다고 책에 써 있지만, 우선 저부터 그런 아이를 키워보지 못했어요. 36개월까지가 중요하다고 책 영업하시는 분이 현혹해도, 교육 전문가가 이 시기 영재성의 발현이 엄마 손에 달렸다고 말해도 우선 쉬세요. 우선 엄마가 육체적으로 편안해야 합니다. **이 시기의 책 읽기는 엄마와의 안정적인 관계를 위한 놀잇감이라는 원칙에서 벗어나면 안 됩니다.**
 0에서 3세까지로 묶어놓았지만 사실 이때의 아이들은 참 많이 변화해요. 가만히 누워서 흑백 구분 정도 하던 아이가 뛰어다니게 되고 자기 의사 표현을 하게 되는 정말 놀라운 변화와 발전의 시기니까요.
 이때는 책이 놀잇감입니다. 아이의 입에 넣어도 안전한 책이 좋겠지요. 대부분 이 시기에 보는 책들은 모서리가 둥글거나 천으로 된 것들이 많습니다. 사운드 북처럼 눌러서 소리가 나는 책도 아이의 호기심을 자극하기에 좋아요. 자세를 바로 해서 책을 읽어준다는 생각을 내려놓고 그냥 가지고 노는 놀잇감이라고 부담 없이 생각하세요.

저는 이 시기에 책 영업하시는 분께 홀딱 넘어가서 아이의 육아에 필요한 에너지의 90%를 36개월까지에 쏟겠다, 라고 결심하고 정말 열심히 했었습니다. 물론 아이와의 애착이 형성되는 시기니 100%를 쏟아도 넘치지 않는 시기이지만 육체적으로 너무 피곤했어요.

저희 큰아이는 유난히 잠을 잘 안 자는 아이였어요. 낮잠은 고사하고 밤에도 2시간 연속해서 잠을 잔 기억이 없습니다. 아이가 잠깐이라도 잘 때는 아이가 일어나면 보여줄 책들을 고르고, 아이가 기어다니면서 먼지를 주워 먹을까 봐 손걸레질을 하느라 아이가 일어나면 더 피곤해져 있었어요. 그때는 왜 몰랐을까요? **아이가 일어나서 만나고 싶은 것은 잘 만들어진 훌륭한 책이 아니라 방긋 웃는 엄마의 행복한 얼굴과 목소리였다는 것을요.**

하루가 다르게 커가는 아이를 보면서 이 시기를 만끽하세요. 아이와 함께 잘 먹고 잘 자고, 아이와 눈 맞추고 이야기할 거리가 없으면 같이 책을 보는 거예요. 등에 업고 재울 때 책 내용을 자장가 삼아 불러주세요. 쌓아놓은 책을 무너뜨리면서 깔깔대는 아이를 보면서 함께 박수치고, 책 속의 우는 아이를 보고 따라 우는 아이를 보면서 그 천진함에 감동하고 책 속의 동물 친구들처럼 함께 달리고 뒹굴면서 그렇게 하루하루 편안하고 자연스럽게 보내는 것이 몇백만 원 하는 교육 프로그램과 책보다 확실한 행복 보증수표라고 장담합니다.

이 시기는 인생에서 가장 중요한 시기예요. 컴퓨터로 치자면 기본 프로그램이 깔리는 때입니다. **어떤 교육도 양육자와의 안정적인 애착보다 우선되어서는 안 된다는 것 기억하세요.**

언젠가 거리를 지나가다 아직 기저귀를 찬 아기와 엄마를 보았어요. 도로에 지나가는 차를 보면서 아이가 "음마, 빠빠앙" 하니까 엄마가 "엄마, 자동차예요. 빠방해요" 하고 아이의 말을 그대로 받아 다시 해주면서 세상에 없는 천사를 바라보는 눈길로 아이를 바라보는 거예요. 아이의 손에는 아이 손바닥만 한 크기의 자동차 책이 쥐어져 있었습니다. 그 모습이 그대로 제게 아름다운 그림책 한 페이지가 되었습니다. 더 무엇이 필요할까요?

이 시기의 아이들에게는 마음껏 물고 빨아도 안전한 책, 오감을 자극할 수 있는 책, 헝겊 책이나 사운드 북, 분위기가 따뜻하고 아름다운 책, 책 속의 주인공들의 표정이 살아 있는 책. 간단한 어휘들이 반복되어 운율감이 느껴지는 책들을 추천합니다. 추천 목록은 부록을 참고하셔요.

"책은 재미있고 맛있는 놀잇감이다. 엄마, 아빠의 따뜻한 품에 안겨 듣는 노래다."
삶의 초기에 독서에 대한 이러한 긍정적이고 따뜻한 경험은 이후 아이의 독서에 지속적이고 큰 영향을 줍니다. 재미있는 것을 싫어할 수는 없으니까요.

03

4~5세

- 책보다 중요한 일상에서의 자신감 -

이 시기 아이들은 혼자서 일상의 많은 것들을 해보고 연습하는 시기예요. 혼자서 화장실도 가고 옷도 입어보고 숟가락질도 해보고 신발도 신어보고, 자신과 관련된 삶의 기술들을 연마하는 시기죠. 이때는 무엇이든 혼자 하도록 넉넉한 마음을 갖고 지켜봐 주는 게 좋습니다. 이것이 책 읽기와 무슨 상관이 있냐구요? 엄청난 관련이 있어요. **이 시기에 자기 일상에서 자립을 하는 아이들이 책도 주도적으로 잘 봅니다.**

일상의 작은 것도 혼자 하지 못하고 엄마에게 의지하면 책 읽기도 혼자서 하지 못합니다. 아이들의 책 읽기는 그 시기의 발달 단계보다 우선시되어서는 안 됩니다. 지적인 능력을 말씀드리는 것이 아니라 정서적 부분에서요. 아이가 무엇이든 혼자 해보려고 할 때 부모님으로부터 지지받은 아이는 책 읽기도 자신 있게 합니다. 아이가 뭔가 해보려는데 일일이 엄마가 제지하고 못하게 하면 아이는 행동에 자신감이 없어지고 엄마의 눈치를 보게 됩니다. 행동은 엄마의 눈치를 보면서 책은 주도적으로 보기를 바란다는 것은 모순입니다.

아이의 지적인 부분은 연령을 뛰어넘을 수 있지만 정서적인 부분은 그렇지 않아요. 정서적으로 안정된 아이, 무엇이든 주도적으로 해보는 것을 경험한 아이가 모든 일에서 자신감을 갖고 잘합니다. 책 읽기는 그 연장선상에 있을 뿐이에요. 아이들은 발달의 시기를 거치면서 자신의 기질을 표현합니다. 이때 **내 아이가 어떤 지문유형인지를 알면 양육에도 흔들리지 않는 원칙을 세우는 데 많은 도움이 됩니다.**

이 시기의 아이들은 아직 반복을 하는 시기예요. 작가의 기발한 상상이 담긴 순수창작도 좋고 아이가 반복해서 읽어달라고 하는 책은 반복해서 읽어주는 것이 좋습니다. 이 시기 부모님들이 전집이 좋으냐 단행본이 좋으냐, 라고 많이 질문하시는데요. 잘 만들어진 전집을 통해서 아이의 관심사를 관찰하고 아이가 흥미를 보이는 부분은 단행본으로 더 넓게 확장시켜주는 게 좋습니다.

이 시기에 동생을 보는 아이들은 책 읽기도 퇴행을 하게 되는데요. 자연스러운 현상입니다. 특히 아이가 기형문이라면 아이는 동생처럼 아기가 되어버려요. 아기가 되고 싶은 아이의 욕구를 있는 그대로 받아주세요. 아이가 하나일 때는 아이와 잘 지내던 부모님도 동생이 생기고 나면 아이와 정서적으로 대립하는 경우가 많아요.

아이와 유난히 부딪치게 되는 지점. 유난히 엄마 아빠의 감정을 자극하는 지점을 관찰하고 찾아서 부모님도 함께 치유하고 성장하는 계기로 삼는 것이 좋습니다.

사람은 두 번 큰다고 해요. 자신의 어린 시절과 아이를 키우면서

인데요. 우리 모두는 마음 안에 상처받은 내면아이가 있어요. 아이를 키우면서 유난히 나를 자극하는 그 지점이 내가 성장할 수 있는 기회라는 것을 잊지 마시고 함께 치유하고 성장하셨으면 좋겠습니다. 그런 의미에서 아이들의 그림책은 부모님에게도 참 좋은 영향을 줘요. 아이들 책이다 생각하지 마시고 이 시기의 그림책을 보다가 올라오는 감정을 함께 바라보세요.

책을 한 권 볼 때마다 내용을 확인한다거나 독후활동을 의식 치르듯이 하는 것은 바람직하지 않습니다. 아이의 기질에 따라 오히려 책 읽기의 흥미를 떨어뜨릴 수 있어요. 이 시기 아이들은 조잘조잘 이야기하고 질문하기를 좋아해요. 다양한 책이 많이 필요한 시기입니다.

이 무렵부터 아이들의 편독 현상이 생기기 시작하는데요. 사실 편독이라는 표현을 저는 별로 좋아하지 않습니다. 편독 현상이 아니라 드디어 집중해서 몰입하는 어떤 분야가 생겼다고 하는 게 적합합니다. 이 시기를 시작으로 많은 부모님들이 아이들이 한 가지 분야의 책만 본다고 걱정하세요. 아이가 한 가지 분야를 계속 파고든다면 정말 기쁜 일이에요. 오히려 그 분야로 몰입이 깊어질 수 있도록 해주세요.

예를 들어 공주를 좋아한다면 공주에 관한 그림책부터 시작해서 반전동화까지 공주 그림만 나와도 다 보려고 할 거예요. 이렇게 한동안 그 관심사만 보다가 어느 정도 충족되면 아이는 자연스럽게 다른 분야로 넘어가게 되는데요. 이런 경험을 할수록 아이의 집중력이 키워집니다. 오히려 대단히 기쁜 일이다 생각하고 그 분야의 책을 더 다양하고 깊이 볼 수 있도록 준비해주세요.

공주에서 공주가 태어난 나라로, 공주의 옷이나 보석으로, 그 비슷한 스토리의 이야기들로. 아이가 시각을 넓혀갈 수 있도록 기쁜 마음으로 관찰하세요. 아이의 관심사가 어디로 향하는지 관찰하고 있다가 적절한 자극을 주고 책을 접할 수 있게 해준다면 더할 나위 없이 좋겠어요. 아이는 깊이 내려갔다가 다시 올라오고 다시 깊이 내려가고를 반복하면서 결국은 다양한 책을 보게 될 거예요.

이 시기의 아이들은 엉뚱한 상상도 좋아합니다. 작가의 상상력이 담긴 다양한 책들을 접하게 해주세요. 잘하고 계신 겁니다.

6~7세

― 책보다 사회생활, 프로젝트 수업 ―

 요즘은 기관에 일찍부터 다니는 아이들이 많지만 그렇지 않은 아이라도 이 시기에는 아이의 본격적인 사회생활이 시작되는 시기입니다. 자신의 기질이 확 드러나는 시기이기도 해요. 이 시기에 읽는 생활동화는 아이들이 유치원이나 어린이집에서 겪는 문제 해결에도 많은 도움이 됩니다.
 아이에 따라서는 반복이 줄어들거나 혼자 읽기를 시작하는 시기예요. 유치원에서도 학교 갈 준비를 하느라 아이들의 학습량이 많아지고 사교육의 양도 늘어나는 때라 이 시기의 아이들은 피곤합니다. 이때 아이가 요즘 책을 잘 안 본다는 상담을 많이 하세요. 성인들의 경우에도 마찬가지이듯이 내 몸과 마음이 힘들 때는 책에 손이 잘 안 가요. 책을 잘 보던 아이가 갑자기 책을 보지 않는다면 우선 아이에게 몸과 마음의 여유가 있는지를 확인하는 것이 필요합니다. 힘들다면 좀 쉬게 하면 좋겠지요. 유치원 다녀와서 학원 가고 집에 와서 숙제하고 여유 시간에 책 보는 아이는 없습니다. 우리들도 그렇잖아요. 일하고 퇴근해서 밥하고, 청소하고, 설거지하고, 아이 보고 잠깐

짬나면 책 보지 않지요? 스스로 책을 보는 아이를 보고 싶으시다면 아이의 일상에 여유를 주세요. 심심하다 느낄 만큼 여유 있는 시간은 평생 독자를 키워내는 데 꼭 필요합니다.

그렇지 않은데 아이가 갑자가 책을 보지 않는다면 이제까지 본 책을 소화하며 좀 쉬어가는 시기입니다. 아이들은 계단식으로 발달하기 때문에 부모님 입장에서는 과정이 보이지 않아 조급한 마음이 들 수 있어요. 불안한 마음에 아이를 채근하기보다는 같이 쉬면서 휴식기가 끝나고 아이가 볼 재미있는 책들을 찾아보는 것이 좋습니다.

한글에 관한 질문도 많으신데요. 6세에는 읽기, 7세에는 쓰기를 목표로 하시면 좋습니다. 한글을 안다고 해도 아직까지는 감각이 통합되지 않은 시기로 책은 읽어달라고 할 때까지 읽어주시는 것이 좋습니다. 아이가 한글에 관심을 보일 때 다양한 놀이를 통해서 자극을 주면 수월하게 한글을 뗄 수 있어요. 읽기 독립을 하는 시기에는 받침이 없는 글자로 된 책이나 동생이 볼 만한 쉽고 만만한 책들로 자신감을 얻는 게 좋아요. 동생이 있다면 동생에게 읽어주는 것도 크게 도움이 됩니다.

저희 아이 둘은 모두 이 시기에 읽기 독립을 했는데요. **아이의 기질에 따라 반복의 정도, 읽어달라는 정도, 책을 읽는 스타일이 모두 다르기 때문에 책 읽기에도 아이의 기질과 개성을 존중해야 합니다.** 이때 유치원 누리과정에 맞추어서 책 읽기를 진행하시는 것도 좋은 방법이에요. 예를 들면 유치원에서 주제가 공룡이라면 그 주에는 공룡에 관해 아이의 관심을 끌 만한 여러 아이디어를 동원해보는 겁니다. 공룡 책도 여러 권 아이 눈에 잘 띄는 곳에 놓아두고 책 속에 나오는 공룡들을 그리고 만들어서 쥬라기공원 꾸며보기를 하면 자연스럽게 미술활동으로 연결되겠지요?

한글에 관심을 갖고 공부하고 있다면 아이와 공룡 이름을 써서 상자 안에 넣고 뽑아서 뽑힌 공룡의 이름을 읽어보고 특정한 활동을 같이 해보세요. 예를 들어 마트 가기 전에 "마트 갈 건데 어떤 공룡 데려갈까?" 하고 아이가 뽑은 공룡을 데려가는 거예요. 공룡 모형을 늘어놓고 이름표를 찾아서 누가 먼저 이름 찾아 달아주나 내기하기, 공룡과 목욕하기는 어떤가요? 무엇이든 공룡과 함께 해봐요. 조금만 아이디어를 동원하면 아이와의 학습이 즐겁습니다. 공룡 이름을 쓰고 뽑은 공룡 이름을 읽으면서 자연스럽게 한글도 공부하는 일석삼조의 학습이라고 하겠습니다.

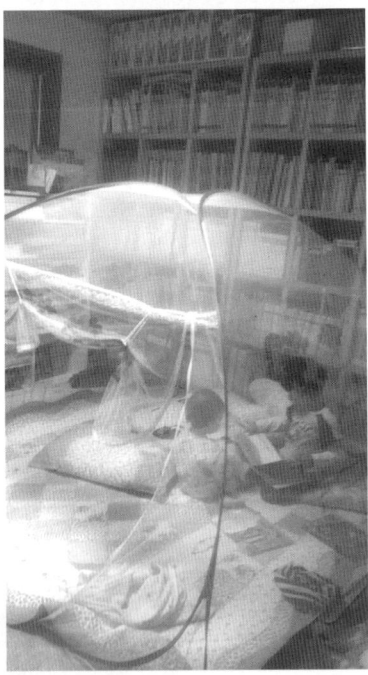

05

육아에 관한
확인되지 않은 이야기들

 이 책을 읽으시는 어머님 혹은 아버님께서는 아이 육아에 관한 어떤 믿음을 갖고 계신가요? 아이들은 제 시간에 자리에 앉아서 먹어야 한다? 일찍 자고 일찍 일어나야 키도 크고 정서 발달에 좋다? 돌 지나면 기저귀를 떼야 한다? 아이를 키우면서 가장 힘든 것은 아이 자체가 아니라 책이나 기타 매체, 가까운 옆집 친구, 말 잘 듣고 책 잘 보는 그 집 아이, 맘카페 회원, 혹은 주변 어른들로부터 듣는 "~하더라"인 것 같아요. 저는 먹고 자고 싸는 본능에 관해서는 아이가 자신의 감각대로 자신의 느낌을 신뢰하는 것이 중요하다고 생각합니다.
 제게는 올해 14살 아들과 10살 딸이 있어요. 아이 둘을 키우면서 느끼는 것은 아이들이 참 많이 다르다는 것입니다. 아이 둘이 나이 터울이 있어서 그럴까? 내가 아이 둘을 다르게 대해서 그럴까? 싶어서 가까운 쌍둥이 어머님들께 여쭈어보니 꼭 그렇지만도 않더군요. 어린 쌍둥이 아이들과 수업하면서 같은 생각을 하게 되었어요.
 아이들은 저마다 자기 자신만의 지도를 가지고 오는 것 같습니다. 저희 아들 같은 경우에는 정말 안 먹고 정말 안 잤습니다. 그동안 못한다는 소리를 듣지 않고 살던 저는 한없이 실망하고 자책했어요. 아이가 밥을 잘 먹어야 내가 능력 있는 엄마라니…. 아이가 마르고 예민한 것이 제 탓인 것 같아서 집안 어른들 말씀이 듣기 싫어 한동안 스트레스를 받았어요. 억지로 책에서 나온 대로 해보려고 한 적도 있었습니다. 하지만 아무리 노력해도 제 아이는 여전히 잠자는 것을 싫어하고 한 숟가락이라도 더 먹이려고 억지로 사정하면 그동안 먹은 것까지 다 토해버렸습니다. 늦도록 책을 보여달라고 하는 아이를 억지로 재우려고 하면 서럽게 울었어요. 불을 꺼버리면 달빛으로 책을 가져가 낮에 엄마가 했던 동작까지 그대로 따라 하며 눈물을 흘리면서 기어이 그 책을 보는 아이였어요.

그동안 나름 못하는 것 없이 인정받으며 살았는데 애 키우는 건 왜 이렇게 마음대로 안 되는지. 힘들다고 배 속에다 다시 넣을 수도 없고. 아이가 잠들고 나면 '내가 저 어린것에게 뭘 한 거지?' 싶은 자책감이 몰려올 때도 많았어요.

그런저런 고민으로 잠이 오지 않아 뒤척이는데 문득 눈물이 나더군요. 여러분도 다 아실 거예요. 잠이 오지 않을 때 억지로 잠을 청해본 기억이 있으시다면 그 곤혹스러움을. 하고 싶은 게 있는데 억지로 오지 않는 잠을 청하면서 화나는 마음으로 자는 것과 자기 에너지를 다 쓰고 만족스러운 마음으로 자는 것 중 언제 성장 호르몬이 더 잘 나올까? 먹기 싫은 음식을 배고프지 않은데 끼니에 맞춰 억지로 먹을 때의 기분. 나라면? 얼마나 싫을까.

그때부터 저는 누가 뭐라든 그냥 아이에 맞추어서 아이를 키웠습니다. 먹고 싶다고 할 때 먹이고 자고 싶다고 할 때 재웠습니다. 유치원 갈 무렵에는 동생이 태어났는데 유치원을 몇 달 다녀보더니 다니고 싶지 않다고 해서 동생과 놀았습니다. 일곱 살이 되니 자기가 보내달라고 하더군요.

그전까지 자유롭게 자고 먹고 했기 때문에 주변에서는 걱정이 많았습니다. 아이 망친다. 아침에 일어나지도 못할 거다. 그러나 아이는 유치원 가기 전날 다음 날 입을 옷을 챙겨놓고 아침엔 깨우지 않아도 일어나서 제 시간에 유치원에 갔습니다.

10개월이 지나면서는 아이 옷을 마음대로 입혀본 적이 없어요. 입히고 싶은 옷이야 많았지만 아이는 무엇이든 자기 뜻대로 해보고 싶어 했어요. 한겨울에도 반팔을 입으면 아이와 실랑이하지 않고 외투를 챙겨서 들고 있다가 아이가 춥다고 하면 물어보고 주었어요.

하루는 치과에 갔는데 의사 선생님이 "엄마가 아침에 바빴나 봐요" 하기에 보니 아이가 양말을 다르게 신었더라구요. 아이에게 물어보니 둘 다 신고 싶어서 그랬다고 하기에 아~ 그랬구나 했습니다.

지금 아들이 14살이 되었는데 보통의 어머니들이 하는 고민이 제게는 없어요. 조금 마른 체격이기는 하지만 아주 건강하고 튼튼하게 성장하고 있어요. 아이가 커 나가면서 아이의 일과 제 일을 분리했기 때문에 아이의 과제를 제 과제로 착각해서 애태우는 일도 없습니다. 다만 아이가 워낙 자기 의사가 분명하여 No를 너무 자주 한다는 애로사항이 있기는 합니다.

이후 아이가 1학년 무렵 지문공부를 하고 나서는 지나간 아이의 행동이 낱낱이 이해되었어요. 그랬구나. 그래서 그랬구나. 온몸으로 자신이 누구인지 표현해준 아이에게 감사했습니다.

'아이에게 문제가 있다. 내가 원하는 대로 고치겠다'고 생각하면 그 순간 아이는 세상에서 가장 못난이가 되지만, 있는 그대로 아이를 바라보면 한없이 완전하고 사랑스러운 존재라는 묵직한 울림이 돌아옵니다.

책을 좋아하는 아이들은 성장기에 무섭게 책에 몰입하는 시기가 옵니다. 그때 밤낮이 바뀌게 되는데요. 그 시기를 충분히 누리게 하면 아이는 책과 더불어 크게 성장합니다. 부모님들은 모두 책 잘 보는 아이를 원하지만 막상 아이가 밤에 잠도 안 자고 보여달라고 하면 키가 안 크지는 않을까? 버릇이 나빠지지 않을까? 이 습관이 평생 가지 않을까? 등등으로 고민하게 돼요. 아이러니하게 이런 부모님들도 중학생 이상이 되면 아이가 시간 맞춰 규칙적으로 일찍 자는 것을 별로 반가워하지 않습니다. 잠을 안 자 가면서 공부에 집중하기를 바라지요.

아이의 집중력은 언제 키워지는 것일까요? 어린 아이가 놀이에 빠져 있을 때 조용히 책을 보고 있을 때 방해하지 말아주세요. 그 모습이 기특하다고 다가가서 아이의 볼을 쓰다듬지 마세요. 아이는 지금 집중력을 키우는 중입니다. 그 몰입과 학습할 때의 몰입이 다르지 않습니다.

저와 남편은 아이들이 무언가에 집중해 있으면 발뒤꿈치를 들고 걸었습니다. 어린아이를 나에게 속한 존재라고 보지 않는다면 사실은 당연하지요. 누군가 무엇에 몰입 중이라면 주변에서 조용히 배려해주는 것이요.

어떠세요? 어머님 아버님께는 양육에 관하여 어떤 확인되지 않은 믿음이 있으신가요? 정말인가요? 정말로 아이들을 제시간에 재우지 않으면 키가 자라지 않을까요? 아이들은 배가 고프지 않아도 때가 되면 먹어야 할까요?

육아는 자연스러워야 합니다. 아이가 자기 몸이 보내는 신호를 신뢰할 수 있도록 해주세요. 아이는 그 신뢰와 배려를 바탕으로 건강하게 자랄 겁니다. 아이를 마음대로 하려고 하지 마세요. 내 집에 찾아온 귀한 손님 대하듯 하세요. 7세까지의 환경이 아이의 인격 형성에 많은 부분 영향을 주기 때문에 연령별 독서지도 중에서 특히 중요합니다.

06

초등학교 저학년

- 직접 경험할 수 있는 것을 책으로 배우지 않게 하라 -

유치원에서부터 아이들의 사회생활이 시작지만 초등학생이 되는 것에 비하자면 그래도 여유로웠지요? 아이가 초등학교에 입학하면 부모의 마음도 함께 초등학생이 됩니다. 아이처럼 떨리고 설레고 그동안 건강하기만 하면 좋겠다고 조건 없는 사랑으로 마음을 잘 잡아오던 부모님들도 본격적으로 옆집 아이와 비교하게 되는 때입니다.

이 시기의 아이들은 참 많은 변화를 겪는데요. 아직까지 그림책을 좋아하는 시기입니다. 많은 부모님들이 그림책을 어린아이들이 보는 책이라고 생각하시는데 그렇지 않습니다. 그림책은 전 연령을 대상으로 만들어지는 예술작품이에요. 오히려 그림 읽기가 충실하게 되지 않으면 문제가 되는 경우가 있습니다. 그림을 통해서 아이들은 짧은 글에서 부족한 부분들을 흡수하거든요.

이 시기에 학부모님들이 독서를 시작한다고 학원을 찾으시는 경우를 많이 봅니다. 제게 상담을 오시는 경우 저는 아이의 독서 이력을 묻습니다. 그동안 아이에게 책을 많이 읽어주셨는지, 아직도 원하면 읽어주시는지, 어떤 책을 어떤 방식으로 읽어주셨는지요. 엄마나 아빠가 그림책을 많이 읽어준 아이들은 우선 타인의 목소리에 민감하게 반응합니다. 듣는 자세가 되었다고나 할까요? 귀로는 엄마 아빠의 목소리로 스토리를 이어가고 눈으로는 그림과 매치시키면서 자기만의 세계를 충실하게 만들어본 시간을 가진 아이들은 이후 글이 늘어나고 그림이 없는 책으로 자연스럽게 넘어갑니다. 머릿속으로 자신만의 삽화를 그리지요.

이 시기는 아직까지 추상적인 사고보다는 구체적으로 눈에 보이고 만져지는 것을 통해서 사고하는 시기예요. **아이와 다양한 책을 보는 것도 중요하지만 직접 경험할 수 있는 것은 경험이 책으로 이어질 수 있게 하는 것이 효율적입니다.** 예를 들어 우리나라의 지리에 대해서 아이와 알아보고 싶다면 찰흙으로 직접 우리나라 지형을 만들어보고, 물감 풀어서 파란 바닷물도 부어보고 산도 만들어보는 거지요. 그리고 나서 그 활동이 책으로 이어지도록 하면 아이들은 훨씬 쉽게 그 분야의 지식을 습득할 수 있어요.

선목원에서는 초등학교 3학년까지의 아이들 수업에는 반드시 활동이 들어가 있습니다. 그것도 아쉬워서 선 활동 후 독서 프로그램까지 만들어놓을 정도니 전문가의 말을 믿어보세요.

계절마다 아이 손을 잡고 밖으로 나가보세요. 거기서 본 것, 경험한 것들을 책을 통해서 만나게 해주세요. 아이의 감성과 지성이 쑥쑥 자랄 거예요.

아이가 원한다면 아직은 책을 읽어주는 것이 좋은 시기입니다. 특히 잠자리에서 아이에게 책을 읽어주다 보면 하루 동안 아이가 어떻게 생활했는지 자연스럽게 대화가 이어질 때가 많아 아이와의 관계에도 도움이 됩니다. 또한 부모님이 책을 읽어주면 아이가 스스로 이해하기 어려운 내용을 이해하는 데 도움이 됩니다.

아이의 기질이나 읽기 능력에 따라서 부모가 읽어주는 속도보다 앞서가서 혼자 읽기를 원하는 아이들도 있습니다. 어떤 책을 언제까지 읽어주어야 할지는 아이가 가장 잘 압니다. 전문가의 의견을 참고하되 언제나 아이를 중심에 두고 아이의 관심사와 정서를 살펴보아주세요.

이 시기에는 전래나 명작동화 신화를 많이 접하는 게 좋습니다. 아이들이 자연스럽게 좋아하기도 하지만 이것이 이후 아이들의 학습과 읽기 능력에도 긍정적인 영향을 주기 때문이에요.

전래나 명작은 선악의 구도가 명확하기 때문에 도덕성이 형성되는 시기에 아이들에게 도움이 되고 명쾌한 결말은 아이들에게 안정감을 줍니다. 인물들의 캐릭터도 단순해서 파악하기 쉽지요. 단순한 스토리는 아이들이 줄거리를 파악하기도 좋고 이후 읽어갈 복잡한 문학 읽기의 기본이 됩니다. 전래나 명작을 읽을 때 주의할 점이 있어요. 등장인물들을 착하다, 나쁘다, 착하면 복 받고 나쁘면 벌 받는다 식으로 권선징악을 강조하고 도덕적 교훈을 주려고 하지 마세요. 오히려 주인공이 자기 앞에 주어진 문제와 삶의 시련을 어떤 자세로 극복해 가는지 그 희망적인 자세와 용기에 중점을 두고 읽는 것이 바람직합니다.

우리나라 전래와 명작을 시작으로 해서 아이가 좋아하는 나라의 신화나 전래로 확장해보세요. 삼국유사 사기나 그리스 로마 신화도 좋습니다. 아이가 관심을 보인다면 그 신화 속에 등장하는 인물과 나라의 문화로 확장해주세요. (316쪽 '수업 실례 사진' 참고)

07

초등 중학년

- 공든 탑은 잘 무너진다.
독서, 계속할 것이냐 말 것이냐 -

    이 시기의 아이들은 독서에 있어서 아주 중요한 시기를 맞이합니다. 지금까지 해온 독서가 잘 유지되면서 한 단계 깊어지기도 하지만 많은 아이들이 좋아하던 책과 멀어지는 시기이기도 합니다. 학교 교과에 사회와 과학이 시작되기 때문에 학습독서가 필요하고 아이의 책 읽기에 무관심했던 부모님이라도 아이의 읽기에 관심을 갖게 되지요.
    일단 교과서 지문 독해조차 어렵다는 아이들이 생겨납니다. 재미를 위주로 독서를 했던 아이들에게도 아이가 원하는 책보다는 학습에 도움이 되는 책, 학년별 권장 도서들이 점점 많아집니다.

    그동안 아이들이 차곡차곡 읽어온 책들이 독해력이 차이로 드러나고 그것을 바탕으로 더 벌어지는 때입니다. 초등 저학년까지는 아이가 혼자 보지 않더라도 읽어주기도 하면서 어찌어찌 독서를 해왔어요. 하지만 이 시기에는 그림책을 보자니 너무 쉬운 것 같아서 불안하고, 혼자서는 안 보니 난감하고, 책 선정도 어려워집니다.

독서의 자연스러움에 대해 강조했던 이유가 이제부터 드러납니다. 그 이전에 자연스럽게 독서의 재미를 느끼고 독서에 거부감이 없이 책의 맛을 느끼는 것이 중요합니다. 자연스럽게 자기 의지로 책을 보았던 아이들은 이후에도 그 바탕 위에 무엇이든 쌓을 수가 있어요. 일단 책에 대한 부정적인 기억이나 감정이 없어야 해요. 책의 수준이야 조금씩 맞춰서 읽어가다 보면 높아집니다. 당장 아이의 학년만 놓고 비교하지 마세요. 평생을 놓고 본다면 1~2년쯤 늦게 가는 것은 아무 문제 없습니다. 그러나 책에 대한 안 좋은 기억이 있거나 학습으로 접해서 힘들었던 경험이 있는 아이들은 그 이전의 불편했던 경험을 없애는 데 많은 시간이 필요합니다.

책을 좋아하지만 잘 보지 않았던 아이라면 현재 관심사에서 출발하는 게 좋습니다. 책 선택의 기준을 학년이 아니라 아이의 기질과 정서에 맞추세요. 아이가 이성에 관심이 있나요? 《네가 뭐라건, 이별 반사!》 같은 풋풋한 첫사랑 이야기는 어떤가요? 선생님에 대한 불만을 얘기한 적은 없었나요? 《너무 많이 가르치는 선생님》을 추천해요. 아이가 스포츠를 좋아하나요? 스포츠 스타에 대한 책도 좋겠어요. 친구관계에 어려움이 있나요? 《양파의 왕따 일기》를 함께 보세요. 가족 이야기가 진솔하게 담긴 지원이와 병관이 시리즈는 어떨까요? 역사에 관심이 있나요? 《분황사 우물에는 용이 산다》가 좋겠어요. 정의감에 넘치는 아이인가요? 《내 이름은 이강산》을 함께 보세요. 창의적인 아이인가요? 《날개옷을 훔쳐 간 나무꾼은 어떻게 됐을까?》가 좋겠네요.

이 시기는 공든 독서 탑이 잘 무너집니다. 책의 구성이 복잡해지고 글의 양이 많아져요. 이야기가 중첩되고 시공간을 오가며 인물이 많아지고 관계가 복잡해집니다. 이때는 옆에 종이를 한 장 두고 인물의 이름이나 관계를 그리면서 보는 게 좋아요. 다 기억한다면 좋겠지만 읽어가다가 아이들이 "어! 얘가 누구지?" 하고 다시 앞으로 넘어가는 경우가 많아요. 그러다 귀찮으면 그 사람이 그 사람이지~ 하고 읽어서 책을 다 읽었고, 심지어 재미있게 읽었는데 주인공 이름도 모르는 사태가 생깁니다. 초등 저학년 때 전래를 많이 읽어두면 좋은 이유이기도 합니다. 인물, 사건, 배경이라는 이야기의 요소가 간단명료하게 펼쳐지는 것이 전래라면 이후 문학은 전래의 무한 중첩과 확장이라고 볼 수 있어요.

초등 중학년부터는 함께 읽어가는 방법이 좋습니다. 한 권 읽고 잘 읽었나 일일이 확인하는 방식은 책과 멀어지게 할 뿐이에요. 아이가 보는 책을 부모님도 함께 보세요. 함께 보면서 자연스럽게 대화를 하다 보면 아이가 제대로 읽고 있는지, 아이의 관심사가 무엇인지, 아이의 수준에 맞는 책인지 알 수 있습니다.

엄마 아들 그 장면 봤어? 으~ 난 몰라. 엄마는 너무 무섭다. 아들 너는 어때?
아들 어디? 엄마, 나 아직 거기 안 봤는데 스포하지 마세요!

서로 재미있거나 인상 깊은 장면을 공유하세요. 자연스럽게 주제에 접근하게 됩니다. 아이가 책 내용을 퀴즈로 내고 부모님이 맞혀보세요. 같이 읽다 보면 아이의 책 보는 스타일이 생깁니다. 아이가 특별한 주제를 좋아한다면 같은 주제로 나라별, 시대별, 작가를 달리해서 다음 책을 골라보세요. 어떤 특별한 작가를 좋아한다면 그 작가의 책 다 읽어보기도 좋은 방법입니다. 아이는 작가가 글을 통해 자신만의 세계를 드러낸다는 것을 알게 되고, 주제에 접근해갑니다.

책 속에는 다양한 시공간의 다양한 캐릭터를 가진 인물들이 등장합니다. 등장인물들을 통해서 타인의 마음을 헤아려보게 되지요. 그러려면 그 인물이 되어봐야 해요. 내가 경험하지 못한 시공간과 사건을 어떻게 아이가 이해할 수 있겠어요. '나라면…', '내가 주인공이라면…'이라는 공감적 상상력이 필요합니다. 이런 과정 속에서 아이들은 '나'를 수용하고, '너'를 이해하고 공감하며, '우리'라는 개념을 발달시켜갑니다.

초등 중학년부터는 부모와 자녀의 독서가 수평선을 달리다가 간혹 만나면 좋습니다. 독서를 꾸준히 해온 아이들은 이 시기에 제법 글이 많은 중·장편으로 자연스럽게 깊어집니다. 학습만화라도 보았으면 하는 마음에 그동안 만화책을 허용하지 않던 부모님들이 만화책이라도 보라면서 사다주는 시기예요. 만화책이라도 보라고 권했다가 만화책만 보면 만화책만 본다고 뭐라 하시니 참 난감한 노릇입니다. 저는 만화책을 참 좋아합니다. 만화책 자체가 나쁘다기보다는 만화책이 나쁘다고 생각하는 부모님들의 검증되지 않은 믿음이 나쁠 때가 많지요. 일부 학습에 만화책은 시기에 따라 오히려 예습과 복습에 도움이 되기도 합니다.

아이가 재미있는 창작 책만 본다고 나무라지 마세요. 지금 아이의 독서력이 향상되는 중입니다. 아이가 만화책만 본다고 나무라지 마세요. 아이가 보는 만화책을 함께 깔깔대며 보세요. 그 속에 현재 아이의 마음이 있습니다. 특히 아이가 학원 등의 과외활동으로 더 이상 생각하기 버거울 때 만화책만 보는 경향이 있습니다. 아이가 잘 보는 만화책을 함께 보면서 자연스럽게 대화를 해보세요. 아이의 문제를 함께 고민하고 관심사를 공유하다 보면 책 읽기의 방향이 보일 거예요.

만화책에서 힌트를 얻어 책으로 연계해보면 좋겠네요. 아이와 같은 고민을 하는 주인공이 나오는 책을 찾아서 자연스럽게 유도해보는 건 어떨까요? 아이에게 읽히고 싶은 책을 보면서 "야~ 얘 힘들겠다. 어머어머" 하고는 슬쩍 보던 책을 내려놓고 다른 곳으로 가보세요. 아이가 무심한 척 그 책을 넘겨본다면 성공입니다.

오랜 시간 아이들을 지도하면서 알게 된 것은 아이들의 독서력은 다양한 장르 중에서도 문학을 통해서 키워진다는 겁니다. 그림책, 창작동화, 전래동화, 신화, 소설, 문학, 인문학 읽기를 통해서 아이들의 독서력은 점차적으로 키워집니다. 이런 책들이 매일 먹어야 하는 밥이라면 정보가 담긴 신문이나 비평 등은 간식이라고 볼 수 있습니다.

저희 아이들은 읽기 독립을 빨리 했습니다. 아들은 6세경부터 책 읽는 속도가 너무 빨라져서 읽어주는 것을 답답해했어요. 아쉽게도 읽어주기를 끝낼 수밖에 없었어요. 아쉬운 마음에 고민하다가 아이에게 가상의 책 친구를 만들어주었어요. 이름도 만들고 주기적으로 그 친구에게서 편지와 책을 선물받도록 했습니다. 그 친구가 누구냐고요? 비밀입니다. 간혹 아들이 "엄마가 ○○이지?" 하고 물을 때도 있었어요. 그때마다 글쎄~ 하면서 시침 뚝 떼면 아들은 미심쩍은 얼굴로 돌아서곤 했지요.

아들은 자연스럽게 속독을 해서 지금도 저보다 3배 이상은 빠르게 책을 읽어요. 속도가 빠른 만큼 내용의 이해도 정확하구요. 그 뒤에 낮밤이 바뀌어 목이 아프도록 책을 읽어준 엄마 아빠의 노력이 있었다는 것을 알기나 하는지 모르겠습니다. 아이가 읽기 독립을 한 다음에는 같은 책을 함께 보았어요. 서로 추천해주기도 하고 평가하기도 했어요. 수업 때 아이들에게 읽히려고 구입한 책을 미리 아들에게 주면서 별점을 부탁하기도 했습니다.

이 무렵 아들은 축구에 빠져서 축구 방법, 축구선수 등 축구라는 단어만 들어가도 관심을 보였어요. 그래서 유심히 관찰하고 끝없이 재미있는 책을 찾아 공급해주었어요. 덕분에 아들은 거의 축구 박사가 되었어요.

딸은 오빠와 기질이 아주 다릅니다. 읽기 독립을 하고도 종종 책을 들고 와서 "엄마, 오늘 책 한 권 읽어줄 수 있어? 제발~" 해요. 그럴 때면 제 일상을 돌아보는데요. 아이들의 책 읽어달라는 말은 사랑 달라는 말의 다른 표현일 때가 많거든요. 그럴 때면 궁둥이를 팡팡 두들겨주고 볼을 비벼 가면서 우선 아이의 마음을 알아줍니다.

아이가 책이 고픈지 사랑이 고픈지 살펴보세요. 언제 이렇게 많이 컸나 해도 아직은 어린아이입니다. 언젠가 딸이 부쩍 큰 것 같아서 "우리 딸, 다 컸네~" 했더니 "엄마, 나 인제 겨우 9살이야. 10년도 안 살았어!" 하더군요. 요즘은 공주와 패션 그리고 자기처럼 오빠가 있는 억울한 동생 이야기에 푸욱 빠져 있습니다. 《말라깽이 챔피언》이라는 책을 보고는 언젠가 오빠를 KO시킬 생각을 하며 웃는 것을 자주 보았어요.

비문학, 학습독서는 단연 교과서 읽기를 추천합니다. 아이들이 교과서를 읽으면서 모르는 어휘나 표현이 없는지 교과서 독해가 가능한시 체크해보세요.

초등 고학년~중학생

- 어부가 그물을 당기듯이 넓고 깊게 읽기 -

1) 다양한 관점을 해석 비판하고 나의 관점을 만들어가는 깊이 있는 독서
  - 정리해볼까요?

　초등 고학년부터 중학생의 독서지도에 대해 말씀드리기 전에 연령별 독서 앞부분에서 말씀드린 것을 한번 정리해볼까요? 무엇이든 **큰 그림을 먼저 그리고 원칙들을 정해놓고 세부적인 계획을 세우는 것이 목표를 잃지 않고 꾸준히 할 수 있는 길입니다.** 아이와 책 읽기가 영 안 되어 포기하고 싶은 하루를 보내고 있을 때는 그 하루가 전부인 것 같지만 큰 그림에서 보면 발달 단계의 진행 속 하루일 뿐입니다. 목표를 잊지 않고 있으면 다시 시작할 수 있어요.

　영유아기 아이들의 발달의 목표는 주 양육자와의 안정적인 애착이고 책은 도구이며 세상을 알아가는 데 필요한 놀잇감이라고 말씀드렸습니다. 그러니까 영유아기 아이와 책을 볼 때는 이 목표에 위배되는 것은 하지 않는 것이지요. 이 시기는 엄마 혹은 주 양육자와 관계 맺는 도구 이상을 넘어서 아이에 대한 욕심으로 책을 주어서는 안 됩니다. 무엇을 우선에 두느냐에 따라서 책을 주는 엄마의 마음은 달라집니다. 똑똑하게 키우겠다는 의도가 섞이면 아이들은 민감하게 엄마의 욕심을 감지하는 법입니다.

이후 아이가 말을 배우고 주도적으로 무언가 하는 연습을 하는 유치원까지의 시기는 다양하게 책을 읽어가는 시기예요. 정독보다는 다독을 하는 시기이고 다독 속에서 정독이 이루어집니다. 하지만 이 시기의 정독은 이후에 하는 깊이 읽기와는 다릅니다. 정서적인 부분에서의 정독이 아니라 아이의 관심이 향해 있는 관심사에 대한 다독과 정독이지요.

저는 책 읽기를 어부가 물고기 잡는 것에 비유하는 것을 좋아합니다. 영유아기의 독서는 어부가 물고기 잡으러 가기 전에 장비를 준비하는 것에 비유할 수 있습니다. 험한 바다에 얼마나 걸릴지 모르는 항해를 나가는 길이라면 튼튼한 배와 장비 준비가 필수겠지요? 엄마의 따뜻한 품에 안겨서 부드러운 목소리로 들려오는 책 한 권, 함께 까르륵거리던 순간의 행복 그런 것들 말입니다. **아이의 학습에 안정적인 정서가 필수라는 것은 수만 번 강조해도 넘치지 않을 것 같습니다.**

장비를 다 챙겼다면 항해를 시작합니다. 물고기를 많이 잡으려면 그물을 넓게 펼쳐야 하겠지요? 5세부터 초등 저학년의 시기에 해당합니다. 이 시기에는 다독을 하면서 다양한 것들을 알아가는 시기입니다. 아직 무언가 결과를 보려고 하지 마세요.

독서에 대한 프로그램을 시작하신다면 이 시기는 어휘력을 확장하고 배경지식을 넓히는 단계라고 할 수 있습니다. 하지만 아직은 추상적인 사고보다는 구체적인 것으로 학습하는 시기예요. 아이들과 직접 경험할 수 있는 것은 경험하는 것이 좋습니다. 이런 목적에 부합하는 수업이라면 좋겠지요.

이전 시기의 아이들이 자기의 관심사에 몰입한다면 중학년 이후 고학년이 될수록 자기가 잘하는 것, 자기가 아는 것에 몰입하기 때문에 이 시기에 다양한 독서와 활동을 통해서 배경지식을 넓히는 것이 중요합니다.

2) 어부가 그물을 당기듯이

이제 초등 고학년부터 중학생 시기는 어부가 그동안 넓게 펼쳐놓은 그물을 당기는 시기입니다. 그동안의 노력에 따라 물고기 잡히는 양이 다르겠지요? 그동안 독서의 양과 질에 따라서 결과가 확연히 달라지는 시기입니다.

그동안 꾸준히 독서를 해온 아이들이라면 이제 펼쳐져 있던 개별의 앎들이 어부가 그물을 당기듯이 하나로 딸려옵니다. 예를 들어 지금까지는 밀가루, 우유, 김치 등 낱낱의 개별적인 지식으로 알았다면 이제는 '먹거리'라는 주제로 전부 묶여서 따라온다는 것입니다. 이렇게 잡은 물고기로 요리를 해볼까요? 재료가 충분하니 다양한 요리를 해볼 수 있어요.

본격적인 토론이나 글쓰기, 캠프 등이 필요한 시기입니다. 지금껏 알아온 단편적이고 개별적인 지식이 문학작품 속에서 등장인물을 통해 입체적이고 통합적으로 살아 움직입니다. 인간의 본성과 가치들이 등장인물에 녹아 생생하게 표현되고, 그런 인간이 창조해낸 문화, 역사, 철학, 종교 등 삶의 중요한 가치들이 녹아있는 고전 읽기가 가능해집니다. 요리에도 전문 분야가 있듯이 초등 고학년부터는 관심사나 미래의 진로를 위한 깊이 있고 꾸준한 읽기가 필요합니다.

09

고전 읽기

- 할까 말까 -

　한때 고전 읽기 열풍이 불면서 고전 읽기가 유행처럼 많은 관심의 대상이 되었어요. 저는 개인적으로 고전 읽기와 현대문학 읽기가 병행되는 것이 가장 좋다고 생각해요. 자고 나면 유행이 바뀌는 시대에 고전은 시간의 흐름을 거슬러 시간이 흐를수록 빛나는 가치를 지닙니다.

　인간의 본성, 인간다움에 대한 고뇌, 그것이 펼치는 삶에서 반복되는 다양한 이야기, 시간이 갈수록 진가를 발휘는 보석 같은 책들이죠. 고전 읽기를 통해서 아이들은 물론 가르치는 저도 인간의 다양한 감정들을 느끼고 중요한 가치들을 배우며 다양한 삶을 살아보는 기회를 얻습니다. 그 과정 속에서 타인을 이해하고 공감하고, 나에 대해 성찰할 수 있는 계기를 갖게 돼요.

　하지만 고전만 읽다 보면 책 읽기가 어렵고 지루해질 수도 있습니다. 고전 읽기를 꾸준히 하면서 현재 아이들의 생활과 고민, 마음을 담은 아이들의 이야기가 있는 현대 아동문학이나 청소년 문학책을 읽으면 조화로운 독서가 됩니다.

1) 고전 읽기
－《데미안》 우리가 서로를 사랑으로 이해할 수는 있지만

 6학년 고전 읽기 시간이었어요. 전체 고전 목록은 제가 정하지만 어떤 책을 어떤 순서로 읽을 것인지는 아이들이 토의와 토론을 통해서 정해요.

 다경이와 《데미안》을 읽을 때였어요. 다경이는 데미안을 벌써 4번째 읽었는데 선생님하고도 읽어보고 싶다고 직접 책을 선택했습니다. 소장하고 있는 책의 출판사와 번역자가 달라서 어떻게 얼마나 다른지 그대로 읽어보기로 했습니다.

 고전 읽기를 할 때는 완역본으로 읽는 것이 좋습니다. 축약된 내용만 보고 그 책을 읽었다고 다시 안 읽는 경우가 있는데 그럴 때 너무나 아쉬워요. 제때에 아이가 골라 든 그 고전 한 권이 인생에 끼치는 영향을 너무나 잘 알기 때문이죠. 골든벨 등 학교 행사로 혹은 고전 읽기를 권수 채우기 식으로 대충 읽는 일은 정말 없었으면 좋겠습니다.

 서문을 읽고 나서 마음에 닿는 내용을 짧게 명상하고 서로 이야기 나누는 시간이었어요. 다경이는 "그래서 우리는 서로를 이해할 수는 있지만, 오직 자기 자신에 대해서만 설명할 수 있는 것이다" 이 대목을 꼽으며 소리 내어 여러 번 읽고 싶어 했습니다. 다경이는 또래보다 조금 성숙한데요. 최근 전학을 가서 새로운 친구를 사귀고 그것에 대해 부모님과 대화하는 과정에서 느낀 점이 떠올라 이 부분이

와닿았다고 했습니다.

다경 정말로 우리가 서로 사랑으로 이해할 수는 있지만 아무리 자식이거나 친한 친구라도 자기가 상대를 다 안다고 생각하면 안 되는 것 같아요. 막상 얘기해보면 너무 달라서 깜짝 놀랄 때가 많거든요. 저는 가끔 아이들이 겉으로 보이는 모습 말고 어떤 비밀이나 상처를 갖고 있을까 생각할 때가 있는데 그럴 때 아이들이 달리 보여요. 내가 다른 사람 마음을 잘 안다고 우기지만 않아도 싸움이나 전쟁은 없을 텐데….

책 읽기 진행되는 동안에도 다경이는 서문의 이 표현을 자주 넘겨 보고 어떤 날은 책 아래에 그날 수업에서의 느낌이나 떠오른 생각, 혹은 비밀스러운 무언가를 쓰기도 했습니다. 그럴 때면 저도 조용히 책에 메모를 하곤 했어요.

《데미안》을 보고 6학년 고전 읽기 그룹수업에서 나누었던 이야기를 하나 더 소개합니다.

단미는 서문에 나오는 "우리 모두가 똑같은 협곡, 저 깊은 심연에서 내던져진 주사위들이어도"라는 표현을 짚으면서 주사위라는 표현의 우연성에 대해 이야기했어요.

단미 저는 이 말이 우리 모두의 삶이 불확실성과 우연성이라는 면에서 어떤 숫자가 나올지 모르는 주사위와 같다는 뜻으로 해석돼요.
세훈 근데, 주사위는 숫자가 6까지로 정해져 있으니까 완전하게 트인 우연성은 아니지. 한계가 있잖아.

윤성　인간으로 태어났냐, 개로 태어났냐에 따라서 우리가 살아가는 방식이 달라도 같은 부분이 있는 거잖아. 인간이라는 테두리 안에서의 불확실성과 우연인 거지.

아이들의 토론을 가만히 듣고만 있던 주안이가 말했어요.

주안　아이들이 주사위와 우연성이라는 하나의 표현에도 이렇게 생각이 다른 것을 보니까 헤르만 헤세한테 물어보고 싶은 생각이 들었어요.

그러자 윤성이가 그 전달에 읽은 《소크라테스의 변명》을 언급하면서 답했어요.

윤성　소크라테스가 시인을 찾아가서 그 시구에 대한 질문을 하니까 그 시인이 오히려 소크라테스나 그 시를 사랑하는 사람들보다도 더 대답을 못했잖아요. 그러니까 문학은 일단 써놓으면 그것에 대한 평가나 생각이 다양한 거 같아요. 정답이 없는 거 같아요. 어쩌면 헤르만 헤세가 우리보다 대답을 못할 수도 있어요.

단미　그러니까 예술이 우리 모두의 것인 거 같아요. 작가가 정해놓은 대로만 해석하고 감상하면 재미없잖아요.

세훈　그러니까 우리는 서로가 자신의 의견이 있지만 다른 사람과 다를 수 있다는 것과 자기가 정답이 아니라는 것을 인정해야 해요. 저는 그거 인정하니까 제가 제일 현명해요.

그러면서 손가락으로 V를 그렸습니다. 재치 있는 세훈이의 답변으로 아이들이 웃으면서 한바탕 토론이 마무리되었습니다.

2) 현대 문학 읽기
-《마음을 읽는 아이 오로르》 행복은 선택일까?

《마음을 읽는 아이 오로르》라는 책을 보고 아이들이 돌아가면서 자신의 마음에 드는 내용, 혹은 이해가 안 되어 마음에 물음표를 남긴 내용이나 표현들을 말해보고 친구들의 이야기도 들어보는 시간이었어요.

주인공 오로르는 자폐아인데요. 사람의 마음을 읽어내는 신비한 재능이 있어요. 말은 하지 못하지만 키보드를 이용해서 자신이 하고 싶은 말을 글로 표현하는 아이죠. 오로르는 부모님이 이혼하고 언니와 엄마와 함께 살고 있었어요. 엄마와 아빠, 언니, 주변 사람들의 괴로움을 지켜보던 오로르가 행복에 대해 고민하고 돕고 싶어 하자 조지아 선생님이 말해요. 다른 사람의 행복은 그 자신이 몫이지 누군가의 책임이 아니며 남이 도와줄 수 있는 일이 아니라고. 매 순간 행복은 바로 자신의 선택이라고 말입니다.

단미가 이 부분이 자기 마음에 들었다면서 이야기를 시작했습니다.

단미 저는 앞으로 힘든 상황이 처했을 때 행복을 선택할 거예요. 행복은 선택이니까요.

함께 수업하던 학생들이 모두 그런 것 같다고 동의했습니다. 그런데 윤성이가 답했습니다.

윤성 제 생각에는 행복은 선택이 아닌 것 같아요. 살다 보면 노력하고 선택해서 바뀌는 경우도 있지만 우리가 모든 것을 통제하고 마음대로 할 수는 없잖아요. 정말 일어나지 않았으면 하는 일이 일어나기도 하구요. 그럴 때 행복을 선택하겠다고 현재 힘든 것을 인정하지 않고 행복하려고 억지로 노력을 하면 노력한 만큼 더 힘들어지는 것 같아요. 오로르의 엄마도 아빠와 이혼하고 힘든 마음을 아이들에게 감추려고 했지만 그럴 때마다 마음이 더 외롭고 공허해졌어요. 오로르는 마음을 읽을 줄 아니까 엄마의 외로움을 알았죠. 어떤 행복은 선택의 문제가 아닌 것 같아요. 억지로 노력한다고 바뀌는 것도 아니구요.

저는 윤성이의 말을 듣고 잠시 할 말을 잃었습니다. 이후 아이들은 책의 삽화에 대해 자연스럽게 토론을 이어갔어요.

단미 다른 사람들에 비해서 오로르를 이렇게 작게 그린 이유가 뭘까?
윤성 오로르가 특별하잖아. 우리 모두의 가슴 안에 오로르 같은 특별함이 있음을 표현하기 위해서 아닐까? 딱 가슴에 들어가는 크기잖아.

하면서 책을 자기 가슴에 대보이자 나머지 학생들도 다 책을 들어 가슴에 넣어보는 동작을 하며 말했어요.

세훈 오! 진짜. 딱 가슴에 들어가는 크기잖아. 특별해.

그날 아이들은 가족과 친구들 안의 특별함을 찾아오는 숙제를 받았습니다. 다음 시간에는 아이들끼리 서로의 특별함. 내 안의 오로르를 찾기로 했습니다. 벌써 기다려지네요.

고전 읽기도 중요하지만 미래의 고전이 될 현대 문학 읽기가 주는 재미도 놓치지 않기를 권하고 싶습니다. 아이들과 함께 미래의 고전을 선정해보세요. 어떤 점이 그런지 이야기하는 동안 자연스럽게 서평이 완성됩니다. 오로르는 당당히 아이들이 선택한 미래의 고전으로 선정되었어요.

아이들과 책을 읽고 이야기를 나누고 있으면 가끔 시간이 정지한 느낌이 들 때가 있습니다. 아름답고 깊이 있는 책, 편하게 읽을 수 있는 안정된 공간, 마음을 꺼낼 수 있는 벗, 그리고 그 모든 것을 지켜보는 선생님. 아이들과의 토론을 마치고 토론이 깊어지는 날은 잠시 명상을 하는데요. 감사한 마음이 설명할 길 없이 마음에 가득 찹니다.
이 공간 이 시간. 함께 나눈 이야기와 달콤한 간식. 비 오는 날 함께 끓여 먹은 라면, 그 냄새. 이 모든 것이 아름답고 조화로운 음악 같을 때가 있어요. **아이들을 성장시키는 것은 어떤 확실한 프로그램이 아닌 이런 하루 한순간의 따뜻한 기억들, 사소하지만 지속적인 경험이에요. 삶은 순간의 합이니까요.**

그 순간순간의 페이지들이 모여서 저마다 자신의 이야기가 담긴 책을 만드는 것이 인생인가 싶습니다. 그래서 어르신들이 그런 말씀들을 하셨나 봐요.
"내 인생 얘기를 책으로 쓰면 대하소설이여!"
아이들과의 고전 읽기를 시작해보세요.

10

인생에서 단 한 권 만나야 할 고전이 있다면

독서가 중요한 것은 틀림없는 사실이지만 우리가 살아가는 생생한 삶보다 우선하지 않습니다. 책이 무엇인가요? 누군가의 경험, 마음, 삶, 성찰, 통찰이 담긴 이야기입니다. **지금 내 앞에서 하루의 일을, 자기 마음을 종알거리는 아이가 바로 우리가 읽어야 할 책입니다.** 아이의 이야기에 귀 기울여 보세요. 인생이라는 방대한 대하소설의 한 페이지. 우리 삶은 그렇게 한 페이지씩 완성되는 생생한 책이에요. 지금 이것보다 더 생생한 책이 어디 있을까요?

가만히 아이의 이야기를 경청하고 반응해주세요. 이보다 더 훌륭한 독서와 독후활동은 없습니다. 아이들을 가만히 지켜보면 책을 깊이 읽는 아이는 공감력과 배려심이 남다릅니다. 하지만 그 반대도 성립합니다. 공감과 배려심이 깊은 아이가 책도 깊이 볼 수 있어요. 같은 책을 보아도 받아들이는 아이들의 반응은 천차만별입니다. 책이 아이에게 영향을 주기도 하지만, 아이가 책에 영향을 준다는 표현도 맞는 말입니다. 마음 안에 타인을 위한 공간이 없는 아이. 타인에 대한 관심과 호기심. 그 마음을 상상해보는 상상적 공감력이 없는 아이가 어떻게 다른 사람의 아픔과 사랑이 담긴 이야기를 좋아할 수 있겠어요. 도무지 공감도 안 되고 공감하고 싶은 마음도 없는데 이야기에 드러나지 않은 것까지 추론해보고, 자신을 성찰하고, 다양한 각도에서 삶의 통찰력을 기를 수 있겠어요.

아이가 다가오면 보던 책을 덮고 아이의 눈을 바라보세요. **내 눈 앞에 '아이'라는 이 생생한 책을 정독해보세요. '내가 아이라면…' 공감하고 헤아려보세요.** 타인의 이야기를 경청하고 공감하고 적절한 반응을 하는 것. 가장 고귀한 인간다움. 그 시작을 부모에게서 경험할 수 있도록 해주세요. 지금 아이의 이야기를 끊고 책을 내밀지 마세요.

우리가 독서를 통해 얻을 수 있는 것. 지문적성검사를 통해서 알고자 하는 것은 가장 고귀한 인간다움인 나와 타인을 향한 경청, 배려, 공감, 사랑의 방법입니다.

시대가 흘러도 변치 않는 것. 그것은 가장 본질적인 인간다움. 바로 나에 대한 수용과 타인을 향한 사랑입니다. 그리고 이것이 바로 예측할 수 없이 변화하는 세상에서 생존하는 유일한 비법이기도 합니다.

세상사 모든 것이 책이고 세상 모든 이의 삶이 이야기책입니다. 지금 내 앞에 있는 아이가 우리가 만나야 할 진정한 고전이에요. 책보다가 친구랑 놀러가는 아이를 나무라지 마세요. 그 친구가 아이가 읽어야 할 살아 있는 책입니다. **삶은 온몸과 마음으로 살아가는 것이지 읽는 것이 아니라는 것을 잊지 마세요.**

11

연령별 독서지도의 실제

- 선목원 이야기 -

저는 아이들을 키우면서 특정한 어떤 프로그램의 수업을 억지로 시켜본 적이 없습니다. 아이들이 관심이 있어 하는 것은 할 수 있는 만큼 지원했지만, 남들이 좋다고 해서 아이에게 강제한 수업은 없었어요. 그런 저도 딱 한 번 제가 주도해서 아이에게 독서 수업을 시킨 적이 있었어요. 수업이 진행되고 한 달 즈음 됐을 때 선생님께서 아이가 혹시 언어장애가 있는지 물어보시더라구요.

수업하는 모습은 한 번도 본 적이 없었는데, 그날은 선생님께 양해를 구하고 살며시 아래층에서 들어보았습니다. 아이는 정말 필요 이상의 말은 하지 않았고 어쩌다 말을 하더라도 거의 알아듣지 못하게 얼버무리거나 웅얼거렸습니다. 깜짝 놀라기도 했고 이상하기도 하여 그날 수업을 조금 더 귀 기울여 들어보았어요.

아들은 워낙 책을 많이 보기도 했고 언어 부분에 영재성을 보여서 조금 더 이끌어주고자 욕심을 내었던 게 화근이었어요. 중이 제 머리 못 깎는다고, 저를 찾아와서 발전하는 아이들을 볼 때마다 내심 부러웠거든요. 아이를 지도하는 선생님은 권위적인 성향이 강하시고 자신의 스타일이 강하신 분이셔서 아이와는 마음이 맞지 않았어요. 아무리 소문난 좋은 교재라 하더라도 그 교재나 프로그램이 우리 아이와는 맞지 않을 수도 있다는 것을 깨달았습니다. 또 **아무리 좋은 교재도 교사를 넘어설 수 없다**는 것도 제 가슴에 깊이 남았습니다.

그날 이후로 아이의 수업을 중단하고 가만히 아이를 바라보았습니다. 얼마나 많은 우리 아이 또래의 아이들이 한 시간씩 자리에 앉아서 주어진 교재에 빈틈없이 충실할 수 있을까? 조금만 눈을 돌리면 자연이 손에 잡히는데 봄꽃을 책으로 공부하는 아이가 행복할까? 그것이 정말 아이에게 맞는 학습일까? 아이에게 책을 읽히는 이유가 무엇일까? 질문에 질문을 거듭하자 답은 명료해졌습니다. 저는 제 아이가 행복했으면 했고 그 방법으로 책을 가까이하는 아이가 되었으면 했어요.

인생이라는 것이 어느 지점의 목표를 향해 달려가는 것이 아닌데 그 과정이 아이에게 행복하지 않다면 거기에 쏟는 시간과 자원이 아깝다는 생각이 들었습니다. 그런 고민 속에서 아들의 얼굴을 들여다보고 함께 수업하는 아이들의 기질과 발달 단계를 바탕으로 보편적인 교육의 목적을 조화시켜 만든 것이 현재의 선목원 수업입니다. **발달 단계에 맞는 독서교육이라는 보편성 위에 지문검사를 통한 기질별, 다중지능별 특수성**이 더해졌습니다.

선목원에서는 6세부터 9살 아이들까지는 주제통합 독서수업을 합니다. 수업을 시작하기 전에 미리 아이의 지문검사를 실시해서 반을 구성하고 같은 주제를 수업하더라도 그 구성원에 따라 수업의 방식은 달라집니다.

6세부터 7세 아이들은 누리과정과 연계된 주제로 책을 중심으로 하는 프로젝트 수업을 진행합니다. 아이들이 초등학생이 되면 주제통합 교과로 연계되어 보다 큰 주제로 주제통합 독서수업을 진행합니다. 독서수업이기 때문에 책을 주재료로 사용하지만 그 과정이나 순서는 아이들의 발달 단계를 충실하게 따라가고자 합니다.

이 시기의 아이들은 아직 추상적인 사고가 아닌 구체적인 사물과 경험을 통해서 지식을 습득하고 세상을 알아갑니다. 직접 보고 만지고 듣고 만들고 먹고 움직이고 하는 과정을 통해 내가 경험한 것이 책 속에 있을 때 "와, 이거 내가 본 거다. 해본 거다. 먹어본 거다" 하면서 책을 통해 다시 동기부여를 받는 방식이에요.

아이들은 같은 주제를 알아가면서 협동하기도 하지만 각자 자기가 선택한 책과 활동을 통해 자신의 기질이나 다중지능의 강점을 계발해 갑니다. 이후 3학년부터는 그간 수업한 것을 바탕으로 주제에 맞게 아이들이 직접 수업을 구상하고 계획하는데요. 이때는 완전한 자기주도 학습이 됩니다. 수업을 계획하는 단계부터 활동하고 돌아보는 과정까지 수업의 주도권이 100% 아이에게 넘어갑니다. 선생님이 하는 역할은 주제와 학습의 목표를 제시하고 아이들이 그에 맞는 과정을 계획하는지 지켜보고 아이들이 필요하다고 요청하는 재료들을 준비하는 역할이에요. 책이 필요하다면 책을, 요리 재료가 필요하다면 요리 재료를, 체험학습이 필요하다면 장소를 미리 알아봅니다. 이 수업은 교사가 가늠할 수 없기에 어렵고 그렇기에 늘 함께 가슴 뛰는 모험이 됩니다.

　4학년이 되면 한국사 수업이 시작됩니다. 한국사 수업은 그 시대에 맞는 다양한 활동과 역사동화가 짝꿍으로 프로그램되어 있는데요. 시대의 특성을 파악해서 아이들이 만화책을 만들 때도 있고, 역사 연극을 할 때도 있고, 역사 보드게임을 개발해보기도 합니다. 이 모든 과정 속에서 아이들 하나하나가 주인공이 돼요. 교사보다도 더 친구들의 특성을 잘 알기 때문에 친구에게 잘 맞는 활동이나 역할을 추천하기도 하는 아름다운 모습을 보입니다.

　예를 들어 역사 연극을 한다면 누가 스태프가 될지, 누가 무대 장치를 할지, 누가 대본을 쓸지, 누가 어떤 역할을 맡으면 어울릴지 아이들이 정합니다. 수업 자체가 자신과 타인을 알아가고 서로 인정하고 배우고 계발하는 과정이 됩니다. 그 과정 자체가 아이들에게는 놀이이자 그 무엇과도 대체할 수 없는 관계수업이 되는 것이지요. 학습적인 효과는 그냥 보너스에 불과합니다.

　역사 수업을 하면서 방학 동안에 집중 읽기 시간의 일이 기억납니다. 세훈이라는 남학생이 책을 보다가 말고 벽에 붙여놓은 큰 지도 앞에 한참을 앉아 있더라구요. 혹시 도와줄 일이 있나 하고 다가가 조용히 이름을 불렀더니 아이는 **"선생님, 방해하지 말아주세요. 제 영혼은 지금 사마르칸트를 달리고 있어요"** 했습니다. 아이의 그 눈빛과 목소리가 그대로 사진이 되어 제 가슴에 있어요. 그 가슴 벅참을 표현하기에 언어는 참으로 관념적이고 한계가 있는 것 같습니다.

아이들이 책을 보면서 가끔 책장을 덮고 눈을 감거나 먼 곳을 응시하는 모습은 아름답습니다. 발소리를 줄여야지요. 아이들이 책을 보면서 몰입했을 때 안면 근육이 풀어져 침이 흐르는 것도 모르는 그 모습은 꽃입니다. 향기로워요. 아무렇게나 벌렁 드러누워 보다가 재미있는 부분에서 깔깔대며 구르는 모습은 시원한 바람입니다. 바라보는 스승의 마음을 뻐근하도록 행복하게 하거든요. 이렇게 수업한 아이들은 5학년부터 고전 읽기를 시작합니다. 수업은 토론식으로 진행되고 아이들이 논제를 찾아 즉석에서 토론하거나 활동이 진행되기도 합니다.

최근 6학년 아이들과 《데미안》 수업을 하면서 세계 2차 대전에 대해 이야기를 나누고 있었어요. 우리나라와 북한의 정세가 좋지 않을 때여서 전쟁의 가능성에 대해 이야기하는 아이들의 마음이 조금 불안해 보였습니다.

아이들은 토론회를 제안했고 구성원 중에서 지리에 가장 밝은 아이는 한반도 전쟁 시나리오를 예상하는 브리핑을, 통합적인 독서를 많이 한 아이는 한반도의 전쟁을 놓고 세계 각국의 이권 다툼과 전쟁의 가능성에 대해서 브리핑을, 감수성이 아주 풍부한 아이는 《안네의 일기》의 안네와 한반도 전쟁에서 희생당한 아이의 유서를 써서 전쟁의 참상과 피해에 대해 호소하는 연설문을 낭독했습니다. 그 과정에서 제가 준비한 것은 신문과 책, 지도 칠판 그리고 열린 마음과 아이들을 바라보는 눈뿐이었어요.

　아이들은 이런 **자유로운 동기와 마음속에 떠오른 하고자 함에 따라 살아보는 것 속에서 진정한 학습이 일어나요.** 아이들과 수업시간이 초과되는 것도 모르고 수업했던 일이 추억으로 남아 있어요.

　늘 재미있고 쉽고 이해가 되는 책들만 읽어서는 무언가 내적인 변화나 발전을 만들어 내기가 어렵습니다. 고전은 될 수 있는 한 완역판으로 읽는 것이 좋지만 아이의 기질이나 독서 발달 상태와 흥미유발을 위해서 축약본을 먼저 볼 수도 있습니다. 완역판이라 해도 번역가에 따라서 분위기가 완전히 달라지는 경우가 있어서 책을 선정하기 전에 교사나 부모님이 읽어보는 것이 중요합니다.

　가르치겠다는 마음보다는 아이들이라는 무한의 존재를 언제나 궁금해하고 함께 알아간다는 마음이면 충분합니다.

　저는 선목원처럼 아이들이 책을 벗 삼아 자유롭게 성장할 수 있는 곳이 많아졌으면 좋겠습니다. 아이를 키우면서 수업하는 것이 하루 한순간은 힘들 때도 있었지만, 꾸준히 이 일을 해올 수 있었던 것은 아이들이 행복해하기 때문이에요. 행복하게 성장하는 아이들을 보면서 이 방법이 아이들의 성장을 돕는다는 확신이 생깁니다.

코칭 에세이

책 좋아하세요?

제가 어린 시절에는 지금처럼 읽을거리가 풍족하지 않았어요. 부모님은 늘 먹고살기 위해 일하기 바쁘시고 아이들은 학교 끝나면 해가 질 때까지 산으로 들로 뛰어다니고 골목길 구석구석을 누비면서 놀기에 바빴죠. 저녁때를 놓쳐서 엄마한테 등짝을 맞는 것이 예사였어요. 어린 시절부터 늘 일하는 엄마의 등을 보면서 컸던 것 같아요.

초등학교 저학년 때인 것으로 기억하는데요. 엄마가 동네 공사장 인부들 밥 해주는 일을 하고 계실 때였어요. 하루는 저희 집에 책을 파는 영업사원분이 왔는데 며칠 뒤 위인전과 학습대백과사전 한 세트씩을 집으로 들고 왔어요. 책이 귀했던 동생과 저는 이 책이 정말로 우리 거냐고 묻고 또 물었습니다. 책 박스를 뜯을 때 테이프 떼던 소리까지 아직도 선명합니다. 너무나 좋아서 방학 내내 그 책을 읽고 또 읽고 책 제목과 소제목을 모두 외울 정도가 되었어요. 서로 앞글자만 얘기해주고 누군지 맞히기 퀴즈부터 어떤 삽화가 몇 페이지에 있는지를 모조리 외워버릴 때까지 보고 또 보고 서로 같은 책을 먼저 보겠다고 싸우기도 하고 책을 통해 할 수 있는 모든 독후활동을 자발적으로 다 해본 것 같아요.

그 책을 14살 차이 나는 늦둥이 남동생이 보고 제가 결혼해서 시댁의 큰조카한테 물려줄 정도였으니 그 책이 얼마나 오랫동안 보물이었는지 알 만하시죠?

책값이 정말 비싸던 시절이었어요. 자장면 한 그릇이 500원인데 그 책값이 60만 원이었으니 그 당시로서는 정말 어마어마한 금액이었죠. 자장면이 졸업식 때만 먹을 수 있는 귀한 음식이었으니까요.

아이를 낳고 엄마가 되어 책을 읽어주면서 문득 알아졌습니다. 책 좋아하는 아이의 책값 마련하느라 예물을 팔면서 그때 우리 엄마는 어떤 마음으로 그 거금의 책을 사주었을까. 그 책값을 할부로 갚아 나가느라 얼마나 많은 밥을 짓고 설거지를 해야 했을까. 팔 반지도 없었는데…. 그렇게 사준 책을 딸들이 재미나게 보았을 때 얼마나 행복하셨을까….

읽어주는 책 소리에 눈을 초롱초롱하게 반짝이는 아이의 눈망울을 보았을 때, 아이가 조금 더 자라서 책에 집중하는 모습을 보았을 때, 어느새 콧수염이 거뭇하게 난 큰아이가 책을 읽으며 살짝 얼굴에 미소 띠는 모습을 볼 때, 공주 책을 보다가 "엄마, 엄마도 이 공주가 예뻐? 못생겼지? 엄마가 훨 이쁘다" 하며 사랑스러운 미소를 짓는 딸을 볼 때, 달마다 찾아오는 영업사원에게 때 묻은 앞치마에서 돈을 하나씩 꺼내어 몇 번이고 세고 또 세어 돈을 건네고 우리를 돌아보던 엄마가 생각났어요.

그 책은 결핍이 많던 어린 시절에 유일하게 누린 호사스러움이었고 변치 않는 친구이자 보물이었어요. 엄마에게 그 책은 어떤 의미였을까요? 감히 글로 옮겨놓을 수 없는 그 의미들을 짐작해보면서 두 아이의 엄마가 된 나는 아이에게 어떻게 책을 주고 있는지 가만히 돌아봅니다. 그리고 저를 찾아와 아이의 독서교육에 대해 질문하시는 부모님들께 여쭈어봅니다.
책 좋아하세요?

5장

선생님, 이럴 땐 어떡하죠?
- Q&A 14 -

"육아도 독서도 자연스러운 것이 가장 아름답습니다. 너무 애쓰지 마세요."
- 책선생 -

이번 장에서는 상담이나 교육을 하면서 가장 많이 받는 질문들을 모아보았어요. 생생한 언어로 전달하기 위해 학부모님들의 질문을 그대로 옮겼습니다. 우리 아이에 해당하는 것이 있는지 보면서 힌트를 얻어 보세요.

> **질문 1**
> 아이가 책을 읽어주면 돌아다녀요. 잘 듣고 있는 건지 모르겠고 좀 집중해서 들었으면 좋겠는데 읽어주다 보면 화가 납니다. 혼자서도 가끔 보지만 글밥이 많은 책은 안 읽으려고 해요.

바쁜 와중에도 엄마가 책을 읽어주는데 아이가 정신없이 뛰어다닌다거나 계속 움직인다면?
"너어~ 정신없게. 왜 이렇게 왔다 갔다 해! 안 읽어준다."
슬며시 웃음이 나는 이 광경. 우리 집은 어떤가요?

질문을 주신 어머님의 아이는 지문 유형에서 감성주의자 아이였습니다. 학습의 민감도가 아주 빠른 편에 속하는 아이였어요. 저는 답하기 전에 몇 가지 질문을 드렸습니다.

- 읽어주는 책의 선택은 누가 하나요?
- 음독을 강요하지는 않나요?
- 책을 끝까지 읽을 것을 강요하지는 않았나요?
- 재미없는 책은 중간에 덮을 수 있는 자유가 허용되나요?
- 아이가 책을 가져왔을 때 엄마의 당시 사정에 의해서 "이건 글이 많으니까 다음에 보자"거나 "이 책은 아직 네가 보기 어려우니까 좀 더 커서 보자"고 한 적은 없나요?
- 아이가 책을 보다가 한 장면에서 이야기를 길게 한다거나 활동을 제안하면 조바심이 난다거나 책을 끝까지 보고서 하자고 하지는 않았나요?

이상의 질문들을 거꾸로 하면 그대로 아이에게 책을 읽어주는 원칙이 됩니다. 그중 몇 가지는 일반적인 원칙이고 몇 가지는 감성주의자 아이들의 두드러진 특징입니다. 감성주의자 아이들은 책을 읽다가 한 장면이 마음에 들면 그 장면에 대해 이야기하다가 책을 끝까지 읽지 않았어도 다 읽은 거예요. 아이가 그 장면에서 하고 싶은 말, 연상되는 것들에 대해 이야기하면 아이의 욕구를 존중해주세요.

책은 지식을 습득하는 도구이기도 하지만 즐거움이 되는 놀이이자 관계를 이어주는 매개체이기도 합니다. 평상시에 자리 깔아놓고 시도해도 이야기하지 않던 아이가 책을 통해 문득 비밀 얘기를 하기도 해요. 그럴 때는 책을 덮고 아이의 눈을 바라보세요. 아이가 그 장면과 관련된 활동을 하고 싶어 한다면 하는 것이 좋습니다.

책을 읽어주는데 앉아서 듣지 않고 돌아다닌다면 가만히 목소리를 줄이거나 멈추어보세요. 아이가 행동을 줄이고 귀를 기울인다거나 "엄마 왜 안 읽어줘?" 하면 듣고 있는 겁니다. 돌아다니면서 듣도록 허용해주세요. 엄마가 책 읽기를 멈추어도 아이가 모른다면 아이가 듣고 있지 않은 거겠지요? 그럴 때는 그 책이 아이에게 흥미가 있는지 어렵지는 않은지 살펴보아야 합니다.

아이가 어릴 때 집에 어떤 책을 준비해놓을지는 부모의 선택이지만 그 안에서 어떤 책을 볼지는 아이의 자유여야 합니다. 책을 선택하는 단계에서부터 아이에게 주도권을 주고 아이를 관찰해보세요. 모든 책을 끝까지 읽도록 강요하지 마세요. 아이가 읽다가 흥미를 보이지 않거나 재미없어하면 책을 그만 볼 자유가 허용되어야 합니다. 선택한 과제를 끝까지 하는 것도 필요하지만 아니다 싶을 때는 돌아서는 용기도 필요해요.

아이가 한글을 배우고 나면 부모님들은 읽기 연습을 시킬 겸 음독을 하도록 하는 경우가 있습니다. 일정한 시기(초등 저학년)에 음독이 필요한 것은 사실이지만 계속해서 음독을 하면 독서에 속도가 붙지 않는 것도 사실입니다. 아직 읽기에 능숙하지 않은 아이의 경우 음독은 글자를 읽는 연습일 뿐이에요. 읽는 데 많은 에너지를 쓰기 때문에 읽으면서 동시에 내용까지 이해하기는 어렵습니다.

이 시기 아이들에게 음독을 시켜보면 한 페이지만 읽어도 굉장히 힘들어해요. 그리고 중간중간에 쉬면서 자기가 읽은 내용을 이해하기 위해 눈으로 그림을 확인하는 것을 볼 수 있습니다.

아이가 한글을 배우고 음독에서 묵독으로 넘어가는 시기에 여러 가지 독서의 장애 현상들이 나타나는데요. 예를 들면 은, 는, 를 등의 조사나 접속어를 빼고 읽거나 중간 단어를 생략해서 전혀 다른 뜻으로 이해해버리는 경우입니다. 이런 현상을 확인하기 위해서는 음독이 필요하지만 이때도 '놀이'라는 방식을 취하면 좋습니다. 읽는 분량은 한 페이지를 넘기지 않기! 그리고 혼자 읽으라고 시켜놓고 틀린 것을 지적하지 말고 가족과 함께 읽으면서 틀리면 뺏어 읽기를 해보세요. 일부러 틀려주어야 한다는 것도 명심하시구요. 아이는 놀았고 엄마는 목적을 거두었으니 윈윈입니다.

그렇지 않고 무리하게 시키면 그다음부터 책의 글자가 얼마나 많은지 확인하게 돼요. 책 읽기가 즐거운 '놀이'가 아니라 '노동'으로 변질되는 순간입니다.

아이가 읽어달라는 책이 글밥이 많거나 아이 수준보다 높다고 여겨진다면 그림을 보고 이야기하거나 이야기를 지어서 해주어도 괜찮습니다. 아이가 가져온 책을 글이 길다고 다음에 읽어준다고 몇 번만 거절해도 아이는 다음부터 글의 양을 확인하게 돼요. 엄마의 부담감이 자기 것이 되어 엄마가 안 읽어줄 만한 글이 많은 책은 피하게 됩니다. 그냥 부담 없이 아이와 책을 즐겨보세요. 엄마가 책에 부담이 없으면 아이도 책에 부담을 갖지 않습니다.

백과사전류의 지식정보책을 아이가 가져오면 다 읽어주어야 한다는 부담감에 다음에 보자고 하는 경우가 있는데요. 아이와 눈에 들어오는 사진을 보고 대화를 나누어보세요. 관련된 엄마의 경험을 옛이야기처럼 들려주세요. 다 읽은 책으로 탑을 쌓아보세요. 책으로 놀 수 있는 방법은 무궁무진합니다. 아이가 어릴수록 책은 장난감이 되어야 하고 책 읽기는 놀이가 되어야 한다는 것 잊지 마세요.

 아이가 자랄수록 책을 통해 대화해보세요. 책 내용을 잘 읽었는지 확인하는 것이 아니라 책을 통해서 아이와 대화하다 보면 몰랐던 아이에 대해 알게 됩니다. 자연스럽게 아이의 지식이 확장되고 토론이 이루어집니다. 독서를 통해 단순히 저자의 생각이나 지식을 습득할 뿐만 아니라 새로운 생각의 덩어리를 만들게 돼요. 그 과정에서 통찰력이 생기고 내 이야기로 내면화됩니다.

> **질문 2**
> 7세 남자아이예요. 자연관찰 책으로는 뭘 읽힐까요?

저는 사실 이런 질문을 받을 때가 가장 난감합니다. 제가 본 적도 없고 모르는 7세 남아를 위한 자연관찰 책 추천이라면 인터넷을 이용한 추천도서 권장도서 목록과 다르지 않을 테니까요. 저는 몇 가지 질문을 통해 답을 드렸어요.

- 읽어주는 용도인가요? 아니면 아이가 혼자 볼 건가요?
- 아이에게 다른 자연관찰 책이 있나요? 아니면 처음인가요?
- 이후에 자연관찰 책을 더 구비해주실 의향이 있나요?
- 아이의 기질이 어떤가요? 따지고 분석하는 것을 좋아하나요? 감성적인가요?
- 혼자 조용히 보는 것을 좋아하나요? 이야기 나누면서 보는 것을 좋아하나요?

읽어주는 용도라면 읽어주기에 매끄럽게 쓰인 책이 좋겠지요? 아이가 자연관찰 책이 처음이고 부모가 읽어주는 용도라면 스토리가 있는 교원 《자연이 소곤소곤》을 추천합니다. 잠자리에서 조금 더 여유 있게 읽어 주려면 웅진 《한 걸음 먼저 자연탐구》를, 아이가 창의적으로 질문하는 것을 좋아한다면 대교 《생각똑똑 자연관찰》을, 혼자 본다면 글뿌리 《오감톡톡 자연관찰》, 비교하고 따져서 보는 것을 좋아한다면 프뢰벨 《생생다큐 자연관찰》을 추천합니다.

추천한 책들은 모두 전집입니다. 전집은 아이들의 관심사가 어디로 향하는지를 파악할 수 있게 해주는데요. 책을 보는 과정에서 아이가 관심이 있어 하는 것을 발견한다면 그 분야로 더 많은 단행본이나 책을 찾아 깊어질 수 있도록 도와주는 것이 좋습니다. 예를 들어서 아이가 식물에 관심을 갖는다면 보리의《세밀화로 그린 보리 어린이, 식물 도감》등 관련된 분야의 전집이나 단행본들을 준비하는 거예요. 그 식물에 담긴 전설이나 신화로 확장해도 좋고 그 식물이 많이 나는 나라나 지역으로 확장해도 좋습니다. 식물을 이용한 디자인이나 음식으로 확장해도 좋겠지요?

연령별 추천도서나 권장도서는 어디까지나 대략적인 정보일 뿐이에요. 옆집 아이가 좋아하는 그 책을 우리 아이는 싫어할 수도 있습니다. 아이에게 시선을 맞추고 책을 고르고 시행착오를 겪다 보면 어느새 엄마에게도 책을 고르는 안목이 생길 거예요. 내 아이에 대해 알아가는 과정에서 시행착오를 겪는 것이 길게 보면 경제적으로도 이득입니다.

> **질문 3**
> 큰애가 보던 책을 작은애는 싫어해요. 또 살 수도 없고 더 이상 책장도 없어요. 이미 본 책은 팔아도 되지요?

아이는 저마다 다른 존재입니다. 아이들이 어릴 때는 아이들에게 각자 책을 사주는 비용이 부담이 될 수 있지요. 제 경험상 큰아이가 보았던 책은 큰아이 취향이고 작은아이는 전혀 다를 수도 있습니다. 기질상의 다름, 성별의 다름, 관심사의 다름 등의 이유로 작은아이에게 새로 책을 사주어야 해요. 아이들이 소유의 개념이 싹틀 때는 더욱 그렇습니다.

저는 아이들이 좋아하는 책을 사주면서 소유를 분명하게 하고 서로 이야기하고 빌려 보도록 했습니다. 자기 것이라고 생각하면 더 특별하고 존중받는 기분이 들기 때문에 아끼게 되고 아이들 간에 불필요한 싸움도 줄일 수 있어요.

또 한 가지 유의할 점은 책은 사주는 순간부터 아이들의 소유라는 거예요. 남편이 내게 귀걸이를 선물했다고 생각해볼게요. 선물을 받고 나면 그 귀걸이를 하든 안 하든, 얼마나 자주 하든 누구를 주든, 완전히 나의 자유지요? 선물을 줬다고 해서 남편이 그 귀걸이를 왜 자주 하지 않냐, 자주 안 하면 아깝지 않냐, 그게 얼마짜리인데 다른 사람을 주냐 한다면 어떨까요? 아이고, 생각만 해도 피곤하죠? "다시 가져가요. 누가 달랬어요?"는 말이 하고 싶어질 거예요.

아이들이 책을 더 이상 보지 않으면 자리 차지도 하고 다른 책으로 바꿔볼 생각에 아이와 상의 없이 책을 처분하시는 경우가 있어요. 저는 가능하면 아이가 어릴 때 보던 책은 아이가 자라서 본인이 원할 때까지 되팔거나 주지 말라고 말씀드립니다. 아이들은 크면서 어릴 때 보던 책을 찾는 경우가 있어요. 심리적으로 퇴행이 필요하거나 안정이 필요할 때 엄마나 아빠와 함께 보던 책을 다시 보는 거지요. 그럴 때 그 책이 없다면 아이의 마음이 어떨까요?

책 구입에 대해 하나 더 힌트를 드리자면 옷 사듯이 사라고 말씀드리고 싶어요. 우리는 늘 옷을 사는데도 입을 옷이 없다고 느낄 때가 있습니다. 책장 가득 책이 있는데 볼 책이 없다는 아이처럼요. 계절마다 기분전환 삼아 옷 사듯이 책을 들여보세요. 묵혀 있으면서 관심을 받지 못하던 책들도 새 책으로 인해 새롭게 관심을 받아 읽히기도 합니다. 어떤 날은 나를 위해 주는 선물이라는 느낌으로 책을 고르세요. 단조롭고 반복되는 일상에 뜻밖에 새로움이 익숙한 것을 재조명하는 기회가 되듯이요. 책을 구입하고 나서는 아이의 소유라는 것을 잊지 마세요.

그래도 좀 읽었으면 좋겠다구요? 책을 냉장고에 넣어볼까요? 언젠가 여름에 아이들이 하루에도 몇 번씩 아이스크림을 찾으며 냉장고 문을 열기에 책을 한번 넣어보았어요. 《꽁꽁꽁》이라는 책이었는데요. 아이는 책을 발견하고는 너무 재미있어서 그 자리에서 보고 함께 과자로 집도 만들고 《헨젤과 그레텔》도 보았어요. 그다음에는 아이스크림을 찾는 건지 책을 찾는 건지, 더 자주 냉장고를 열더라구요. 아이스크림을 찾아 손에 쥐고도 다시 한번 냉장고를 여는 것을 보면 아이스크림 말고 또 찾는 게 있는 것이 분명해요. 《달 샤베트》를 슬며시 넣어봐야겠군요.

냉장고에는 아이스크림만 넣는 게 아니에요. 여러분 냉장고는 어때요? 책 한 권 얼릴 자리 충분하죠? 신발장은요? 신발장에는 신발만 넣는 거라구요? 아니요. 책을 넣어도 돼요. 책 맨 뒷장에 다음 책이 숨겨져 있는 책 지도를 그려 넣어볼까요? 하루 종일 집 안에 숨긴 책 찾는 것도 재미있겠네요. 보물찾기가 따로 없네요! 엄마가 먼저 창의력과 유머를 발휘해보세요. 아이들과 예쁜 추억 많이 만드세요.

> **질문 4**
> 저 책에 뭐 쓰기 싫어요! 엄마가 책에 낙서하지 말랬어요.

아이들과 책을 보다 보면 책에다 흔적을 남기는 행동에 유독 거부감을 표현하는 아이들이 있어요. "엄마가 책에다 낙서하지 말랬어요"라는 말을 하는 것이 보통이에요. 이런 아이들은 미술활동을 할 때 손에 풀이나 물감 점토 등이 묻는 것도 별로 좋아하지 않습니다. 아마 이 아이들의 집은 엄청 깨끗할 거예요.

아이들이 학년이 높아져서 고학년이 될수록 책의 속지나 여백을 활용하는 일이 많아지는데 아이들이 이렇게 거부감을 표현할 때 교사도 난감해집니다. 고학년이 되어서 고전문학을 볼 경우 더욱 그런데요. 책을 깨끗하고 소중하게 보는 것도 중요하지만 이후 독서하는 여러 가지 방법을 익힐 때는 오히려 해가 돼요. 책에 아이가 흔적을 남기는 것에 대해 편안해지셨으면 합니다.

선목원에서 아이들과 책을 볼 때 책에다 포스트잇을 붙이기도 하고 밑줄을 치기도 하고 동그라미를 그리기도 합니다. 그림책이라면 아이들과 등장하는 인물의 얼굴이나 표정을 바꿔보기도 하고, 포스트잇을 이용해서 말풍선을 달아보기도 해요. 앤서니 브라운의 《숨바꼭질》 같은 책은 숨은 그림 찾기를 해보기도 하죠.

책을 깨끗하게 보는 것도 좋지만 나만의 흔적을 남기는 것도 좋아요. 아이는 지금 낙서하는 것이 아니라 추억을 만들고 있는 건지도 모르니까요. 설마 낙서하면 중고로 팔 때 값이 안 나간다고 못 하게 하실 건 아니죠?

> **질문 5**
>
> 활동량이 늘어나서 노는 것에 재미가 들어 독서량이 줄어든 요즘 어떻게 하면 다시 독서에 관심을 가지게 할지 고민됩니다. 상벌제를 이용해서 몇 권 이상 읽으면 스티커를 주어 스티커 몇 개를 모으면 원하는 보상을 해주면 어떨까 생각도 해보았어요. 하지만 원래 독서의 참재미를 아는 것과 독서의 본질에 너무 동떨어진 것 같아 고민이 되네요. 그리고 한글을 조금씩 알아가는 요즘 읽기 독립에 대한 고민이 깊어집니다. 책은 언제까지 읽어줘야 할까요? 그리고 읽기독립은 언제쯤 시도하는 게 좋다고 생각하세요?
> (7세 민성 어머님)

먼저 7세 아이들의 생활을 이해할 필요가 있겠습니다. 7세 아이는 초등 6학년, 중학교 3학년, 고등학교 3학년 학생처럼 힘듭니다. 유치원에서도 학교 갈 준비로 학습량이 늘어나고 가정에서도 슬슬 부모님들의 욕심이 드러나기 시작하지요. 한글을 읽고 쓰기가 자유롭지 않다면 아이늘의 부남은 너 늘어납니다. 악기라든가 운동 등 취미 활동도 하나 시작하는 때고요.

민성이도 수영을 배우기 시작한 지 얼마 안 되었다고 해요. 민성이 같은 경우 부모님이 책 읽기의 중요성을 아시고 꾸준히 책을 읽어주었는데 아이가 7세로 접어들면서 몸으로 노는 것을 더 좋아하고 책 읽는 시간이 줄어든 것 같아 고민하고 계셨습니다.

책을 무척 좋아하던 아이가 갑자기 책을 보지 않는다면 생활이 힘들거나 심리적 변화가 많은 것은 아닌지 살펴볼 필요가 있습니다.

특별한 변화가 없고 힘든 것도 없는데 잘 보던 책을 보지 않고 멍하게 보내는 시간이 많다면 지금까지 본 책을 소화하는 중일 수 있어요. 그렇지 않고 최근 변화가 많거나 아이가 힘든 상황이라면 책을 볼 에너지가 없는 겁니다. 오히려 몸을 움직여서 긴장을 풀고 있으니 아이들의 자연스러움은 참 현명한 것 같아요.

책 읽기에 대한 몇 가지 원칙하에 물음에 답해드렸어요. 첫째는 책 읽기는 아이의 관심에서 출발한다는 것입니다. 7세 아이들은 보편적으로 전래나 명작처럼 선악의 구도가 확실하고 이야기의 흐름이 명쾌한 책들을 좋아해요. 도덕성이 완성되는 시기이므로 자연스러운 관심이지요.

완전한 상상의 세계보다는 현실을 바탕으로 한 있을 법한 이야기에 더 관심을 갖기 시작하는 시기이기도 해요. 민성이가 현재 수영을 시작했다면 수영장에 처음 간 아이의 두려움, 설렘, 수영선수의 이야기 등 수영에 관한 책으로 관심을 유도하시는 것이 좋습니다.

민성이는 리더형 중에서도 엄격한 실행자에 속하는 아이로 새로운 것을 시작하고 적응하는 데 시간이 걸리기 때문에 나와 비슷한 또래의 두려움, 적응기가 담겨져 있는 책을 통해서 내게도 그런 감정이 있고 그 감정이 나만이 느끼는 것이 아니라는 것을 알고 이야기해볼 수 있으면 좋습니다.

엄격한 실행자에 속하는 아이들은 성과중심적이기 때문에 상벌제가 효과가 있을 수 있지만 이것은 단기적이고 자주 쓸수록 아이에게 불필요한 긴장을 줄 수 있어요. 당근과 채찍을 써야 하는 때를 잘 파악해 남용하지 않는 것이 좋습니다. 보상도 내성이 생겨요.

민성이 혼자보다는 가족 모두가 함께 참여하는 방식으로 스티커를 사용해볼 것을 권하고 싶어요. 가족 모두의 독서 상황을 한눈에 볼 수 있는 판을 만들어놓고 독서 계획을 세우고 모두 함께 약속한 스티커가 모아졌을 때 민성이가 좋아하는 가족과의 활동을 하는 거예요. 두형문은 장기적인 계획을 수립하는 데 경쟁력이 있다고 말씀드린 것 기억나시죠? 보상을 시각적으로 확인할 수 있도록 한 다음 목표지향적이고 성취지향적인 기질을 활용해보세요.

민성이는 제주도에 가서 귤 따는 것을 좋아하는데요. 함께 갈 귤 농장의 사진이나 과거의 여행사진을 붙여놓고 가족이 모두 함께 책을 읽어가면서 읽은 만큼 스티커로 표시해보세요. 서로 퀴즈도 내고 즐거운 활동을 하면서 약속한 만큼이 모아졌을 때 제주도로 여행을 가는 건 어떨까요? 추억으로 보상된다면 과정과 결과 모두 행복할 수 있는 방법이 될 거예요.

마지막으로 읽기 독립에 관한 질문에 대해 말씀드릴게요. 아이가 한글을 다 안다고 해서 바로 읽기 독립을 하는 것은 아닙니다. 아이들은 부모님이나 선생님과 함께 보면서 혼자서는 넘어서기 어려운 부분들을 도움받아 자기가 아는 것으로 만들 수 있어요. 이것을 근접발달 영역(비고츠키)이라고 합니다. 아이 혼자서는 독립적으로 해결할 수 없지만 도움을 받아서 실제적인 발달의 영역으로 끌어올릴 수 있는 영역을 말합니다. 혼자 읽을 때보다는 부모가 읽어줄 때 근

근접발달 영역에 속해 있던 것들을 발달 영역으로 끌어올릴 수 있으니 아이가 원한다면 읽어주면서 충분히 대화하세요.

 아이들은 기질에 따라서 읽기 독립을 하는데도 차이를 보이는데요. 민성이처럼 리더형에 속하는 아이들은 상대적으로 읽기 독립도 빠른 편입니다. 결과를 아는 것을 중요하게 생각하기 때문에 서사나 줄거리 위주로 빠르게 읽어나가는 경향이 있어요. 엄마와 함께 보면서 대화를 통해 깊이 읽을 수 있으니 지금의 이 시기를 마저 즐기라고 권하고 싶습니다. 아이가 읽기 독립을 해버리고 나면 사실 부모 입장에서는 아이가 책을 어떻게 보고 있는지 확인할 길이 없거든요.

 언제 읽기 독립을 할지, 가장 정확한 시기는 아이가 알고 있습니다. 아이가 혼자 보겠다는데 못 미덥거나 아쉬워서 같이 보자는 것도 좋은 방법이 아니고, 읽어달라는 아이에게 저러다 혼자 안 보는 거 아닐까 하는 두려움에 한글 다 아니까 혼자 보라는 것도 좋은 방법이 아닙니다. 두려움과 욕심. 두 가지를 내려놓고 자연스럽고 편안하게 접근하시기를 바랍니다.

> **질문 6**
>
> 책을 읽고 따로 독후활동은 하지 않고 있는데요. 아이가 책을 읽고 이해했나, 무엇을 느꼈나 물어보고 싶은데 접근하는 방법도 모르겠고 확인이 필요한지도 모르겠어요.
> 학습만화에 대해서도 궁금해요. 여러 육아서를 보니 의견이 많이 갈리는 부분 같아요. 제인이도 학습만화를 읽고 긍정적인 측면이 있지만 학습만화만 보려고 해서 걱정입니다. (1학년 제인 어머니)

제인이는 초등학교 1학년 남학생입니다. 제인이는 평상시에 책 읽는 모습을 관찰했을 때 몰입도가 좋은 학생이에요. 책을 좋아하는 아이죠. 아이가 책을 제대로 읽었으면 하는 것은 모든 부모님들의 바람이지만 그렇다고 해서 읽은 책마다 억지로 활동을 한다거나 내용을 확인하면 아이 입장에서는 책 읽기에 부담을 느낄 수밖에 없습니다.

책 읽기의 과정을 분리해본다면 입력(읽기)하는 단계와 출력(표현)하는 단계로 나눠볼 수 있어요. 작가가 쓴 글과 그림을 읽는 단계, 여기서 독해력 즉 읽기 능력이 필요해요. 아이는 글과 그림을 읽으면서 자신의 경험, 지식 등의 배경지식을 활성화시켜 비교하고 받아들이는 과정을 거칩니다. 컴퓨터로 보면 입력하는 과정이죠. 배경지식이 많을수록, 다양한 경험을 했을수록 더 잘 이해되고 입력됩니다.

여기에서 끝나지 않고 아이는 자기화 과정을 거칩니다. 말이나 글을 통해 표현하는 과정이 여기 해당되는데요. 부모님, 선생님, 친구들, 작가, 자기 자신과의 대화 즉 질문하고 답하고 토론하는 과정을 거쳐서 내가 기존에 가졌던 것을 수정하기도 하고 추가하거나 삭제하게 됩니다. 이것을 정리해서 글로 표현하면서 다시 한번 깊이 내면화하게 돼요. 이런 과정을 통해 새로운 배경지식과 생각의 덩어리가 만들어지고 다음번 독서에 영향을 미치게 됩니다. 기존의 배경지식을 토대로 읽으면서 새로운 지식을 받아들이고 비판, 반성, 평가, 문제 제기를 하면서 새로운 배경지식을 만들게 되는 것입니다.

예를 들어 책을 읽으면서 등장인물들을 주변의 사람들과 비교해 보고, 자신의 경험에 비추어 봅니다. 등장인물의 상황과 감정에 공감하고, 이게 정말인가, 옳은 선택인가, 문제 제기도 하고 비판, 평가, 반성하는 과정에서 아이들은 성찰을 통한 통찰력이 길러집니다.

입력하는 과정은 순전히 아이의 몫이지만 토론을 거쳐서 표현하는 과정은 부모나 선생님이 도와줄 수 있어요. 이때에 앞서 말씀드린 다중지능의 우월순위나 아이의 지문유형을 참고한다면 아이에게 더 적절한 도움을 줄 수 있습니다.

이때 아이가 읽은 책의 종류에 따라서 목적이나 독후활동도 달라져야 합니다. 요즘은 지식을 쉽게 전달하기 위해서 지식정보 책에 이야기를 입혀서 창작 책처럼 나오는 경우가 있는데요. 아이가 읽은 책이 지식정보 책이라면 지식이나 정보의 습득, 확장이 목적이 되겠지요? 즐거움을 목적으로 읽는 책과 정보이해 습득을 위해서 읽는 책은 읽는 목적과 방법 그리고 활동이 달라야 해요.

예를 들어서 아이가 전래동화 《혹부리 영감》을 보았다면 "혹부리 영감 혹이 몇 개였지?"보다는 "아이쿠, 엄마도 이렇게 욕심 부리다가 오히려 곤란해진 적 있었는데. 우리 제인이는 그런 적 없어?"가 더 적합한 질문입니다. 지식정보 책을 보았다면 내용을 퀴즈로 내보기 등 재미있는 활동으로 내용파악 확인을 대신할 수 있습니다.

만화책의 경우 처음 아이가 만화책을 접하게 되는 것이 거의 부모님에 의해서라는 것이 참 아이러니합니다. 대개의 경우 아이가 책을 안 보거나, 책 보는 게 좀 시들해지는 시기에 만화라도 보면 어떨까? 하면서 학습만화를 주시는 경우가 많아요. 그리고 나서는 아이가 그 시리즈를 더 사달라거나 다른 책은 안 보고 만화책만 보면 혼내거나 걱정하고 만화책으로 거래를 하는 악순환이 시작됩니다.

만화책 자체는 좋은 것도 아니고 나쁜 것도 아닙니다. 엄마의 마음속에 만화책에 대한 편견이 없으면 아이도 만화책으로 엄마를 속 썩이지는 않아요. 이미 집에 있는 만화책은 아이하고 함께 즐겁게 보세요. 깔깔대며 간식도 먹고 캐릭터도 같이 그려보고 아이와 놀이하고 관계하는 도구로 삼으시면 좋겠습니다. 폭력적이고 선정적인 만화책은 지양해야 합니다. 내용에 문제가 없고 이미 집에 있는 책이라면 함께 보세요. 재미없다면 같이 평가해보고, 다음번에 읽을 좋은 책을 골라보는 것도 경험입니다. 그러는 사이에 아이도 책을 고르는 요령이 생겨나요.

저는 만화책을 좋아합니다. 저희 아이들도 만화책을 좋아해요. 아이가 만화 삼국지에 빠져 있을 때는 함께 보면서 등장인물의 성격에 맞게 그림이 조화로운지도 이야기해보고 서로 좋아하는 인물도 얘기하면서 재미있게 보았어요.

아이들이 한창 《마법 천자문》을 좋아할 때는 함께 보고 한자로 배틀도 하고 애니메이션도 찾아서 같이 보았어요. 아이들은 만화책도 좋아하지만 다른 책도 잘 봅니다. 제 마음속에 만화책은 나쁜 것이라는 편견이 없었기 때문이에요. 엄마의 편견이 만화책을 오히려 특별한 것으로 만들고 있지는 않나요?

아이가 읽기 능력이 부족해서 줄글로 된 책은 읽지 못하고 만화책만 본다면 만화책에 나오는 소재로 자연스럽게 일반 책도 볼 수 있도록 유도해보세요.

아이가 신비 아파트에 빠져 있나요? 도깨비가 나오는 전래를 함께 보세요. 귀신 책으로 확장해볼까요? 《똥떡》을 보면서 뒷간 귀신에 대해 얘기해보면 어떨까요? 엄마의 경험을 이야기해주면서 엄마도 잠시 추억 속에 잠겨보세요. 함께 떡을 만들어볼까요? 음식으로도 확장할 수 있겠네요. 우리나라 귀신을 다 보았다면 세계지도를 펴놓고 전 세계 귀신을 알아보기로 하는 것은 어떤가요? 이참에 아이와 세계 귀신 지도를 만들어볼까요?

귀신 가면도 만들어볼까요? 처용에 대해 얘기하면서 삼국유사 사기를 볼 수도 있겠네요. 가면극을 하면서 탈에 대해 알아볼까요? 베네치아 가면축제는 어떤가요? 물의 도시로 떠나볼까요? 이 과정에서 앞에서 읽은 지문유형과 다중지능 계발을 참고하여 활용해보세요.

언제든 책 읽기의 제1원칙은 **'아이의 관심에서 출발한다. 재미있어야 한다. 자발적이어야 한다'**입니다. 기억하세요. 원칙을 세우면 흔들리지 않습니다. 나머지 것은 시행착오를 통해 차곡차곡 쌓입니다. 무엇을 해야 하고 하지 말아야 할지 원칙을 기준으로 판단할 수 있어요. 원칙이 없으면 매번 누군가를 의지해야 하고 고민하게 됩니다. 이것저것 원칙 없이 흔들리다가 아이가 다 성장하고 나면 '이것저것 다 해봤는데 다 소용없더라' 하지 마시고요.

> **질문 7**
>
> 정독과 다독 중에 뭐가 중요한지 모르겠어요. 아이가 책을 휘리릭 읽어버리면 제대로 읽었나 싶고 한 권만 계속 보면 좀 골고루 읽었으면 싶어요.

정독과 다독은 둘 다 중요합니다. 앞서 말씀드린 것처럼 아이가 어릴 때부터 초등 저학년까지는 다독을 통해서 배경지식을 넓혀가는 시기예요. 주제통합 독서, 프로젝트 수업 방식이 효과적입니다. 다독을 하면서 아이가 관심을 갖는 분야는 깊어질 수 있도록 몰입의 기회를 주시면 좋습니다. 부모의 역할이 상대적으로 큰 시기예요. 아이에게 책 읽고 싶은 환경을 제공하고 많이 읽어주세요. 정독과 다독을 넘나들지만 다독을 더 많이 하는 시기입니다.

초등 3학년부터는 학교에서 사회과학 교과를 배웁니다. 학습독서가 시작되는 시점이에요. 지식정보 책도 보고 책의 재미를 알아갑니다. 대부분의 아이들이 부모님과 함께 보기, 혼자 보기를 병행하다가 혼자 보는 것에 비중이 커지는 시기입니다.

초등 4학년에서 5학년부터는 역사책과 고전 읽기를 시작합니다. 책을 통해 독해력이 발달하는 시기로 이미 독서의 많은 습관들이 형성되어 책을 멀리하는 아이와 책을 즐기는 아이가 확연히 갈립니다. 다독보다는 정독을 통해서 자기 것을 만들어가기 시작합니다. 이 시기에도 다독은 필요합니다.

아이들이 정독과 다독을 넘나들며 넓고 깊게 읽는 시기에 선목원에는 1권을 100번 읽기 프로젝트를 합니다. 100번을 보고 싶은 그 한 권을 자신이 선택하기 위해서는 다독을 통한 비교와 선택이 필수예요. 미래의 고전을 뽑아보기도 하구요. 고전을 읽으며 역사적 문화적 배경을 알아보고 비판하기도 하며 고전의 지혜를 현재의 내 인생으로 가져오는 연습을 합니다.

어떤 책이든 관념에만 머무는 책보다는 실질적으로 아이들의 인생에서 필요한 책, 아이들 내면을 구성할 수 있는 책이 될 수 있도록 토론하고 비판하고 수용하고 수정하는 과정을 거칩니다. 물론 재미로 읽는 가볍게 보는 책도 필요합니다.

읽으면서는 책의 여백을 적극적으로 활용해요. 앞장에는 책을 읽기 전에 알고 있었던 것, 제목이나 표지를 보고 드는 생각, 예상되는 내용들을 적어봅니다. 책을 읽으면서는 인상 깊은 구절에 밑줄을 치기도 하고 형광펜 색깔을 구분해서 나에게 인상적인 것과 다른 아이들이 인상 깊게 본 것을 구분하기도 합니다. 내가 인상 깊은 구절은 노란색, 친구가 인상 깊다고 얘기해준 구절은 파란색, 논제로 삼고 싶거나 이야기 나누고 싶은 구절은 주황색, 이런 식으로요. 그룹으로 수업한다면 색깔을 약속하고 읽어가면서 표시하면 됩니다. 가족들과 읽어 간다고 해도 이렇게 색깔을 구분하면서 읽으면 이야기 거리가 풍부해집니다. 읽으면서 한번 더 생각하게 되구요.

위쪽 여백에는 모르는 낱말을 표시하고 문맥상 짐작할 수 있는 어휘와 완전히 모르는 어휘를 약속한 기호로 표시합니다. (모르는 어휘는 별표(☆), 정확히는 모르지만 문맥상 이해가 되면 세모표(△)) 모르는 어휘가 3개 이상일 경우 그냥 넘기지 않고 찾아봅니다. 한 페이지에 모르는 어휘의 개수가 3개 이상이라면 책이 아이의 수준에 맞는지 점검해봐야 합니다.

아래쪽 여백에는 기억하고 싶은 문구나 더 알고 싶은 것 혹은 비판할 것 등 책을 보면서 드는 생각이나 느낌 등을 기록합니다. 토론 시간에 이 부분을 논제로 삼아 토론해볼 수 있고 더 알고 싶은 내용은 다음 책을 선정하는 기준으로 삼습니다. 책에 따라 아이들이 기억하고 싶은 문구를 필사하게 합니다. 필사 노트를 따로 준비하는 것도 좋습니다.

이렇게 나만의 필사 노트가 완성되면 1년에 두 번 봄가을로 꽃, 나뭇잎을 이용해 책갈피를 만들어보아도 좋습니다. 아이들은 이렇게 만든 책갈피를 선물하기도 하고 무척 소중하게 여깁니다.

책 뒷장에는 새롭게 알게 된 점, 더 알고 싶은 점, 바꾸고 싶은 점을 써봅니다. 이전에 보았던 책들과 비교 대조하고 하고 싶은 활동이 있다면 적어봅니다.

서평이나 책을 소개하는 광고를 만들어볼 수도 있고 주제가 비슷한 책과 비교해볼 수도 있고 책 표지 다시 그리기, 등장인물 소개하기 등을 해볼 수 있습니다. 영화가 있다면 영화도 보고 배경이 되는 장소를 문학기행 할 수도 있습니다. 연극을 해볼 수도 있고 종류가 다른 글로 바꾸어 써볼 수도 있습니다. 평가가 팽팽하게 갈리는 인물이 있다면 법정극을 해볼 수 있습니다. 밖으로 꺼내지 않고 마음 안에 간직하는 것도 때로는 좋은 방법이에요.

　다 열거할 수 없을 만큼 정독하는 방법은 다양합니다. 이 과정에서 아이 스스로 동기부여가 되고 자발적인 참여를 통해 책의 내용과 주제를 자기화할 수 있게 됩니다. 환경을 조성하고 돕는 것이 교사와 부모의 몫입니다.

　이 시기부터는 자주 책장을 덮게 하는 책이 좋은 책입니다. 한번에 주루룩 읽어가는 책도 좋지만 연애편지 읽듯이 행간을 읽어가고 여러 가지 감정을 자극하는 책, 나의 내면을 건드리는 책, 나를 성장시키는 책. 결론적으로 다독과 정독은 무엇이 더 중요한 방법이 아니라 서로가 서로를 완전하게 하는 상호보완적인 책 읽기의 방법이라고 할 수 있겠습니다.

질문 8

저희 아이는 무엇이든 제가 여러 번 잔소리하고 화를 내야만 합니다. 숙제도 그렇고 밥 먹는 것도 그렇고요. 그렇게 일상을 보내고 나면 아이와 싸우게 되서 책 읽기는 엄두도 못 냅니다. 어떻게 하면 좋을까요?

아이를 혼내고 나면 참 마음이 아프죠. 자책하는 마음도 올라오고요. 아이에 대한 화가 좀처럼 풀리지 않는 날도 있습니다.

아이와 엄마는 일상을 공유하는 사이이기 때문에 반복되는 일상의 어느 한 부분이 삐끗하면 다음 활동을 하기가 참 어려워져요. 양말을 빨래통에 넣어라, 반찬 좀 골고루 먹어라 잔소리하고 화낸 끝에 차분하게 함께 숙제하고 다정하게 독서하기란 어렵지요. 마음이 벌써 어지러워지니까요. 집중이 될 리가 없어요.

우선 아이의 일과 엄마의 일을 분리하라고 말씀드리고 싶어요. 아이가 커 갈수록 아이 스스로 해야 할 일들이 많아져요. **아이가 책 보는 것보다 더 중요한 것이 자기 신변에 관한 것을 스스로 할 수 있는 일상에서의 독립이에요.** 두 아이를 키우고 오랫동안 아이들을 가르치면서 상담을 해보면 일상에서 독립과 자발적인 책 읽기가 서로 별개가 아니라는 것을 알 수 있었어요.

아이들이 혼자 숟가락질을 배울 때는 그 일을 잘 해나갈 수 있도록 기다려주는 것이 사랑입니다. 아이가 혼자 단추를 끼우려고 할 때는 못 미더워도 재촉하지 않고 기다려주는 것이 사랑입니다. 아이가 벗은 옷을 가져다놓는 것, 밥 먹을 때 숟가락 놓는 것, 자기 가방을 챙기는 것, 혼자 숙제하는 것. 이 모든 일상에서의 일들이 아이의 일인지 엄마의 일인지를 구분해보세요.

처음에는 잔소리하면 못 이기는 척 듣지만 잔소리도 내성이 생겨서 그다음에는 더 많이 해야 하고 그것마저 곧 습관이 되어 화를 내야 듣고 다음에는…. 어떻게 될까요? 아이와의 지루하고도 끝이 없는 싸움이 반복될 거예요.

아이를 보는 마음이 괴로운가요? 내가 아닌 다른 사람의 일에 내 마음이 가 있을 때 우리는 괴로움을 느낍니다. 아이가 남이냐구요? 네! 남입니다. 아이에게 도움이 필요한 선이 어느 정도인지 파악해서 간단히 이야기해주고, 엄마의 마음은 엄마에게로 다시 가져와 엄마의 일을 하세요.

아이와 함께하는 시간이 영원할 것 같아도 짧습니다. 1년 전의 사진만 보아도 우리 아이가 이렇게 어렸었나, 에이~ 이렇게 어린 아이한테 내가 그렇게 많은 것을 바라고 화냈구나 하는 후회의 경험 다 있으시지요?

아이와 감정적으로 대치하거나 힘겨루기하지 마세요. 아이들은 순간을 사는 존재예요. 방금 전까지 울고불고해도 조금만 지나면 아이는 방실방실 웃습니다. 그런 아이에게 너는 속도 없냐 하지 마세요. **아이는 흘러가는 존재고 되어가는 존재입니다.**
지나가는 바람을 잡을 수 없듯이 조금 전 내 속 태우던 아이는

지금 내 눈앞의 이 아이가 아닙니다. 조금 전 아이가 보인 반응이나 화냈던 엄마의 감정에 집착하지 말고 지금 소중한 내 눈앞의 아이와 다시 순간을 살아가시기 바랍니다.

> **질문 9**
> 토론이 꼭 필요한가요?

　토론은 기법이 다양하지만 어떤 문제에 대한 나의 생각을 주장하고 상대나 배심원을 설득하는 것이 목적이라는 점에서 같습니다. 디베이트 토론 열풍이라고도 할 만큼 한동안 토론 교육이 이슈가 되었죠.
　강의식 학습보다 토론식으로 학습할 때 아이들의 참여도나 학습효과 면에서 뛰어나다는 것을 배제하고라도, 토론이 얼마나 아이들의 인성교육에 도움이 되는지에 대해 말씀드리고 싶어요.

　토론은 정해진 논제와 시간이 있습니다. 주어진 시간 내에 내 주장을 세우고 근거를 찾아 상대방을 설득하기 위해서는 두뇌가 거의 풀가동된다고 볼 수 있습니다. 아무리 좋은 의견이라도 표현하는 방법에 따라 받아들여짐의 정도가 달라지고 정해진 시간을 지켜야 하기 때문에 절제는 기본입니다.
　상대의 의견을 경청하고 인정하면서도 예의를 지켜서 반박해야 하기 때문에 토론을 하다 보면 지식의 밑천보다 먼저 드러나는 것이 인격의 밑천입니다.

　팀을 짜서 하는 디베이트 토론의 경우라면 팀 내에서 토론 내내 의견을 조율하고 수정하는 과정을 거쳐야 하기 때문에 자기 의견을 숙일 줄도 알아야 하고 필요하다면 정중하고 호소력 있게 설득도 해야 합니다. 의견이 다르다고 버럭 화를 내거나 상대를 비난하는 말을 사용하지 말아야 하고 말을 할 때의 몸동작도 중요합니다. 자발적인 종합 절제 훈련이라고 해도 과언이 아닙니다.

언젠가 고등학생들의 토론 대회를 텔레비전을 통해서 본 적이 있어요. 우리나라에서 가장 엘리트 학생들이 모인 토론 대회이니만큼 아주 치열하고 재미있었습니다. 그런데 유독 한 학생이 제 눈길을 끌었습니다. 그 학생은 주장에 모순이 없고 근거가 확실했습니다. 풍부한 독서를 통해 적절하면서도 수준 높은 어휘들을 구사했고 말하는 태도도 부드러웠습니다.

그런데 토론 중 자기 팀들끼리 의견을 조율하는 과정에서 이 학생은 감정을 제어하지 못하고 팀원들과 분열하기 시작했어요. 자신의 의견을 끝까지 굽히지 않고 다른 팀원들의 말은 듣지도 않았으며 몹시 흥분해서 토론장을 이탈하기도 했습니다. 발언 차례가 되어 시간이 지나 마이크가 꺼졌는데도 이 학생은 꺼진 마이크를 쥐고 소리를 높였고 끝내 팀을 패배로 이끌었어요. 가장 아쉬운 점은 토론 패배의 원인이 팀원들이 자신의 의견을 수용하지 않았기 때문이라며 자기반성과 성장의 기회로 삼지 못했다는 점입니다.

인성의 바탕 위에 지성을 쌓아야 한다는 것을 보여주었기에 저는 토론 수업시간에 아이들에게 이 학생의 이야기를 자주 들려줍니다.

이상 설명드린 것은 일정한 형식이 있는 디베이트 토론에서 얻을 수 있는 인격의 발달에 관한 것이고 일반적으로 행해지는 토론을 예로 들어보겠습니다.

아이들과 고전수업을 하다 보면 자연스럽게 토론으로 이어지는데요. 아이들과 보았던 책을 한 권 예로 들어 책과 만나는 과정에서 일어나는 토론을 설명해볼게요. 《영모가 사라졌다》라는 책을 6학년 아이들과 보았습니다. 영모라는 아이가 아버지의 폭력에 못 이겨 집을 나가고 현실과의 담을 하나 사이에 둔 세상으로 가면서 펼쳐지는 이야기를 친구인 나의 시선으로 펼치고 있는 책인데요. 영모가 담을 넘어 자신이 꿈꾸는 세상에서 자신을 치유하고 자신을 찾으러 온 아버지를 만나 이해하고 화해하는 과정을 담고 있는 소설입니다.

이 책을 읽으면서 아이들과 나누었던 과정을 통해 수업 중이나 가정에서 할 수 있는 토론의 예를 들어보겠습니다. 아이들은 우선 책을 통해 인물과 만납니다.

① 인물들의 말이나 행동을 통해 성격을 알아보고 인물들 사이의 관계와 갈등을 시간적·공간적·사회적 배경 속에서 파악하고 토론해봅니다.
　예 인물들의 성격을 마인드맵으로 나타내보자. 화살표로 관계도 나타내보자. (표로 나타낼 수도 있습니다.)

인물	성격을 나타내는 말이나 행동	성격	이유
예 아빠	p.30 성적이 이게 뭐야. 때림. 　　　공부만 잘하면~ p.143 내 어린 시절을 생각하며~	거침. 폭력적. 잘못을 뉘우침.	아들을 때리고 잔소리 소리 지름. 아들을 찾아다니고 용서를 빎.
예 영모	p.31 영모가 아버지의 ~아니었다. p.104 나는 늘 소원했어~ p.167 나는 아버지를 믿을 수 없어~	인내심 있음. 현실을 원망. 용기 있음. 결단력 있음.	아버지의 폭력을 참음. 라온제나로 떠남. 다시 현실로 돌아옴.
예 병구	p.39 내가 영모였다면~ p.33 나는 그 뒤로 ~약을 발라 주었다. p.105 영모를 찾는 건 포기하지 않았다.	공감 능력이 뛰어남. 따뜻함. 의리 있음.	영모를 끝까지 찾아다님. 아버지를 그리워함. 영모에게 약을 발라 줌.

아이들에 따라서는 인물들 사이의 갈등이나 관계를 다르게 해석하기도 하기 때문에 자기 의견을 말해보도록 해서 자연스럽게 토론으로 유도합니다. 책을 읽으면서 인물의 마음을 파악하는 부분에서는 앞서 설명드린 비폭력 대화 카드를 활용해보세요.

② 책 속에 등장하는 여러 상징에 대해서도 이야기 나누며 토론해봅니다.
　예 라온제나가 의미하는 것은 뭘까? 고양이와 담이 의미하는 것은 뭘까? 라온제나에서 영모의 모습이 계절에 따라 변화하는 것은 무엇을 의미할까?

③ 책의 내용을 충분히 파악했다면 나의 관점으로 이해하고 판단하고 비판하고 해석해봅니다.
　예 • 영모를 학대하는 영모 아버지에 대한 내 생각을 말해보자.

- 나라면 어땠을까? 비슷한 경험이 있거나 주변에서 들은 이야기가 있을까?
- 아버지에 대한 영모의 마음이 바뀌게 된 계기는 뭘까?

이 단계에서 아이들은 한 인물, 한 문장, 한 장면을 두고도 서로 다른 견해가 있을 수 있다는 것을 토론을 통해 알게 됩니다.
우리는 모두가 개별적이고 독특한 자신만의 인식의 틀이 있음을 알게 되면서 아이들은 타인에 대한 이해를 넓힐 수 있고 수용의 범위가 넓어집니다.

④ 아이들과의 토론에서 특별히 더 논제로 삼을 것이 있다면 깊이 있는 토론으로 이어질 수 있도록 합니다. 논쟁의 거리가 된다면 논제로 삼아 디베이트 토론을 해볼 수 있습니다.
  예 사람은 과연 잘못을 반성하면 변할 수 있을까?
  영모 아버지는 폭력을 멈추고 좋은 아빠가 될 수 있을까?
  (이 논제에 대해 토론한다면 영모 아버지가 폭력을 멈추고 좋은 아빠가 되기 위해 연습해야 할 미덕, 갖추어야 할 성품에 대해 버츄 카드를 통해 찾고 대화해보도록 합니다.)

⑤ 토론 후에는 토론의 전·중·후 과정을 소감 형태로 나눌 수 있도록 합니다. 글을 써볼 수도 있어요.
  예 • 영모 아빠가 성적 때문에 영모를 학대할 때 내 경험이 생각나서 마음이 아팠다.

- 영모가 라온제나로 도망갔을 때 우리 세상에도 라온제나가 있었으면 좋겠다고 생각했다.
- 라온제나는 우리 마음속에 있는 것 같다. 나도 가끔 엄마가 잔소리할 때 일부러 멍 때리는데 내 라온제나는 멍 때림이다.
- 영모가 라온제나에서 자신의 상처를 치유해가는 것이 인상 깊었다.
- 영모 아빠도 가정 폭력의 피해자라는 것을 알고 기분이 이상했다. 우리 반에 문제아가 있는데 그 애도 학대받고 있는 것은 아닌지, 미움이 걱정으로 바뀌었다. 도대체 누가 피해자이고 가해자일까.

 나의 생각을 얘기하고 다른 이의 생각을 듣고 서로 토론하면서 나의 관점을 확인·수정하고 삭제하고 새롭게 창조합니다. 토론에서 상대에 대한 이해와 내 삶의 적용으로 이어지는 단계입니다.

 우리가 한 권의 책을 읽기 전에는 그 책은 나와 전혀 상관없는 이야기입니다. 책을 읽으면서 책 속의 인물들과 작가를 만나고 수용하고 공감하고 비판하고 다른 사람들과 토론을 통해 내 삶으로 가져오는 과정에서 이제 그 책은 또 다른 나의 이야기가 됩니다.
 토론은 토론 자체로 따로 배워야 하는 기술이 아니라 아이와 지내는 일상 속에서, 아이들과의 수업 과정에서 자연스럽게 녹아 있어야 해요.

우리는 책을 읽고 이처럼 토론이라는 과정을 거쳐서 새로운 인식 체계를 만들고 기존의 체계를 수정합니다. 이것은 결국 공감에 기반한 유연한 사고에 도움을 줍니다. 아이와 책을 읽고 의견을 나누세요. 아이들끼리 토론하게 해주세요. 그 과정에서 책은 진정 내 것이 됩니다.

질문 10
아이가 글 쓰는 것을 싫어합니다. 글쓰기 숙제 어떡하죠?

서술형과 논술이 강화되면서 글쓰기는 이제 선택이 아니라 필수가 되었습니다. 3학년까지는 아이의 글에 될 수 있으면 첨삭하지 않는 것이 좋습니다. 이 시기에는 글을 통해 아이가 자신을 표현하는 데 중점을 둡니다. 동시, 일기, 생활문, 기행문, 독서 감상문, 설명하는 글, 주장하는 글 등 다양한 글을 자유롭게 써보는 것이 중요하며 질보다는 양이 더 중요해요.

아이가 글 쓰는 것을 부담스러워하면 말이 글이 되도록 하는 방법이 있습니다. 현재 초등학교 2학년 은유는 사립초등학교에 다니는데 글 쓰는 숙제가 많아서 1학년 겨울방학 동안에 수업 외에 글쓰기를 부탁하셨습니다. 은유는 지문 유형 중에 감성주의자에 속하는 아이로 평상시에도 자신을 표현하는 것을 정말 좋아해서 수업 중에도 흥이 나면 춤을 추었어요.

은유에게 말이 글이 되는 경험을 하게 해주기 위해 핵심적인 질문들을 이야기 흐름에 맞게 준비했습니다. 그리고 질문에 답하는 은유의 말을 녹음해서 녹음된 자기 목소리를 받아쓰도록 했습니다. 아이들이 하는 말을 녹음해서 들려주면 자신의 목소리가 녹음되어 나오니 흥미를 느끼고 재미있게 글쓰기를 할 수 있습니다.

글쓰기를 어렵고 특별한 것이라고 생각했는데, 말이 글이 되는 경험을 하고 나면 아이는 글쓰기에 대한 막연한 두려움에서 벗어날 수 있어요. 어렵게 생각하면 한없이 어렵지만 쉽게 생각하면 그냥 내 마음, 생각을 표현하는 수단일 뿐이에요. 그런 만만한 마음이 필요해요.

3학년까지는 다양한 종류의 글을 자유롭게 써봅니다. 아이들의 기질에 따라 말이나 글로 표현하는 것을 어려워한다면 중간 표현 단계 하나를 더 둡니다. 예를 들어 논리적인 아이라면 마인드맵으로, 시각적인 아이라면 그림이나 포스터로, 청각적인 아이라면 음악이나 노래 가사로, 독특한 시각을 가진 아이라면 서평으로, 신체적으로 움직이는 것을 좋아한다면 무용이나 동작으로 먼저 자신의 마음이나 생각을 표현하게 합니다. 그런 다음 자신이 표현한 작품을 설명하게 해보세요. 앞에서 설명드린 지문 유형별 독서지도와 다중지능의 계발을 참고하세요.

신체율동지능이 뛰어난 아이가 있었습니다. 이 아이는 말이나 글보다는 몸으로 표현하는 것을 좋아했어요. 그래서 우선 책을 읽은 느낌을 무용 안무로 짜도록 했습니다. 그리고 나서 친구들 앞에서 공연할 계획을 짜고 그 공연의 팸플릿을 만들어 작품 설명을 쓰도록 해보았습니다. 팸플릿에 들어갈 그림은 다른 지능이 발달한 친구들의 도움을 받았어요. 아이는 책을 보고 자신이 느낀 감정을 춤으로 만들고, 그 춤을 설명하는 팸플릿을 만들면서 최종적으로 자신의 감정을 글로 쓸 수 있었습니다.

고학년의 경우에는 글자 수가 제시되어 있는 경우 휴대폰 문자를 이용해보는 것도 좋은 방법입니다. 글자 수가 표시되기 때문에 좋고, 무엇보다 연필 들고 글을 쓰려면 어렵지만 문자 메시지를 보내는 것은 쉽다고 생각하기 때문에 글쓰기에 대한 부담감을 줄일 수 있어요. 모든 종류의 글쓰기에 해당하는 방법은 아니지만 글쓰기에 부담이 있는 상태라면 해볼 만합니다.

글을 쓰면서 분산되어 개별적으로 존재하던 앎들을 꿰어 정리할 수 있고 자신이 아는 것과 모르는 것이 분명해집니다. 한 권의 책을 보거나 여행을 하더라도 이것에 대해 누군가와 이야기하는 것과 글이라는 형태로 남기는 것은 전혀 다른 의미로 저장됩니다. 무엇보다 읽고, 말하고, 쓰는 과정을 통해서 내가 무엇을 모르고 아는지가 정확해져요. 말은 흘러가버리지만 글은 머물기 때문에 저는 '새긴다'는 표현을 씁니다.

질문 11

마인드맵이 좋다고 들었습니다. 따로 배워야 할까요?

　선목원에서는 어떤 주제로 수업하든 마인드맵으로 정리하는 시간을 갖습니다. 아이들은 마인드맵에 주제와 주요 가지들을 정하고 스스로 배운 것을 분류하고 시각화합니다. 배운 것을 정리하고 자유롭게 확장할 수 있습니다.

　마인드맵은 글씨 연습하는 것이 아니기 때문에 핵심이 되는 것을 간단하게 핵심어 위주로 쓰는 것이 중요합니다. 어떤 날은 아이들과 이미지맵을 하기도 하구요. 독서의 전·중·후 활동을 정리할 수도 있습니다. 마인드맵이 독서나 학습을 효율적으로 하는 데 하나의 방법으로 사용된다면 좋은 도구가 될 수 있습니다. 배우는 것이 어렵지 않으니 다양하게 활용해보세요.

　긴 설명보다는 아이들과 했던 마인드맵을 사진으로 담아보겠습니다. 가정에서도 한번 시도해보세요.

지어진 해 1912년
한국은행에 오는 어린이들도 선물을 주는지 궁금하다
나중에 가족과 한국은행에 가고 싶다

강화도
강릉
서울
수도♡
미국 -> 워싱턴 D.C
일본 -> 도쿄
이탈리아 -> 로마
아산
김제
금산
경주
불국사
유명~
진도
통영
이순신 장군의 도시
제주
한라산 휴화산
백록담

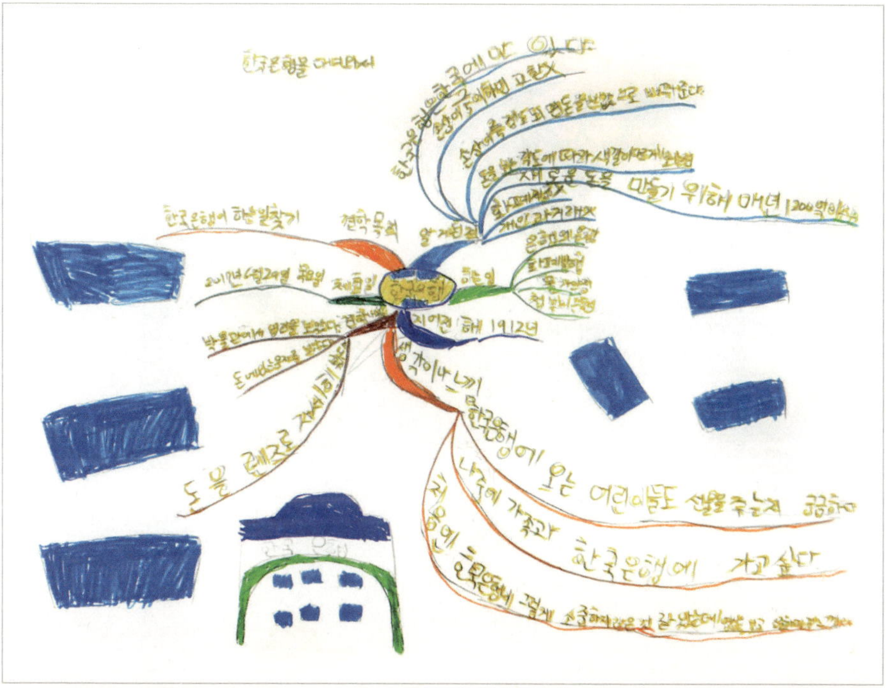

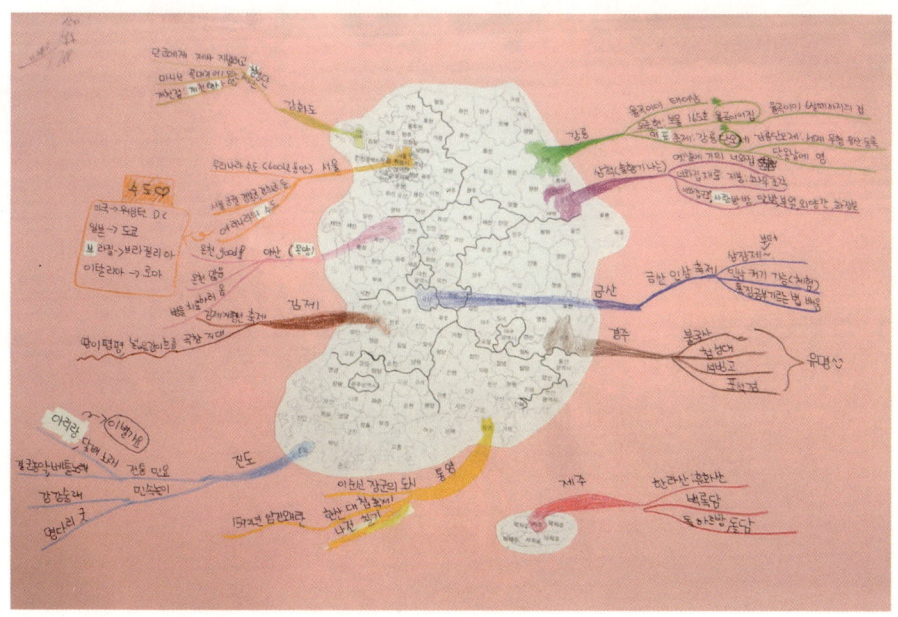

> **질문 12**
> 맘카페에 들어가 보니 7세 때부터 역사책을 읽혀야 한다는데 어떤 책이 좋을까요?

역사책이라고 하니 이상하게 어렵고 막막한 느낌이 드네요. 본격적인 역사를 학습하기 전에 지리·문화·신화·인물 등의 다양한 책들로 징검다리를 놓으세요. 사람은 환경에 영향을 받습니다. 지리적 환경을 토대로 의식주를 발달시키고 그 바탕 위에 문화를 꽃피우고 그 문화 안에서 고유한 정신과 역사를 만들어가지요.

본격적인 서사가 담긴 역사책이 아니라 말씀드린 책들로 징검다리를 놓으면 이후에 아이가 역사를 배울 때 많은 도움이 될 거예요. 여원미디어에서 나온 《탄탄 우리 문화》는 읽어주기에 좋습니다. 《국시꼬랭이》 이야기도 재미있어요. 아이가 관심 있어 한다면 책 속에 나온 것을 체험할 수 있게 해주세요. 좋아하는 위인이 있다면 위인전을 읽는 것도 좋습니다. 초등 저학년까지는 말씀드린 것처럼 신화, 인물, 문화재, 예술, 음식 등에 관한 책을 다양하게 보여주세요. 본격적으로 역사를 배우기 전후로 만화책을 보는 것도 좋아요.

4학년 이상의 아이라면 《큰별샘 최태성의 초등 별별 한국사》를 추천합니다. 통사를 보면서 큰 숲을 그리고 역사동화를 함께 보면서 숲의 나무들을 채웁니다. 예를 들어 통일신라와 발해를 배우는 중이라면 시대 순으로 나온 통사를 먼저 보고 《나는 비단길로 간다》와 같은 역사동화를 함께 보는 거예요. 막연하게 옛날 일이었던 역사적 사실이 역사동화를 통해 친숙한 누군가의 경험담으로 펼쳐집니다.

역사동화에는 아이들과 비슷한 연령대의 주인공들이 등장하기 때문에 공감되는 부분이 많아요. 자연스럽게 감정 이입이 되고 지금의 나와 비교하게 됩니다. 시공간을 초월한 친구를 만나게 되는 셈입니다. 수업을 하면서 보면 아이들은 주인공과 대화를 하기도 하고, 자신이 비슷한 상황에 처할 때 이 주인공들을 떠올리면서 자신의 일을 해결하는 데 도움을 받기도 하더군요. 에드워드 카의 말처럼 역사란 과거와 현재의 끊임없는 대화입니다.

특히 고학년은 역사책을 보면서 비문학과 연계하면 좋습니다. 역사적인 사건이나 인물에 대해 배우거나 읽었다면 현재에서 동일한 패턴으로 반복되는 사건이나 인물들을 찾아 비교 분석하게 해주세요. 단순히 과거에만 머무는 역사가 아니라 현재의 내 삶과 끊임없이 대화하면서 삶의 지혜로 발휘될 수 있도록 해주세요. 시대별로 함께 볼 수 있는 역사동화를 부록으로 첨부합니다.

질문 13

아이가 역사책을 보기에 박물관을 데려갔어요. 그런데 설명을 해주면 지루하다고 안 듣고 돌아다녀요. 쉬는 날 쉬지도 못하고 큰 맘 먹고 갔는데 너무 속상합니다.

아이들과 수업하면서 주말에 뭐했는지 물어보면 "박물관 갔다 왔어요"라는 답 뒤에 바로 "진짜 재미없고 지루했어요"라는 말이 짝꿍으로 따라옵니다. 부모님은 아이가 하나라도 더 보고 배웠으면 좋겠지만 아이들은 전혀 관심이 없으니, 쉬는 날 큰마음 내서 왔는데 아이들이 좋아하기는커녕 지루하다고 불평을 하니 서운하기까지 합니다.

아이들의 독서를 확장해주려는 목적으로 박물관이나 체험을 간다면 재미라는 요소를 조금만 첨가해보세요. 게임하듯이 말이지요. 관람목표를 세우고 그것을 수행하면 점심 메뉴를 고를 특권을 준다든지, 원하는 기념품을 고를 수 있게 해준다든지 하는 소소하고 일상적인 것들을 살짝 전환시켜서 즐거운 놀이로 만들어 보는 거예요.

선목원에서는 4학년 아이들부터 역사캠프를 갑니다. 아이들은 당일 아침에 와서야 누구와 같은 조로 배정되는지를 알 수 있어요. 모든 캠프 일정은 철저하게 비공개 미션으로 진행됩니다. 아이들의 안전을 위해서 선생님이 반드시 동행하기는 하지만 완전히 묵언상태로 안전만을 책임지기 때문에 대중교통은 호사요 걷는 것이 일상입니다. 빗속을 헤매는 것은 달콤한 추억이지요.

아이들은 수동적으로 움직일 때보다 자신이 주인공이 되어 모험하는 것을 좋아합니다. 아이들과 공주, 경주로 역사캠프 갔던 기억이 새록새록합니다. 사진으로 아이들이 미션을 수행해가는 즐거운 순간을 몇 컷 담아보겠습니다. 아이들과의 나들이에 힌트를 얻어 보세요.

질문 14
우리 아이는 소설만 보는데요. 비문학 읽기와 어떻게 조화를 이룰까요?

앞서 말씀드린 것처럼 아이의 읽기 능력은 문학을 통해서 키워집니다. 어떻게 하면 비문학도 효과적으로 함께 읽을 수 있을까요?

중학생 아이들과 우리 고전을 읽으면서 《허생전》을 읽었습니다. 《허생전》을 통해서 아이들은 그 시대에 신분제도와 시장의 모순에 대해 알게 되었어요. 그 시대의 중요한 가치관과 이념에 대해 넓게 알게 되었지요. 이것이 바로 문학을 통한 넓게 읽기입니다.

여기서 한 발 더 나아가 관련된 비문학 읽기를 하는 거예요. 수업에서는 마침 코로나 바이러스로 인한 마스크 매점매석을 다룬 기사와 사설이 있어서 함께 읽었습니다. 아이들은 신문 사설이나 기사 같은 비문학 글을 읽으면서 논리적인 글의 형식과 전문용어를 익히고 시사에 관심을 갖게 되었어요. 비문학을 통한 깊이 읽기입니다.

한 가지 더 예를 들어 볼게요. '올리버 트위스트'를 함께 봅니다. 이 작품은 19세기 영국 런던의 뒷골목을 배경으로 올리버 트위스트라는 고아 소년이 겪는 험난한 인생 여정을 담고 있습니다. 주인공을 통해서 당시 산업화에 가려진 폐해와 영국 사회의 불평등한 계층화를 생생하게 볼 수 있어요. 영화로도 나와 있어서 책을 본 후 영화를 보는 것도 내용 파악에 도움이 됩니다.

문학으로 넓게 알아보았다면 신문에서 사회 계층이나 빈부의 차이를 주제로 한 기사를 찾아봅니다. 아동폭력이나 아동 착취에 관한 기사도 좋습니다. 대기업들의 비리나 횡포에 관한 기사도 좋구요. 생계형 범죄를 다룬 기사도 좋구요. 비슷한 종류의 소설이나 장르로 연계해서 비교해볼 수 있습니다. 기존에 읽었던 책과 비교하고 대조하면서 아이들은 사회와 인간 본성에 대한 통찰력을 갖게 됩니다. 문학과 비문학을 넘나들며 넓고 깊게 읽히세요.

대체로 아이들은 이야기를 좋아합니다. 조금만 관심을 가지면 고전이 남의 얘기로 끝나는 것이 아니라 현재에도 유용한 나의 일이 되는 것이지요. 평상시에 아이들과 신문 읽기를 하고 계시나요? 바쁜 아이들이 신문까지 챙겨 읽지 못한다면 우선 지금 아이가 보고 있는 책에 관심을 가져보세요. 그 책에서 비문학으로 연계할 만한 힌트를 찾아보세요. 신문이나 기사를 통해서 아이의 통합적인 읽기 능력을 키울 수 있습니다.

수업 실례 사진

수업 실례 사진

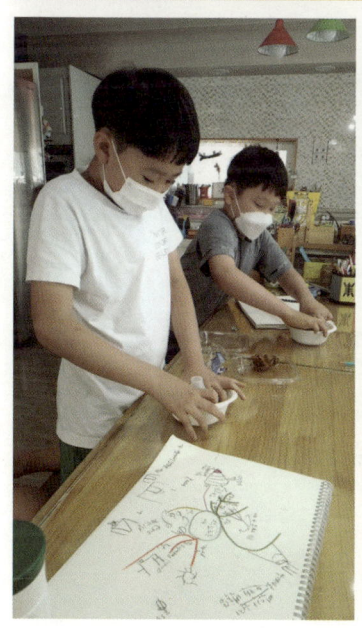

수업 실례 사진

나가는 글

아이에게 주는 유언장

　얼마 전 어떤 프로그램에서 미리 유언장을 쓰고 관 속에 누워보는 의식을 하는 것을 보았습니다. 보는 것만으로도 숙연해지더군요.
　나라면? 나라면 유언장에 무엇을 쓰지? 아이들이 없다면 유언장을 남길 일이 없겠구나. 내가 없는 세상에서 살아갈 아이들에게 삶 전체를 통틀어 가장 전하고 싶은 가치를 남기고 싶은데…. 어떻게 보면 진짜 유언장은 부모가 되는 순간부터 내가 사는 삶 그대로인 것 같아요.

　저는 아이들을 낳고 키우면서 참으로 부끄러울 만치 부족했어요. 무엇보다 스스로를 귀하게 여기고 사랑할 줄을 몰랐어요. 부모는 자기 안에 있는 것만 자식에게 줄 수 있습니다. 자기 자신을 사랑하고 돌볼 줄 아는 엄마가 아이를 진정으로 사랑할 수 있어요.
　돌아보면 아이를 키운다는 것은 결국 나로부터 시작해서 나에게 이르는 길. 매일의 현실은 부족했지만 또 당시에는 그것이 줄 수 있는 최선의 사랑이었던 것 같아요. 다시 돌아간다고 해도 결코 그때보다 좋은 엄마이지 못할 거예요.
　부족한 제게서 받지 못했거나 상처로 남은 것은 또 아이들이 각자의 몫으로 잘 치유해 가면서 살 것이라고 믿습니다. 그 길에 책이 늘 든든한 동반자가 되어줄 거예요. 제가 그랬으니까요. 어쩌면 좋은 엄마라는 환상 없이 하루하루 행복하게 진심을 다해 아이와 살아가는 삶이 전부인지도 모릅니다.

여러분의 유언장에는 무엇을 쓰고 싶으세요? 아이에게 책을 읽히고 싶다면 여러분 가까이 책을 두세요. 오늘의 삶이 유언장이 된다는 마음으로…. 책을 읽으라는 말이 아닌 읽는 모습으로 남겨주세요.

책을 읽음으로 해서 생기는 독해력, 어휘력, 창의력, 사고력, 배경지식은 책이 주는 여러 가지 즐거움에 딸려오는 사은품이나 별책부록입니다. 언제나 본품이 더 중요한 법입니다. 사은품이 탐이 나서 본품의 가치를 떨어뜨리지 마세요.

책 읽기가 무엇을 향한 수단이 되지 않기를…. 책 읽기 자체가 목적이자 즐거움이 되는 행복을 우리 아이들 모두가 누릴 수 있기를….

처음에는 그냥 하던 일을 정리하는 가벼운 마음으로 쓰기 시작했던 글이 한 권의 책이 되었어요. 책을 쓰면서 그간의 시간들을 돌아보기도 하고 아이들과 함께한 시간들이 떠올라 잠시 추억에 젖기도 했습니다.

아이들과 싸워가면서 부족한 나를 붙들고 살아온 하루하루가 모여서 13년이라는 세월이 되었어요. 지치고 막막한 순간마다 삶의 갈림길에서 어떤 길로 가야 할까 망설였지만 어쩌면 처음부터 정해진 길은 없었는지도 모릅니다. 하루하루 찍은 점들이 모여서 길이 되었을 뿐이지요.

한 줄 한 줄 써내려가면서 또 책에 넣을 사진들을 고르면서 참 많은 분들에게 감사함이 밀려왔습니다. 그리고 늘 부족하다고 생각했었는데 어느새 잔잔한 행복들이 마음에 꽉 차서 내일 당장 이 일을 하지 못하게 된다고 해도 후회는 없다는 마음이 들었어요. 그 순간순간, 삶의 마디마다 함께해준 모든 인연에 감사드립니다.

모쪼록 귀한 시간 내어 읽어주신 분들이 아이의 독서에 있어서 큰 목표와 원칙들을 세우는 데 도움이 되었으면 좋겠습니다. 그 목표와 원칙 안에서 지문유형을 통해 더 깊이, 제대로 책을 통해 아이를 만날 수 있을 거예요. 그리고 결국에는 책도 지문도 필요 없이 그저 인간 대 인간으로 마주 할 수 있기를….

이 글이 인생이라는 바다를 항해하는 배의 황금티켓이 되어 여러분 모두 지금 이대로 온전한 행복이라는 목적지에 다다를 수 있기를 기도합니다. 아이들과 함께하는 나날의 오늘이 한결 더 가벼워졌으면…. 자유로워졌으면 좋겠습니다.

책 쓴다고 소홀했던 엄마 노릇을 할 시간입니다. 소중한 시간 내어 읽어주셔서 감사해요. 지금 이대로 우리는 충분히 썩 괜찮은 엄마예요. 지금 이대로 우리는 충분히 썩 괜찮은 선생님이에요. 여러분 행복하세요! 그리고 지금 이 순간 내 눈앞의 아이와 마음껏 사랑하세요.

2021년 햇살 좋은 날 선목원에서
책선생 **이련** 드림

추천 책 목록

1) 0~3세

《사과가 쿵》 - 보림
《달님 안녕》 - 한림출판사
《응가하자, 끙끙》 - 보림
《싹싹싹》 - 한림출판사
《두드려 보아요》 - 사계절
《다 내 거야!》 - 다림
《똘망똘망 놀이책》 시리즈 - 포에버북스
《바스락 바스락 아기 초점책》 시리즈 - 애플비
《세밀화로 그린 보리 아기 그림책》 - 보리
《성장발달동화》 - 글뿌리
《네가 태어난 날엔 곰도 춤을 추었지》 - 내인생의책
《은지의 폭신이》 한림출판사
《이건 상자가 아니야》 - 베틀북
《100개의 달과 아기공룡》 - 위즈덤하우스
《구름빵》 - 한솔수북
《기차가 덜컹덜컹》 - 책읽는곰
《동생이 태어날 거야》 - 웅진주니어
《자장자장 엄마 품에》 - 한림출판사
《치카치카 양치하자》 - 삼성출판사
《똥이 풍덩!》 - 비룡소
《손이 나왔네》 - 한림출판사
《언제까지나 너를 사랑해》 - 북뱅크
《프리미엄 돌잡이 한글》 전집 - 천재교육

2) 4~7세

《꽁꽁꽁》 - 책읽는곰
《이상한 손님》 - 책읽는곰
《으리으리한 개집》 - 책읽는곰
《왜냐면…》 - 책읽는곰
《지원이와 병관이》 시리즈 - 길벗어린이
《공룡유치원》 - 크레용하우스
《안 돼, 데이비드!》 - 주니어김영사
《우리 가족 납치 사건》 - 책읽는곰
《어떤 목욕탕이 좋아?》 - 노란우산
《꿈에서 맛본 똥파리》 - 책읽는곰
《아이스크림이 꽁꽁》 - 책읽는곰
《우리 아빠는 알 로봇》 - 책속물고기
《안녕 마음아》 전집 - 그레이트북스
《버니의 세계책방》 전집 - 그레이트북스
《도토리 계절 그림책》 시리즈 - 보리
《아빠, 나한테 물어봐》 - 비룡소
《야호 오늘은 유치원 가는 날》 - 비룡소
《수영장 가는 날》 - 창비
《모르는 척 공주》 - 책읽는곰
《축구치 하람이, 나이쓰!》 - 천개의바람
《내 동생 싸게 팔아요》 - 미래엔아이세움
《된장찌개》 - 키즈엠
《비둘기에게 버스 운전은 맡기지 마세요》 - 살림어린이
《일곱 마리 눈먼 생쥐》 - 시공주니어
《나는 다른 동물이면 좋겠다》 - 아름다운사람들
《아빠! 머리 묶어 주세요》 - 한울림어린이
《딸기 밭의 꼬마 할머니》 - 한림출판사

《신기한 한글나라 읽기 그림책》 전집 - 한솔
《피카소 동화나라》 전집 - 더큰
《킨더랜드 픽처북스》 전집 - 킨더랜드
《구름나라》 - 비룡소
《북극곰에게 냉장고를 보내야겠어》 - 휴먼어린이
《우리 엄마가 가장 예뻐》 - 비룡소
《괴물들이 사는 나라》 - 시공주니어
《콧구멍을 후비면》 - 애플비
《이게 정말 나일까?》 - 주니어김영사
《똘망똘망 쥐돌이》 - 푸름이닷컴
《신기한 그림책》 전집 - 한솔
《베스트 차일드애플》 전집 - 스마일북스
《할머니 제삿날》 - 비룡소
《창작그림책 글끼말끼》 전집 - 몬테소리
《꿈꾸는 책방》 전집 - 대교
《행복한 책방》 전집 - 대교
《생각똑똑 과학그림책》 전집 - 대교
《프레드릭》 - 시공주니어
《눈이 그치면》 - 북스토리아이
《동생이 미운 걸 어떡해!》 - 국민서관

3) 초등 저학년

《우리 집에 온 마고할미》 - 푸른숲주니어
《마법식당》 - 비룡소
《방사능 마을의 외톨이 아저씨》 - 미래아이
《목기린 씨, 타세요!》 - 창비
《지각대장 존》 - 비룡소

《감기 걸린 물고기》 - 사계절
《곰아, 자니?》 - 북극곰
《레모네이드가 좋아요》 - 북극곰
《알사탕》 - 책읽는곰
《최승호 방시혁의 말놀이 동요집》 - 비룡소
《달 샤베트》 - 책읽는곰
《수영장 가는 날》 - 창비
《신기한 스쿨버스》 - 비룡소
《백점빵》 - 책과콩나무
《하늘에서 음식이 내린다면》 - 토토북
《우리 아빠는 외계인》 - 북극곰
《선》 - 비룡소
《여원탄탄 우리 문화》 - 여원미디어
《국시꼬랭이》 시리즈 - 사파리
《점》 - 문학동네
《종이 봉지 공주》 - 비룡소
《그 녀석, 걱정》 - 우주나무
《야생동물 구조일기》 - 길벗어린이
《우리와 함께 살아가는 동물 이야기》 - 미래엔아이세움
《과자 마녀를 조심해》 - 책읽는곰
《한번 보러 오지 않을래?》 - 키즈엠
《완벽한 아이 팔아요》 - 길벗스쿨
《보이지 않는 아이》 - 책과콩나무
《산으로 들로 사계절 자연 학교》 - 천개의바람
《친구 사귀기》 - 길벗어린이
《칭찬 먹으러 가요》 - 길벗어린이
《엄마는 회사에서 내 생각 해?》 - 길벗어린이
《왜 맞춤법에 맞게 써야 돼?》 - 길벗어린이
《왜 띄어 써야 돼?》 - 길벗어린이

《가족에는 규칙이 있어요!》 - 내인생의책
《좋은책어린이 저학년문고 100권》 전집 - 좋은책어린이
《호야토야의 옛날 이야기》 전집 - 대교
《네버랜드 우리 걸작 그림책》 전집 - 시공주니어
《검정 고무신》 - 예림당
《나, 오늘 일기 뭐 써!》 - 파란정원
《늑대가 들려주는 아기 돼지 삼 형제 이야기》 - 보림
《아빠 쉬는 날》 - 북극곰
《일기 도서관》 - 사계절
《지우개 따먹기 법칙》 - 푸른책들
《오줌 싼 거 일기로 쓸 수 있어?》 - 산하
《화요일의 두꺼비》 - 사계절
《치과 의사 드소토 선생님》 - 비룡소
《가방 들어주는 아이》 - 사계절
《내 짝꿍 최영대》 - 재미마주
《책 먹는 여우》 - 주니어김영사
《짜장 짬뽕 탕수육》 - 재미마주
《지원이와 병관이》 시리즈 - 길벗어린이

4) 초등 중·고학년

《생명이 있는 것은 다 아름답다》 - 효형출판
《빨강 연필》 - 비룡소
《작지만 큰 세상》 - 휴머니스트
《잃어버린 일기장》 - 창비
《그곳에 한 아이가 있었다》 - 어린이작가정신
《너무 많이 가르치는 선생님》 - 책과콩나무
《만복이네 떡집》 - 비룡소

《최기봉을 찾아라!》 - 푸른책들
《나의, 블루보리 왕자》 - 문학과지성사
《한밤중 달빛 식당》 - 비룡소
《초정리 편지》 - 창비
《노잣돈 갚기 프로젝트》 - 문학동네
《불량한 자전거 여행》 - 창비
《마당을 나온 암탉》 - 사계절
《정글을 달리는 소년》 - 뜨인돌
《푸른 사자 와니니》 - 창비
《치과 의사 드소토 선생님》 - 비룡소
《우주 호텔》 - 해와나무
《찰리와 초콜릿 공장》 - 시공주니어
《찰리와 거대한 유리 엘리베이터》 - 시공주니어
《우물 파는 아이들》 - 개암나무
《담을 넘는 아이》 - 문공사
《재판을 신청합니다》 - 시공주니어
《난 가끔 엄마 아빠를 버리고 싶어》 - 미래아이
《요술 연필 페니》 - 좋은책어린이
《길 이름 따라 역사 한 바퀴》 - 꿈초(꿈꾸는초승달)
《검정소와 누렁소가 온난화를 일으켜》 - 다봄
《수평선 학교》 - 창비
《수상한 아파트》 - 북멘토
《제인 구달의 내가 사랑한 침팬지》 - 두레아이들
《금단현상》 - 푸른책들
《대지진이 나던 날》 - 자유로운상상
《마법에 걸린 방》 - 웅진주니어
《지엠오 아이》 - 창비
《이상한 과자 가게 전천당》 - 길벗스쿨
《꼼짝 마! 사이버 폭력》 - 마음이음

《어린 왕자》 - 비룡소
《조커, 학교 가기 싫을 때 쓰는 카드》 - 문학과지성사
《너도 하늘말나리야》 - 푸른책들
《제인에어》 - 민음사
《안네의 일기》 - 문예출판사
《데미안》 - 더스토리
《지킬 박사와 하이드》 - 푸른숲
《올리버 트위스트》 - 푸른숲
《변신》 - 푸른숲
《소크라테스의 변명》 - 문예출판사
《페스트》 - 민음사
《논어, 사람의 길을 열다》 - 사계절, 주니어 클래식 버전
《100년 후에도 읽고 싶은 한국명작단편》 - 예림당
《샬롯의 거미줄》 - 시공주니어
《오로르: 마음을 읽는 아이》 - 밝은세상
《로봇 소년, 학교에 가다》 - 미래인
《내 인생의 스프링캠프》 - 비룡소
《영모가 사라졌다》 - 비룡소
《몽실 언니》 - 창비
《스프링벅》 - 창비
《해방자들》 - 창비
《누구야 너는?》 - 문학동네
《열세 번째 아이》 - 문학동네
《푸른 개 장발》 - 이마주
《미움받아도 괜찮아》 - 인플루언셜
《2041 달기지 살인사건》 - 미래인
《니나 대장 실종사건》 - 미래인
《골드피쉬 보이》 - 블랙홀
《세상을 바꾼 동물》 - 다른

《아름다운 아이》 - 책과콩나무
《달빛 마신 소녀》 - 양철북
《열두 살에 부자가 된 키라》 - 을파소(21세기북스)
《오메 돈 벌자고?》 - 창비
《소리 질러, 운동장》 - 창비
《플루토 비밀결사대》 - 비룡소
《하늘에서 돈이 내린다면》 - 미래인
《바꿔!》 - 비룡소
《미카엘라》 - 고릴라박스(비룡소)
《말 안 하기 게임》 - 비룡소
《만국기 소년》 - 창비
《꼬꼬야 울지 마! 왕따 마영포》 - 생각나눔
《괭이부리말 아이들》 - 창비
《건방진 도도군》 - 비룡소
《오즈의 의류수거함》 - 자음과모음
《시간을 파는 상점》 - 자음과모음
《제후의 선택》 - 문학동네

5) 역사동화

시대	제목	출판사
선사시대	《구석기 시대 흥수 아이》	한솔수북
	《신석기 고래왕 해솜솜》	파란자전거
삼국시대	《꿈꾸는 수렵도》	샘터
	《부처를 만난 고구려 왕자》	푸른숲주니어
	《백제의 신검 칠지도》	푸른숲주니어
	《서라벌의 꿈》	푸른숲주니어
	《신라 소녀 청해진을 건너다》	스콜라
	《칠지도》	샘터
	《바람을 달리는 소년》	스콜라
	《왕자 융과 사라진 성》	푸른숲주니어

남북국 시대	《발해를 꿈꾸며》	우리책
	《혜초 실크로드를 왕오천축국전에 담다》	아카넷주니어
	《발해의 사신들》	한솔수북
	《어린이 박물관 발해》	웅진주니어
	《석굴암》	웅진주니어
	《바위에 새겨진 글자》	대일출판사
	《나는 비단길로 간다》	푸른숲주니어
고려	《푸른 매 해동청 고려 하늘을 날아라》	푸른숲주니어
	《고려의 무기 과학자 최무선과 진포대첩》	한솔수북
	《고려 건국신화: 동쪽 나라의 왕이 되소서》	한겨레아이들
	《고려의 역사 속 숨은 영웅들》	뜨인돌어린이
	《신통방통 팔만대장경》	좋은책어린이
	《나무에 새긴 팔만대장경》	한솔수북
	《장경판전: 팔만대장경을 지키는 집》	웅진주니어
	《궁예와 후고구려》	한솔수북
	《첩자가 된 아이》	푸른숲주니어
	《불과 흙의 아이 변구 개경에 가다》	사계절
	《문신의 나라 무신의 나라》	푸른숲주니어
조선	《모래소금》	파란자전거
	《난중일기》	예림당
	《옹주의 결혼식》	푸른숲주니어
	《임진년의 봄》	푸른숲주니어
	《열세 살 동학대장 최동린》	생각을담는어린이
	《책 깎는 소년》	파란자전거
	《조선 과학 수사관 장선비》	파란자전거
	《진주성을 나는 비차》	파란자전거
	《책과 노니는 집》	문학동네
	《다림방 글방》	머스트비
	《마지막 황후》	아이들판
	《나는 조선의 역관이다》	파란정원
	《진짜 선비 나가신다》	샘터
	《사도세자의 슬픔》	좋은꿈
	《산성을 구한 놀이 패 바우》	꿈초
	《조선 비밀 마구간》	미래아이
	《하늘을 품은 소년》	토토북
	《조선 소년 무걸, 무기를 만들다》	그린북

	《이선비 의궤를 만들다》	아이세움
	《조선을 놀라게 한 요상한 동물들》	푸른숲
	《열려라 한양》	푸른숲주니어
	《바우덕이》	푸른숲주니어
	《창경궁 동무》	푸른숲주니어
	《덕이의 행주대첩》	푸른숲주니어
	《성균관의 비밀 문집》	푸른숲주니어
	《서찰을 전하는 아이》	푸른숲주니어
	《너는 하늘을 그려, 나는 땅을 그릴게》	토토북
	《귀명창과 사라진 소리꾼》	토토북
	《글을 쓰자, 세상을 바꾸는 글을 쓰자》	토토북
	《천상열차분야지도》	파란정원
	《조광조와 나뭇잎 글씨》	푸른숲주니어
	《의적 검은 별이 떴다》	푸른숲주니어
일제 강점기	《명혜》	창비
	《소년 의병과 비녀 꽂은 할머니 장군》	한마당
	《주보따리 한글을 지키다》	토토북
	《울음으로 길 밝히는 곡비》	파란정원
	《독립신문을 읽는 아이들》	푸른숲주니어
	《나라와 우리말을 사랑한 한글학자》	시공주니어
	《독립운동가 최재형》	서울컬렉션
근현대	《오월의 달리기》	푸른숲역사동화
	《새 나라의 어린이》	푸른숲역사동화
	《해방자들》	창비
	《연이동 원령전》	상상의힘
	《기찻길 옆동네》	창비
	《아리랑》	푸른숲주니어
	《엿장수 마음이지》	북큐레이터
	《오메 돈 벌자고》	창비
	《이름 도둑》	웅진주니어
	《최후의 탐험대》	키다리
	《비무장 지대에 봄이 오면》	사계절
기타	《역사 스페셜 작가들이 쓴 이야기 한국사》 시리즈	한솔수북
	《나는 바람이다》	비룡소

참고문헌

리처드 웅거, 권인택 옮김, 《지문은 알고 있다》, 재승출판, 2009.2
박선익, 《핑거맵: 빅 데이터 기반 지문적성검사의 모든 것》, 밥북, 2020.7
오세정·임찬우, 《지문이 알고 있는 뇌과학》, 생각나눔, 2018.12
이용재, 《1등 아이는 타고난 지문부터 다르다》, 박문각, 2007.1
존 네이피어, 이민아 옮김, 《손의 신비》, 지호, 1999.5
하워드 가드너, 김동일 옮김, 《지능이란 무엇인가?》, 사회평론, 2016.4
김승호, 《운을 부르는 아이로 키워라》, 김영사, 2020.10
박문호, 《그림으로 읽는 뇌과학의 모든 것》, 휴머니스트, 2013.4
한나 크리츨로우, 김성훈 옮김, 《운명의 과학》, 브론스테인, 2020.4
매리언 울프, 전병근 옮김, 《다시 책으로》, 어크로스, 2019.5
매리언 울프, 이희수 옮김, 《책 읽는 뇌》, 살림, 2009.6
최희수, 《푸름아빠 거울 육아》, 한국경제신문, 2020.6
최희수, 《배려깊은 사랑이 행복한 영재를 만든다》, 푸른육아, 2020.9
최희수, 《푸름아빠의 아이 내면의 힘을 키우는 몰입독서》, 푸른육아, 2014.2
케빈 홀, 민주하 옮김, 《겐샤이》, 연금술사, 2013.7
조윤제, 《다산의 마지막 공부》, 청림출판, 2018.12
에리카 J. 초피크·마거릿 폴, 이세진 옮김, 《내 안의 어린아이》, 교양인, 2011.5
박인기·김슬옹·정성현, 《토론 교육 무엇을 어떻게 가르칠 것인가》, 한우리북스, 2014.3
마셜 B. 로젠버그, 캐서린 한 옮김, 《비폭력 대화》, 한국NVC센터, 2017.11
권영애, 한국버츄프로젝트 감수, 《버츄프로젝트 수업》, 아름다운사람들, 2018.1
이자벨 필리오자, 권지현 옮김, 《아이 마음속으로》, 청어람미디어, 2010.2
낸시 앳웰, 최지현 옮김, 《하루 30분 혼자 읽기의 힘》, 북라인, 2009.4
짐 트렐리즈, 눈사람 옮김, 《하루 15분 책 읽어 주기의 힘》, 북라인, 2007.2
윤옥인, 《아이의 다중지능》, 지식너머, 2014.8

파커 J. 파머, 이종인·이은정 옮김, 《가르칠 수 있는 용기》, 한문화, 2005.4
하임 G. 기너트 외, 신홍민 옮김, 《부모와 아이사이》, 양철북, 2012.12
이임숙, 《엄마가 하는 독서치료》, 푸른책들, 2009.12
하지현, 《전래동화 속의 비밀코드》, 살림, 2005.3
한복희, 《독이 되는 동화책 약이 되는 동화책》, 을유문화사, 2014.4

김현수·조윤상·박진아, 〈피문학을 통한 DNA, 지문측정에 의한 다중지능 조사 연구〉, 한국정신과학학회지, 2010.6
정민석·이제만·손현준·백두진, 〈한국 사람의 지문과 손바닥문의 생김새〉, 아주대 기초의학연구, 대한체질인류학회 연제 초록 제40회, 1997.5
정민석·이제만·손현준·백두진·박성식, 〈한국사람 지문의 생김새〉, 대한체질인류학회지 제10권 2호, 1997.12